미래의
**둠벙**을
파다

# 미래의 **둠벙**을 파다

농협 혁신을 이끈 김병원 회장의
둠벙 경영전략

**김병원** 지음

위즈덤하우스

# 농협의 존재이유는 죽어도 농민이다

　그것은 설명할 수 없는 사명이다. 동시에 행동으로 보여야만 하는 사명이기도 하다. 어린 시절부터 가난과 싸우며 힘겹게 살아가는 농민들의 삶을 보며 자란 나에게 그들을 향한 마음은 영원히 지워지지 않을 아픔이자, 나를 끊임없이 뛰게 하는 동력이었다. 2016년 3월 14일 농협중앙회장으로 취임하며 했던, 주어진 임기 4년을 8년처럼 보내겠다는 결심도 비록 짧은 기간이지만 오래도록 꿈꿔 온 사명을 이뤄 내겠다는 몸부림이었다. 설령 온전히 그 사명을 다하지 못한다 하더라도 우리네 농민들이 조금이나마 위로받고 희망을 가질 수 있기를 바랐다. 그리고 그 사명을 함께 공감하고 이해해 주는

사람들이 늘어난다면 그것만으로도 의미 있다고 생각했다.

　사람들은 자신의 손에 쥔 부를 놓고 싶어 하지 않는다. 그래서 가진 자는 더 가지기를 바라고 덜 가진 자를 외면한다. 20%의 부자가 80%의 부를 가지고 살아가는 것이 우리의 현실이다. 이러한 빈익빈 부익부 현상은 농촌으로 가면 더욱 심해진다. 그렇다고 못 배우고 덜 가진 농민들을 상위 20%의 부자로 만들겠다는 것이 아니다. 농민들이 땀 흘린 만큼 정당한 대가를 받고, 최소한 인간답게 살아갈 수 있도록 하고자 함이다. 나에게 주어진 이 소임은 나로 하여금 끊임없이 그들의 아픔을 공감하며 반성하게 한다.

　농협의 존재이유는 죽어도 농민이다. 지난 4년간 가장 많이 외치고 다녔던 말이다. 협동조합 직원이면서도 협동조합의 주인인 농민 조합원에 대해서는 정작 무관심했던 지난날 농협의 역사, 그로 인해 수많은 비난의 화살을 맞으면서도 왜 이런 수모를 당하는지 몰랐던 우리 직원들에게 나는 제대로 알려 주고 싶었다. 그리고 직원들의 아픔까지도 어루만져 주고 싶었다. 가치를 지향하는 조직인 협동조합은 그 존재이유를 구성원들이 공유하지 못하면 없느니만 못한 조직이 되고 만다. 농협의 심장을 다시 뛰게 해야 했다. 농협 임직원들의 가슴에서 퇴색된 '농민과 농심(農心)'을 다시 불러일으켜야만 했다.

　그래서 내세운 것이 안으로는 '이념교육'과 밖으로는 '농가소득 5천만 원 달성'이었다. 이념교육은 농업, 농촌, 협동조합 등 사업구조 개편 이후 농협에서 잊혀 가던 수많은 것들에 대한 설명을 가능하게 했고, 또한 제각각이던 농협 직원들을 한 방향으로 정렬하게 하는 북극성과 같은 역할을 했다. 그리고 농민과 국민들에게 하는, 농협이 이제 반드시 변하겠다는 의지의 표현이기도 했다. 하지만 많은 사람들에게 이념교육이 케케묵은 설교나 훈화일 것이라는 선입견이 존재했던 것도 사실이다. 심지어 '이 어려운 시기에 이념을 내세우는 것이 옳은가' 하는 따가운 시선도 있었다. 그럼에도 불구하고 솥 밑에서 타고 있는 장작을 꺼내 물이 끓어오르는 것을 막을 방법, 즉 근본적인 문제해결 방법은 바로 이념교육이라 확신했다.

지난 4년간 수많은 직원들을 대상으로 이념교육을 실시하고, 현장 실천활동을 이끌어 왔다. 내가 하고 있는 일이 농민과 무관하다고 여겨 왔던 이들에게 일의 의미와 보람을 찾게 하니 협동조합 가치 전도사로서의 역할을 톡톡히 해나가고 있다. 매해 7만여 명의 임직원이 휴일도 반납한 채 48만 시간을 자발적으로 농촌 일손 돕기에 나서고 있으며, 농촌에 무슨 일이 생기면 제일 먼저 현장으로 달려가는 직원들로 변화되었다.

농가소득 5천만 원을 향해 가는 길 역시 그리 순탄치만은 않았다. '수십 년간 농가 부채로 힘들었고, 수년간 농가소득 3천만 원대를 벗어나지 못했는데 대체 무슨 수로 달성할 건가' 하는 비난 섞인 질문을 받을 때마다 이를 더 악물었다. 그럴수록 더 농협의 의지를 대외에 전달하고자 노력했고, 이 목표를 달성하기 위한 보다 더 실질적인 방법을 고민했다.

진심은 통한다고 했던가. 있는 그대로의 모습을 보여 주고, 고민한 방법들을 하나둘씩 실천해 나가자 농협을 바라보는 시선들이 조금씩 달라지기 시작했다. 현장의 반응부터 달라졌다. 예전에는 멀찌감치 서서 입을 꾹 다문 채 불만을 표하던 사람들이 가까이 다가와 손을 잡아 주기 시작했다. 농협이 이제야 농민들을 생각한다며 연신 고마움을 표현하는 농민들도 제법 많아졌다.

그리고 지난 10년긴 3천만 원대에서 답보 중이었던 농가소득이 2018년 말 평균 4,207만 원이 되었다. 여전히 가야 할 길은 멀기만 하다. 경제 전망은 어둡고, 영농을 위협하는 수많은 상시 위험 요인들이 늘어나고 있다. 하지만 무엇보다 큰 변화는 5천만 원이라는 고지가 보이기 시작하자 안팎으로 달성할 수 있다는 자신감이 생겨나고 있다는 것이다. 해야 한다는 의지가 생겨나고 있는 것이다.

모든 것은 마음먹기에 달렸다고 생각한다. 몽골의 성인식은 혹한 속에 치러진다. 한 해의 첫 눈보라가 내린 지 사흘째 되는 날, 열 살 남짓 된 아이들로 하여금 말을 달리게 한다. 영하 40도, 체감온도는 영하 50도 이하다. 왕복 80킬로미터를 달려야 하는데, 말에서 떨어지는 아이는 있어도 말 타기를 포기하는 아이는 없다. 스스로 일어나 다시 말에 오르지 않으면 그 추위를 벗어날 길이 없기 때문이다. 이러한 혹독한 성인식 속에 칭기즈칸이라는 위대한 인물이 나왔고, 그는 세계에서 가장 큰 영토를 차지했다. 세계를 정복한 몽골 군대의 원동력이 바로 혹독한 환경과 거친 기후를 이겨 내는 강인함에서 나온 것이다.

나는 매일 스스로에게 묻는다. 내가 하고 있는 일이, 내가 가고자 하는 이 길이 정말 농민을 위한 길인가. 그렇게 반성을 거듭하다 보면 간절함이 다시 새롭게 용솟음친다. 농협인을 비롯해서 대한민국에서 농업을 관리하고 있는 사람들은 상당수일 것이다. 그들 한 사람 한 사람이 혹한 속에 몸부림치며 자신들을 갈고 닦아온 몽골인 같은 의지를 품어야만 한다. 농민의 아픔을 나의 아픔이라고 느끼고 그들을 위해 농업 발전을 반드시 이루어 내겠다는 간절함이 있어야 눈보라 치는 폭풍우 속에도 다시 말 등에 오를 것이다.

지난 4년여 간 농협중앙회장으로 일하며 느끼고 고민했던 것들을 이 책에 담았다. "희망은 마른 땅 위의 길과 같다. 본래 땅 위에는 길이 없었다. 걸어가는 사람이 많아지면 그것이 곧 길이 되는 것이다." 20세기 중국의 사상가 루쉰의 말이다. 농민을 위한 길이 무엇인지, 협동조합이 나아가야 할 방향이 어디인지 고민하는 분들께 작은 보탬이 되고, 앞으로 이 길을 함께 걸어가고자 하는 분들에게 용기가 되고 싶다. 이 책을 통해 독자들이 농협의 변화된 모습을 조금이나마 가늠하고, 농업의 가치를 공감할 수 있었으면 하는 것이 나의 간절한 바람이다.

아울러, 이 책을 엮는 데 있어 자료수집에 도움을 주신 교육원 기영윤, 임규현, 김한규, 김종현, 유현재 교수와 편집기획과 교정에 힘써 주신 인재개발원 남양호 원장과 조상진 국장께 깊이 감사드린다. 특히 부족한 글에 힘찬 생명력을 불어넣어 주신 이미현 작가와 출판사 위즈덤하우스 미디어그룹 관계자 여러분께도 고개 숙여 감사드린다.

마지막으로 지난 4년간 "죽어도 농민"이라며 밤낮 없이 밖으로 나도는 나를 묵묵히 지켜봐 준 아내와 가족들에게 한 번도 하지 못했던 고맙다는 말을 전하고 싶다. 여러 걱정과 고민들로 잠 못 이룰 때마다 아무 말 없이 나를 위해 기도해 준 아내가 있었기에 그 시간을 버텨 낼 수 있었음을 이 자리를 빌어 고백한다.

2019년 10월
김병원

# | 차례 |

# 3. 통해야 산다

# 4. 성장 격차를 줄여라

# 5. 둠벙을 파다

# 6. 남의 등을 타라

# 1

아픈 역사가
나를 깨웠다

# 어머니의
# 눈물

농촌현장을 다니다 보면 어르신들을 뵐 때가 많다. 주름지고 거친 손으로 나를 붙잡고 어려운 사정을 하소연하실 때면 평생 농사를 지으며 살다 가신 내 어머니가 떠오른다.

"니가 쬐깐했을 때 따순 밥 한 순갈 지대로 못 멕인 것이 이렇게 한이 된다. 긍게 니가 이렇게 아픈갑다."

어른이 된 자식이 어쩌다 앓아눕기라도 하면, 어머니는 '다 내 잘못'이라며 서럽게 울곤 하셨다.

어렸을 때 아버지 친구 한 분이 집에 오신 적이 있다. 음력 4월경이었던 것 같다. 쌀은 떨어진 지 오래고 보리는 아직 익지 않아 집에 변변한 먹을거리가 없을 때였으니…. 우리는 태산보다 높다는 보릿

고개를 지나고 있었다.

어머니는 형편이 조금 나은 옆집에서 겨우 쌀 한 줌 꾸어다 밥을 지으셨다. 오랜만에 부엌에서 나는 쌀밥 냄새에 우리 형제들은 아궁이 앞에 꼭 달라붙어 좀처럼 떨어지지 못했다.

꿔온 쌀은 어른 두 명이 먹기에도 부족했던 터라 우리 형제들 몫은 애초에 없었다. 그나마 손님이 밥을 조금이라도 남기면 입에 밥풀이라도 묻혀 볼 요량으로 식사가 끝나기만을 기다렸는데, 깨끗하게 비워진 채 나온 밥그릇을 본 나는 그만 울음을 터뜨리고 말았다. 어머니는 행여 손님이 들을세라, 울며불며 쌀밥 달라고 떼를 쓰는 나를 등에 업고 싸리문 밖으로 나오셨다.

등 뒤에 업혀 훌쩍이는 나에게 어머니는 나지막한 목소리로 말씀하셨다.

"병원아⋯. 내일 쌀밥 꼭 해줄게."


## 농업에 씌워진 가난이라는 굴레

내가 나고 자란 전라남도 나주는 영산강 하구의 비옥한 토지가 대평원을 이루는 지역이다. 일찍부터 쌀농사에 적합해 전라도에서는 호남평야에 이어 제2의 곡창지대로 잘 알려져 있다.

그런데도 대다수 농민의 살림은 보잘 것 없었다. 조선시대 후기부터 고착화된 지주-소작 관계는 일제 강점기에 이르러 더욱 심화되었고, 이로 인해 대부분의 농민이 소작농으로 전락하고 말았기 때문이다. 국민의 대다수를 차지했던 농민들은 소출의 절반 이상을 소작료로 내야 하는 가난의 굴레를 벗어나지 못했다.

1945년 나라를 되찾은 해방의 기쁨도 농민들에게는 위안이 되지 못했다. 소작의 멍에를 벗고 자기 땅 한번 일구어 보겠다는 꿈은 여전히 불가능한 것이었다. 때마침 들려온 '북한에서는 토지를 몰수하여 무상으로 분배한다'는 소식에 농민들의 땅에 대한 갈망은 더욱 커져 갔다.

해방 후 미군정 하에 있던 남한도 농지개혁에 대한 필요성을 절감하고 있었다. 민심을 안정시켜 정치적 불안정을 해소하기 위한 조치였지만, 한편으로는 토지자본을 산업자본으로 전환하여 식민경제를 벗어나 자립경제로 나가야 했기 때문이다.

남한의 농지개혁은 1948년 미군정이 실시한 '일본인 소유의 농지 분배'와 1950년 이승만 정부에 의한 '일반농지 분배조치'로 2단계에 걸쳐 진행되었다. 미군정은 신한공사(New Korea Company)를 세워 일본인과 동양척식주식회사 소유의 재산과 토지를 몰수하면서 농지는 소농과 소작농에게 우선 매각하기로 하였다. 해당 농지에서 생산되는 연간 소출의 3배를 농지 가격으로 하되, 연간 생산량의 20%를 15년간 현물로 상환하는 것이 매각 조건이었다.

농지개혁을 통해 농민들도 드디어 농지를 가질 수 있게 되었지만, 생각과는 달리 가난에서 쉽게 벗어날 수 없었다. 오히려 현물로 상환하는 것이 힘들어 농지를 되팔고 다시 소작농이 되거나 아예 농사를 접고 마을을 떠나버리는 집들이 많아졌다.

우리 집도 예외는 아니었다. 아버지는 힘든 농사일 중간 중간 품

"어머니의 눈물은 대다수 농민들의 눈물이었고,
자식들에게 먹을 것 걱정 않고 살게 하고 싶은
우리네 부모님들의 한이었다."

샀 몇 푼이라도 더 벌어 보려고 남의 논과 밭을 대신 갈아 주기까지 하셨지만, 여전히 우리 가족의 삶은 나아지지 않았다.

그래도 '내 땅에서 농사 한번 지어보는 것이 소원'이라는 아버지의 소박한 꿈을 알았기에 우리 가족은 한 서린 보릿고개를 악착같이 함께 견디며 상환금을 갚아 나갔다.

1950년 두 번째 농지개혁을 통해 수치상으로는 90% 이상의 농가가 자작농이 되었다고 하지만 농민의 삶은 오히려 궁핍해지기만 했다. 농업기술, 종자, 농자재 등이 턱없이 부족했기에, 금쪽같은 아이들까지 농사일을 거들어도 농업 생산량은 크게 증가하지 않았다. 가격이라도 제대로 받을 수 있으면 좋았으련만, 1956년부터 미국 농산물이 대량으로 수입되면서 농산물 가격은 생산비조차 건질 수 없는 지경에 이르고 만다.

금융기관도 변변치 않았던 시기였기에, 곤궁해진 농민들은 사채에 의존할 수밖에 없었다. 춘궁기에 쌀 한 가마니를 빌려 가을 추수기에 한 가마니 반으로 갚는 고리채를 쓰는 집이 부지기수였다. 설상가상 흉년이 들면, 마을 계라도 꾸려서 고리 이자를 갚아야 했다. 눈덩이처럼 불어난 이자를 못 이겨 야반도주하는 집이 생겨나기 시작했고, 그때마다 온 동네가 발칵 뒤집혀 빚잔치를 하곤 했다. 농민은 빚더미에 올라앉았고 농촌의 삶은 피폐해지고 있었다.

돌이켜보면 어머니의 눈물은 그 시절 수많은 농민들의 눈물과 같았고, 자식들에게 따뜻한 쌀밥 한 그릇 먹이고 싶었던 우리네 부모님들의 한이었다. 내가 농업·농촌에 인생을 걸고 농협에 몸담게 된 것은 어린 시절 어머니의 말씀이 가슴 깊은 곳에 먹먹하게 자리 잡고 있어서인지 모른다.

"병원아… 내일 쌀밥 꼭 해줄게."

# 진흙 속에서
# 피어난 꿈

어린 시절 우리 집 외양간에는 소가 한 마리 있었다. 소가 없으면 농사일을 할 수 없고 다급할 땐 팔아서 급전을 손에 쥘 수도 있으니, 소는 여러모로 소중한 존재였다. 사람은 굶어도 소는 굶겨서는 안 된다는 것이 부모님의 생각이었다. 소여물이 떨어지는 날에는 어김없이 아버지의 불호령이 떨어지곤 했다.

드들강을 건너가 꼴을 베어 와서 말리고 여물을 썰어 놓는 것이 내 하루 일과였다. 어린 시절 내 손은 그리 야물지 못했던 모양이다. 낫에 베이고 작두에 잘린 크고 작은 흉터들이 아직도 내 열 손가락에 고스란히 남아 있다. 날이 흐리면 어김없이 베인 손가락들이 아려 오지만, 나는 그 흉터들이 가난했던 시절 우리 농촌을 잊지 말라는 의미인 듯해서 소중하기만 하다.

소는 마른 풀에 쇠죽이라도 먹을 수 있었지만, 정작 사람들은 배고픔을 해결하기가 어려웠다. 우리 마을에는 초등학교도 못 가고 집에서 농사일을 거들어야 하는 또래들이 많았다. 개울을 두 개 건너 걸어 다녀야 했지만, 없는 형편에 학교를 보내주신 부모님이 한없이 고마웠다.

급식이 없던 그 시절, 나의 점심 도시락은 어머니께서 싸주신 감자 몇 알이 전부였다. 그나마도 허겁지겁 먹고 나면 허기가 금세 찾아와 물로 배를 채우기 일쑤였다. 보리밥에 김치나 나물 반찬이라도 싸 오는 아이들이 얼마나 부러웠는지 모른다. 쌀농사, 밭농사를 지으면서도 끼니를 걱정해야 하는 농부보다, 그나마 삼시 세 끼 밥이라도 얻어먹을 수 있는 삯일꾼이 부러웠다. 그래서 초등학교 때 나의 꿈은 삯일꾼이 되는 것이었다.

고등학교에 갈 나이가 되어서도 우리 집안의 사정은 크게 나아지지 않았다. '아들에게 가난을 물려주지 않으려면 광주로 유학을 보내시라'는 담임 선생님의 말씀에 어머니는 며칠 밤을 새웠고, 그 후로 몇 날을 아버지와 다투었다. 논을 팔아서라도 나를 광주로 진학시키겠다는 어머니의 고집을 아버지는 꺾지 못하셨다.

모두가 가난했던 시절, 가난을 벗어날 수 있는 유일한 탈출구는 공부였다. 그래서 그 시절 농촌의 많은 부모님들은 땅을 내놓고 빚을 내서라도 자식들을 도시로 보내 공부를 시키고자 했다. 아버지 역시 아들의 공부를 위해 '내 땅에 농사짓는' 평생의 꿈마저 내려놓을 수밖에 없었던 것이다.

광주로 유학 간다는 말에 집안 어른들은 상업계 고등학교 진학을 권유했다. '상고를 졸업하면 바로 취직이 돼서 돈도 많이 벌 수 있다'는 것이 집안 어른들의 공통된 목소리였다. 그러나 그 말씀은 내 귀에 들어오지 않았다. '본격적으로 농업을 배워 가난을 극복하고 잘사는 농촌을 만들어 보겠다'는 야무진 꿈이 내 가슴 한편에 자라고 있었기 때문이다. 삯일꾼이 되어 삼시 세 끼 배부르게 먹는 것이 꿈이었던 철부지는 그렇게 농업계 고등학교에 진학하게 되었다.

## 가난에서 벗어날 길을 찾다

그 시절 가난의 대물림을 끊는 방법이 공부였다면, 국가가 가난의 굴레에서 벗어나는 길은 식량 자급을 실현하는 것이었다. 1950년대는 물론 1960년대도 우리나라의 식량 사정은 크게 개선되지 않아 봄철이면 식량이 모자라는 보릿고개가 해마다 반복되었다. 식량 자급을 위한 국가적인 차원의 증산계획이 수립되었지만, 열악한 농업 생산기반, 영농기술 및 영농자재 산업의 후진성, 자금 부족 등으로 인해 성과를 올리지는 못했다.

외국에서 식량을 들여와야 할 형편이었지만, 당시 우리나라의 주요 수출품인 광물과 명주실, 돼지털로 벌어들인 외화는 보릿고개를 넘길 식량조차 사들일 수 없는 수준이었다.

정부는 증산계획의 실현을 위해서는 농지개혁 이후 생겨난 영세 자작농들의 조직화가 반드시 필요하다는 것을 인식하고, '시설의 공동이용', '체계적인 작부계획 수립', '영농자재의 공동구매', '영농자금의 조달' 등을 위한 농업협동조합 설립에 대한 논의를 본격화하기 시작한다.

1957년 정부 주도하에 농협과 농업은행의 이원적 체제가 형성되었다. 농협은 경제사업을, 농업은행은 신용사업을 담당하고 두 기관의 유기적인 협조를 기반으로 농촌경제 부흥을 이끈다는 것이 정부의 구상이었다. 그러나 이러한 정부의 구상은 출발부터 삐걱거리기 시작했다.

신용업무의 기능을 배제한 채 구매, 판매, 이용, 공제사업을 담당한 농협은 자금과 경영능력 부족으로 적자를 면치 못했고, 농업은행은 채산성이 낮다는 이유로 농협의 경제사업에 대한 자금지원에 매우 소극적이었다. 농민들 사이에서는 두 조직에 대한 비판이 거세게 일어났고, 정부 내에서는 두 기관을 통합해야 한다는 의견이 강하게 제기되었다.

당시 민주당 정부는 '농업은행을 재편하여 농협중앙금고를 설치한다'는 방침을 세웠으나, 농협은행 금융조합 출신 세력들의 집요한 반대로 결론을 맺지 못하고 있었다. 이후 5.16 군사쿠데타로 정권을 장악한 국가재건최고회의는 '협동조합을 재편성하여 농촌경제를 안정시킨다'는 계획 아래, 1961년 농업은행과 농협을 통합한 '종합농협'을 출범시킨다. 국가재건최고회의는 식량 자급을 최우선 국정과제로 삼고, '종합농협'이 이를 뒷받침하는 정책보조 역할을 담당하도록 했다.

"'농협이 누구를 위한 조직이냐'며 절규하던 농부의 말은

내게 죽비소리와도 같았고, '힘겨운 삶을 살아가는

저 가난한 농민들을 위해 농협은 무엇을 해야 할까'

스스로에게 물었다.

## 잘못 채워진 첫 단추

군사정부 시절이었기 때문일까. 초대 농협중앙회장으로 현역 군인인 임지순 준장이 임명되었고, 2대 회장도 육군 소장인 오덕준 씨가 맡았다. 이후 줄곧 농림부 장관이나 기획재정부 장관이 회장으로 임명되었다. 당시 농협은 대통령이 중앙회장을 임명하면, 중앙회장이 조합장을 임명하는 체제로 운영되었다.

원래 중앙회 이하 시군조합과 이동조합 단위의 임원은 민주적인 절차에 의해 선출하도록 되어 있었지만, 정부는 〈농업협동조합 임원 임면에 관한 임시조치법〉을 발표하여 임명제로 전환해 버린다. 농협의 조합원들이 그들의 대표를 직접 선출할 수 있는 기회를 정부가 박탈한 것이다. 그리고 사실상 농협을 조합원보다 임명권자의 의지를 반영하는 구조로 만들어 버렸다.

이러한 비민주적인 절차 때문에, 이념이나 체제에 비교적 개방적인 ICA(국제협동조합연맹)조차 한동안 한국 농협을 정회원으로 받아주지 않았다. 이 법은 1988년 민주화 바람이 불기까지 무려 27년이나 유지되었다.

농민 조합원의 자발적인 힘으로 조직되었어야 할 농업협동조합이 정부의 손에 의해 출범하고, 27년이라는 긴 시간 동안 정부의 통제를 받아 운영되었다는 것은 너무도 안타까운 일이다. 더욱 안타까운 것은 그 긴 시간 동안 농협이 정체성을 상실하고 방황했다는 점이다.

민주화 이후 농민 조합원을 위한 조직으로 다시 태어날 수 있는 기회가 주어졌음에도 불구하고, 권위주의적이고 관료적인 조직문화를 버리지 못하고 온전히 농민의 품으로 돌아가지 못했다. 농민들로부터 '농민 위에 군림하는 농협', '농민의 피를 빨아 먹는 농협'이라는 비난을 받을 수밖에 없었다.

오랫동안 농협에 몸담으면서 가장 많이 들어야 했던 질문은 '농협은 대체 누구를 위한 조직인가?'였다. 농협과 농협 직원들에게 실망한 농민들이 던진 이 질문은 가시가 돋아 있었고, 그 가시는 어김없이 나의 마음을 아프도록 찔러댔다. '나는 도대체 왜, 무엇을 위해 월급을 받으며 농협에 다니는가?'

### 농협, 니들은 대체 뭣 허는 놈들이여?

남평농협 근무 당시 추곡수매를 담당한 적이 있었다. 1970년대만 해도 추곡을 수매하는 날은 1년간 농사를 지은 농민들에게 각별한 의미가 있는 날이었다.

색대(가마 속을 찔러 쌀을 빼 보는 도구)를 들고 쌀가마니를 푹푹 찔러대는 수매검사원을 졸졸 따라다니며 "검사님, 검사님" 하던 나이 든 농부의 목소리는 애원 그 자체였다. 도시로 공부하러 떠난 자식들 학비며, 작년보다 갑절이나 늘어난 이자, 다음 농사를 준비해야 할 씨앗과 농약, 비료 등이 그 젊은 검사원의 고무도장 하나에 달려 있었기 때문이다.

추곡수매가 한창이던 어느 날, 아버지 연배의 조합원 한 분이 내게 달려왔다. 수매검사원에게 사정사정을 해도 도통 말이 먹히지 않으니 젊은 자네가 말 좀 잘 해달라는 것이다. 검사원에게 자초지종을 물어보니 등급판정 기준이 있는데, 이 조합원의 쌀은 2등급도 줄 수 없는 품질이라는 것이다. 안타까워하는 조합원을 그냥 둘 수 없어 '한 번만 더 보고 판정해 달라'고 부탁했다. 그러자 그 검사원은 대뜸 내게 소리를 질렀다.

"이런, 새파랗게 어린 놈이 어디서 따지고 들어? 농협 놈들이 나라에서 시키는 일이나 잘하면 됐지. 니네 부장 오라고 해!"

색대로 내 가슴팍을 찌를 기세였다. 나는 그 조합원께 "더는 안 되겠다"고 말씀드리고 돌아설 수밖에 없었다. 돌아서는 나의 뒤통수에 어르신의 절규가 쏟아졌다.

"농협 놈들은 대체 뭣 허는 놈들이여! 수매 보넌 볼 때마다 돈 떼어가, 비료 사면 살 때마다 돈 붙여 먹어. 출자하라고 갖은 아양은 다 떨면서 니들이 나한테 해준 것이 뭣이여! 농협이 누구 위해서 있는 거냐고! 너는 뭣 허러 농협 다니는 놈이냐고?"

늦은 밤 추곡수매 정리를 마치고 집으로 돌아가는 길, 나는 뭐가 그리 서러운지 자꾸 눈물이 났다. 선배들이 "농협생활 하다 보면 이런 일 저런 일 다 겪는다"며 위로해 주었지만, 내 눈물은 검사원에게 당한 모멸감 때문만은 아니었다. 오히려 '농협이 누구를 위한 조직이냐'던 늙은 농부의 절규가 내 마음 어딘가를 때리는 죽비 같았기 때문이다.

그 죽비소리는 점점 커져 '힘겨운 삶을 살아가는 저 가난한 농민들을 위해 무엇을 해야 할까?'라는 질문으로 내게 돌아왔다. 그 답을 찾지 못하면 내 젊음을 아무런 의미 없이 소모할 것 같다는 두려움마저 들었다.

# 그래도 농협이
# 있었기에

　　　　　　　　　협동조합은 자본이 아닌 조합원이
통제하는 민주적 조직이기 때문에, 조합원의 민주적인 권리를 보장
하기 위해서는 정부를 포함한 다른 조직으로부터 독립성과 자율성
을 유지해야 한다는 협동조합의 원칙이 있다. 하지만 잘 알다시피
한국이라는 정치·사회적 토양에서 이러한 원칙들은 쉽게 무시되
어 왔다.

　협동조합이 정부와 맺는 관계와 역할은 역사적인 배경과 사회
적 특수성에 따라 그 유형이 다르지만 협동조합은 주로 세 단계의
과정을 거치게 된다. 첫 번째 단계는 정치의 논리나 정부의 개입을
배제하고 완전한 자조주의가 추구되고 준수되는 단계다. 두 번째
는 정부가 협동조합의 사회적, 경제적 존재가치를 인정하고 협동조

합을 법과 제도로써 육성하거나 지원하는 단계이다. 마지막으로 세 번째 단계는 이렇게 배양된 조직력과 경제력을 바탕으로 정부의 손길이 닿지 못하는 곳에서 지역개발 임무를 대신하고, 시장경제 영역에서는 사기업과 공공부문의 균형자적 역할을 담당하는 단계이다. 많은 나라의 다양한 종류의 협동조합들이 이러한 과정을 경험하고 또 거쳐 왔다.

이 보편적 발전과정에서 벗어난 네 번째 유형이 있다. 처음부터 정부가 주도하여 협동조합을 설립하고 그 운영에 관여함으로써 협동조합을 정책 수행의 수단이나 보조기관으로 이용하는 것이다. 한국 농협이 여기에 속한다. 하지만 한국 농협의 역사는 한국 농업, 한국 경제의 성장 과정과 떼려야 뗄 수 없다. 군사정부는 식량 증산을 통해 농가경제를 안정시키고 나아가 산업화를 달성하려 했다. 식량 증산은 산업화와 별개로 분리되어 있는 것이 아니라 산업화를 이루기 위해 반드시 도달해야 하는 과정이었다.

우선 농업생산성이 개선되지 않으면 산업화를 이룰 수 없다. 10명이 달려들어야 얻을 수 있는 수확량이 5명으로도 가능해져야 비로소 남은 5명이 다른 산업 분야에 뛰어들 수 있기 때문이다. 식량 생산이 원활해져야 소득의 일부를 자본으로 축적할 수 있다. 또한 풍부한 식량 공급으로 가격이 낮아져야 고용노동자의 임금을 낮게 유지할 수 있다. 안정적인 농업 생산을 이루지 않고 산업화에 성공한 나라가 없는 이유다. 증산은 농업이나 농민만의 과제가 아닌 전국민적 과제였다.

1961년 제정된 농협법 제1조를 보면 농협의 중요한 목적을 농업 생산성의 증진에 두고 있음을 알 수 있다. 농업생산성 증진이라는 목적은 1999년 농협법 개정 때까지 존속했고, 증산은 세 가지 방향으로 이루어졌다. 농촌의 고질적인 병폐인 사채를 정리하는 것, 비료, 농약 등 영농자재를 안정적으로 공급하는 것, 그리고 새로운 품종 도입과 농법 보급이다. 이 세 방향은 상호 의존적이며, 그 모든 사업의 중심에 농협이 있었던 것만은 틀림없는 사실이다.

## 농촌 고리채의 사슬을 끊다

그 당시 농민들은 열심히 농사지어 봐야 가을에 빚잔치하면 남는 게 없었다. 아무리 갚아도 빚은 줄지 않고 오히려 늘어만 갔다. 이자가 턱없이 높았기 때문이다.

1961년 군사정부는 '농어촌 고리채 정리령'을 공포했다. 연 2할을 초과하는 사채를 신고하게 하고, 고리채로 판정되면 농협은 연리 20%의 농업금융채권을 채권자에게 발급한 다음, 1년 거치를 두고 4년간 분할 상환했다. 채무자는 연리 12%로 5년에 걸쳐 농협에 상환하게 하되 그 차액을 정부가 부담하게 하는 방식이었다.

이후 농협은 상호금융을 도입함으로써 1970년에 63%에 달하던 농가의 사채 의존비율을 1980년 50%로 낮추었고, 2000년대 들어서는 5% 이하로 떨어뜨려 나갔다. 이는 빚 자체를 줄이는 것뿐 아니라 농촌의 금리를 낮추는 효과까지 이끌어 냈다. 상대적으로 낮은 농협의 대출 금리로 인해 사채 금리가 낮아져 고질적인 고리채의 악순환을 끊어 낸 것이었다.

사채와의 금리 차이로 인해 농협을 통한 농민들의 자금 수요는 늘어만 갔다. 그러나 문제는 공급이었다. 늘 공급이 부족했다. 농협에서의 신규직원 시절 예금 목표를 채우기 위해 엄청나게 뛰어다녔던 생각이 난다. 매년 책정되는 자금조달 목표를 채우기 위해서였다. 1개월도 아니고 1주 단위로 직원별 자금조달 목표를 부여하고 조금이라도 뒤처질 것 같으면 매일 대책회의를 했다. 말이 대책회의지 조합장과 간부직원으로부터 따가운 질책을 듣는 시간이었다. 출근하면 사무실 벽 한쪽에 그려진 붉은색 막대그래프 높이부터 확인했다. 일요일마저도 교회 예배가 끝나면 예금 권유하러 친구들, 친지들을 찾아다니는 것이 다반사였다. 그 당시엔 스트레스가 이만저만이 아니었지만 그것이 농민들에게 얼마나 절박한 자금이었던가 다시금 생각하게 된다.

## 농협의 일이 곧 농민의 일

비료와 농약은 증산에 있어 꼭 필요한 존재였다. 그런데 비료 공급 역시도 항상 부족했다. 1961년 충주비료공장이 가동되기 전까지는 외국으로부터 받은 원조의 40% 정도를 비료 사는 데 쓸 만큼 수입 의존도가 높았다. 그러니 가격이 높은 것은 당연한 일이었다. 특히 비료공장과 멀리 떨어진 곳에서는 비료 가격이 하늘 높은 줄 몰랐다. 충주비료공장에 이어 제2비료공장이 나주에 세워졌지만, 비료 냄새만 맡을 뿐 자기 논에 뿌리기는 여전히 어려웠다. 금비(金肥)

는 글자 그대로 금값이었다.

비료 공급이 절대적으로 부족한 1960년대에 사전 비축을 통해 영농기에 사용할 비료 가격을 안정시키고, 적기 공급체계를 확립한 것도 바로 농협이었다. 또한 전국적인 조직망을 활용해 도서 지역에 공급되는 비료까지도 동일한 가격에 보급함으로써 농민들의 생산 활동을 보조하였다.

농협에 입사한 지 얼마 되지 않아 수확기를 앞두고 벼멸구가 빠른 속도로 확산된 적이 있었다. 1970년대 말만 해도 식량이 귀하고 농약이 귀하던 시절이라 벼멸구 관련 소식은 뉴스에 빠지지 않는 단골 기사였다. 교육을 가서 들은 이야기지만, 추석 연휴 기간에 몇몇의 농협 직원들이 공장에 파견되어 농약 생산을 도왔나고 했다. 자신의 경험담을 이야기하는 선배들의 표정에는 알게 모르게 자부심이 느껴졌다. 떠올려 보면 관제농협이라는 한계 속에서도 농민의 일이 곧 농협의 일이고, 농협의 일이 곧 농민의 일이라는 생각으로 헌신했던 선배들이 많았다. 그리고 그 선배들 덕분에 그나마 농협이 농민들에게 가슴속 깊이 남아 있는 듯하다.

# 제가 한번
# 해볼랍니다

1999년 나는 사표를 내고 남평농협 조합장 선거에 출마했다. 농협에 입사한 지 꼭 21년이 되던 해였다. 당시 남평농협 윤승혁 조합장님이 중앙회 상임감사로 선출되시며 조합장이 공석이 되었다. 당시 전무로 근무하고 있던 내게 윤 조합장님은 나직이 출마 의향을 물으셨고, 그때 나는 주저하지 않고 "제가 한번 해보겠습니다" 하고 말했다. 그러면서 이런 말도 덧붙였던 것 같다.

"농민의 아픔과 꿈을 마음에 담고만 있자니 가슴이 터질 것만 같습니다. 농민들이 눈물 흘리는 일이 없도록 하고 싶습니다. 기어이 잃어버린 농민의 꿈을 찾아오고 싶습니다."

윤 조합장님은 예상하셨다는 듯 흐뭇하게 웃으며 내 어깨를 토닥여 주셨다. 그렇게 그해 봄 나는 남평농협 조합장에 당선되었다. 조합원들의 기대를 저버려서는 안 된다는 무거운 책임감에 당선되었다는 기쁨조차 느낄 겨를이 없었다. 농가소득을 높일 수 있는 사업들을 발굴하고 한시 바삐 추진해야만 했다. 새로운 아이디어를 짜내어 이사, 대의원들을 설득하고 직원들과 소통하며 우직하게 밀고 나가고자 밤낮없이 노력했다.

### 농가소득 증대를 이끌어 낸 작은 성공들

농가소득 증대를 위해 중점적으로 추진한 사업은 '쌀' 사업이었다. 나주평야 지대보다는 광주에 더 인접한 남평은 농사짓기에 그리 좋은 환경의 땅은 아니었다. 모래와 놀이 많은 사석지여서 쌀을 재배해 팔아도 소비자들에게 별로 인기가 없었다. 조합원 다수가 쌀농사를 지으면서도 예전 방식만을 고수해 소득이 정체되고 있었다. 하지만 소비자는 이미 양보다는 질을 추구하고 있었고, 변화가 필요한 시점이었다.

그래서 토양의 체질 개선을 위해 객토 작업을 실시했고, 퇴비 공장과 왕겨숯 공장을 만들어 질소 비료를 유기질 비료로 대체하였다. 그리고 당시로서는 생소했던 친환경 농법인 우렁이농법도 도입했다. 그렇게 만들어진 지역 쌀 브랜드 '왕건이 탐낸 쌀'은 3년 연속 브랜드 대상을 수상했다. 무엇보다 조합원들과 직원들 모두가 할 수 있다는 자신감을 얻게 되었다는 데 큰 의미가 있었다.

또 농가소득을 높이기 위해 친환경 농산물 택배사업을 시작했다. 이른바 '꾸러미사업'으로 농가에 새로운 판로를 열어 주고, 소비자에게는 싱싱한 친환경 농산물을 저렴하게 공급한다는 취지였다. 남평을 휘감듯 흐르는 드들강 푸른 물을 먹고 자란 23가지 친환경 농산물을 소비자의 집까지 정기적으로 배달해 주었다. 김장철에는 배추를 절여 절임배추로 판매하였다. 가정에서 김장을 할 때 가장 손이 많이 가는 일이 배추를 씻어 소금에 절이는 일이다. 그 과정을 생략할 수 있게 되니 많은 소비자들로부터 큰 호응을 얻었다.

그리고 파머스마켓에 직거래장터 개념을 도입하여 조합원이 생산한 지역농산물을 팔기도 했다. 유통비용을 줄여 농가의 수취가격을 높이고 소비자의 만족도도 높아지는 일석이조의 효과를 거둘 수 있었다. 입소문이 나서 광주에서 남평까지 주부들이 장을 보러 올 정도였다.

농협 사업의 활성화는 지역 주민들만의 힘만으로는 부족했다. 그래서 주말이면 서울로, 부산으로 우리 지역 출신 인사들과 학교 동문들을 만나기 위해 동분서주했다. 서울에서 열린 동문회 행사에 찾아가 '조합원 가족통장'을 소개했고, 남평 문씨 종친회가 열렸던 부산에 5톤 트럭 한 대분의 쌀을 싣고 가서 종친들에게 호소했던 기억은 아직도 여전히 생생하기만 하다.

도시로 떠난 분들이 고향을 좀 더 애틋하게 생각하고, 자주 고향을 찾을 수 있도록 지역을 아름답게 가꾸는 한편, 고향을 찾는 이들이 나주의 맛과 멋을 함께 즐길 수 있도록 한우 명품관을 만들었는데, 이는 지역 주민들의 농외소득 증대로 이어졌다. 조합원들을 위

"작은 성공을 바탕으로 더 큰 꿈을 꾸기 시작했다.

지역 남평을 넘어서 전국의 수많은 농민들에게도

희망을 전하고 싶었다. 점점 어려워지는 농촌 현실은

그 꿈을 더욱 절실하게 만들었다."

한 복지 사업에도 힘을 쏟았다. '9988 봉사대'를 만들어, 조합원들이 '99세까지 88(팔팔)하게' 건강을 유지할 수 있도록 고령 농가들을 대상으로 건강 검진과 목욕 봉사, 말벗 되어 주기 등의 봉사활동을 실시하기도 했다. 이렇게 욕심 많은 조합장을 믿고 직원 모두가 한마음으로 함께해 준 덕분에 남평농협은 중앙회가 수여하는 '총화상'을 수상하기도 했다. 돌아보면 더할 나위 없는 영예의 순간이었다.

하지만 빈 가슴을 채우기에는 역부족이었다. 그래서 이 작은 성공을 기반으로 더 큰 꿈을 꾸기 시작했다. 지역 남평을 넘어서 전국에 있는 수많은 농민들에게도 희망을 전하고 싶었다. 그리고 점점 더 어려워지는 농민들의 현실은 그 꿈을 더욱 절실하게 만들었다.

# 이제는 그 질문에
# 답해야 할 때

            WTO가 전 세계적 무역 질서를 재편하는 것이라면, FTA는 협정 당사국끼리 내국인 대우를 포함하여 시장 개방의 폭을 한층 넓히는 것이다. 2004년 칠레와의 FTA를 시작으로 미국, EU, 중국, 호주, 캐나다 등 세계 52개국과 자유무역협정이 발효되면서 농축산물의 시장 개방이 매우 가파른 속도로 확대되고 있다. 젖소, 돼지, 닭 등은 대기업 중심의 수직계열화가 빠르게 진행되면서 사육농가 수가 급격하게 줄었고, 사육 규모의 양극화가 심화되었다. 과수농가의 경우에도 재배면적 감소, 농가 수 감소 등으로 대규모 농가와 소규모 농가 간에 양극화가 이루어져 구조조정이 가속화되고 있다.

            또한 국내 농업의 구조조정으로 농가소득이 정체되고 도시근로자 가구와 농가의 소득 격차가 지속적으로 확대되고 있다. 농축산물시장 개방이 제한적으로 이루어졌던 1990년대 초반까지만 해도 97.2% 수준으로 도시근로자 가구와 농가의 소득 차이가 그리 크지 않았다. 그러나 농산물시장 개방이 본격화된 1990년대 중반 이후부터 소득 격차는 급격히 확대되었다. 2015년 기준으로 농가소득은 10년째 3천만 원 수준에서 정체되었다. 물가상승률을 고려한다면 농가의 실질소득은 오히려 감소한 것이다.

이러한 농가소득의 양극화 및 빈곤화 현상은 농업 후계자의 급감으로 이어져 지속가능한 농업을 위협하고, 농업과 농촌에서 중요한 부분을 점유하는 지방 중소도시와 지역사회 공동체를 와해시키고 있다. 지난날 생활과 정보 교류의 중심지였던 면 단위에서 이제는 변변한 가게를 찾기도 어려워졌다.

### 차라리 농협을 해체하라

농업의 구조조정이 이루어지면서 농협도 변화를 요구받았다. 문제는 그 변화의 방향이 협동조합의 정체성과 멀어지는 것이었다는 데 있다. 농민들의 농협에 대한 분노는 폭발 직전이었다. 한국 농협의 정체성 문제는 태생적 한계와 더불어 시대 변화에 올바르게 대응하지 못한 측면도 크다고 생각한다.

먼저, 농민들의 농협에 대한 주인의식이 부족했다. 출자금 조성운동이 한창이던 1970년대만 해도 '쌀 한 가마니 수매 시 한 말, 비료 1천 원에 1백 원, 농약 한 병에 50원' 이런 식으로 출자를 권유했다. 당시 농협 직원들은 "왜 강제로 세금을 걷느냐?"는 농민들의 항의를 받곤 했다. 농협이 농민들 스스로 조직한 자주적 결사체가 아니라 관에 의해 만들어지고 통제되는 곳이라는 인식 때문에 빚어진 오해였다. 협동조합으로서 우리 스스로를 존속시키기 위한 방안이라고 설득하기에는 농협도, 농민도 준비가 덜 되어 있었던 것이다.

지역의 농민들은 태어나면서부터 그 마을의 구성원이 되기 때문에 지역농협의 조합원이 되는 것을 당연시했고, 이것은 주인의식을 저해하는 요인이 되기도 했다. 게다가 영농이 다각화되고 조합원의 이질화가 급속도로 진행되면서, 같은 조합원이라도 작목이 다르고 경영 규모의 차이도 커지다 보니 공감대를 형성하기가 점점 더 어려워졌다.

더 큰 문제는 시간이 지날수록 농·축협의 사업과 구조가 농민과 멀어지는 데 있었다. 지역농협의 근간은 농민 조합원 간의 협동을 도모하여 생산 및 농산물 판매를 원활하게 하는 경제사업이다. 그리고 이러한 경제사업을 추진하는 과정에서 조합원들이 필요로 하는 자금을 공급하기 위해 신용사업을 하는 것이 바로 농·축협의 역할이다. 그러나 그간 농·축협의 사업이 준조합원이나 비조합원을 대상으로 하는 신용사업에 편중되었기에, 경제사업 중심으로 일하기가 어려웠다. 그래서 대다수 농협이 주객이 전도되었다는 비판을 면할 수 없었던 것이다.

뿐만 아니라 중앙회의 사업과 운영도 농·축협의 요구와 멀어졌다. 농·축협의 구조와 운영이 농민 조합원의 이익을 반영하지 못한다는 비판과 마찬가지로 농협중앙회의 사업도 회원조합인 농·축협과 협력관계가 아닌 경쟁관계에 놓여 있었다. 중앙회 역시 본업은 뒷전이고 돈장사만 한다는 비난을 받기 일쑤였다. 농·축협에 대한 지원과 직접적 관련이 적은 사업에 인력이 집중되었고, 심지어 돈을 벌기 위해 서로 점포경쟁 시비까지 벌이는 형국이 되었다.

이렇듯 농·축협과 중앙회의 구조나 사업이 농민 조합원이나 농·축협의 이해에 바탕을 두지 못했던 것이 근본적인 문제였다. 다시 말해 농협이 농업과 농민 이외의 분야에서 사업을 확대하고 있다는 것이 농민들이 분통을 터뜨리는 이유였던 것이다. 여기에 중앙회는 사업의 본래 목적을 확인하고 정체성을 회복하려 하기보다는 임기응변식으로 대처했다. 수익을 많이 내는 것이 곧 농민을 위한 길이라는 논리로 농민을 목적이 아닌 사업 대상으로 밀어냈고, 농민들은 아예 농협을 완전히 해체해서 새롭게 조직해야 한다고 부르짖었다. 농민과 농업, 농촌 그리고 농협 모두에게서 불신의 먹구름은 걷힐 줄 몰랐다.

### 농협을 다시 농민의 품으로

"농협, 너네들은 대체 누구를 위한 조직이냐고?"

내게 던졌던 그 농부의 질문을 나는 한순간도 잊은 적 없다. 오히려 그 물음은 내가 힘들고 지칠 때마다 나를 일으켜 세운 한마디가 되었다. 그리고 이제는 그 질문에 답할 때가 되었다고 생각했다. 그것은 30년간 농협에 몸담았던 내게 선택이 아닌 의무였고, 내 삶을 향한 사명이었다.

그렇게 2007년 농협중앙회장 선거에 도전했다. 출마 결심을 밝히자 많은 사람이 나의 한계를 묻고 현실을 자각시켜 주려 애썼다.

"될 것 같아서 나가려는 것이 아닙니다. 되어야만 해서 출마하는 것이고, 되어야만 해서 되려는 것입니다."

나는 스스로 한계를 짓는 삶을 살아오지 않았다고 자부한다. 오히려 나의 한계에 끊임없이 도전해 왔다. 자신의 한계를 아는 사람은 없다. 하지만 스스로 한계를 정한다면 그 안에서 도전은 멈추어 버린다. 지도에는 경계와 한계가 뚜렷할지 몰라도 우리 삶의 경계와 한계는 명확하지 않다. 한계를 정하지 않으니 내가 가야 할 곳, 해야 할 의무와 사명만이 뚜렷하게 보였다.

첫 도전은 실패했다. 그러나 크게 좌절하지 않았다. 좌절은 그때 늙은 농부의 질문에 답하고 나서 해야 한다고 생각했다. 농촌 구석구석을 찾아다니며 농민들을 만났고, 주경야독으로 공부했다. 그때 쓴 박사논문인 〈한국 농가의 양극화 실태에 관한 연구〉는 머리가 아닌 발로 쓴 것이라 더 자부심이 크다.

그렇게 이론적 학습으로 무장하고 4년 뒤인 2011년 다시 농협중앙회장 선거에 도전했다. 현직 회장과의 경쟁이라 쉽지 않을 것이라고, 큰 상처만 받을 것이라고 주위에서 많이들 염려해 주었다. 그러나 나를 잘 아는 사람들은 낙선하더라도 농협의 나아갈 방향을 누군가는 소리 높여 외치는 사람이 있어야 한다고 격려해 주었다. 결국 나는 그 벽을 넘지 못했고 다시 다음을 기약해야 했다. 농민들과 더 만나야 하고 그들의 문제를 풀어내기에 아직은 부족했다며 스스로를 위로했다. 농민과 만나면 만날수록, 농협의 동인들과 토론을 하면 할수록 더 늦기 전에 농협의 정체성을 회복시켜야 한다는 마음이 더욱 강해져 갔다.

그리고 마침내 2016년 세 번의 도전 끝에 농협중앙회장에 당선되었다. 어머니의 눈물이 가장 먼저 떠올랐다. 그 눈물은 이 땅을 지키는 농민들의 소박한 꿈을 대변하는 것이었다. 그리고 농협이 누구를 위한 조직인가라며 절규하던 늙은 농부의 질문에도 답해야 한다고 생각했다. 그래서 당선증을 받아 들며 힘주어 외쳤다. 기필코 농협을 농민의 품으로 돌려드리겠다고 말이다.

# 4년을 8년처럼
# 뛰겠습니다

2016년 1월 을지로의 한 건물 지하 주차장 창고를 개조한 $66m^2$의 좁은 사무실에서 당선인 업무를 시작하였다. 임시 집무실을 제공하겠다는 제안이 있었지만 "단지 두 달을 편하게 지내기 위해 일부러 큰돈을 들여 사무실을 임대할 필요는 없다"며 정중히 거절했다. 뙤약볕 아래에서 땀 흘리는 농민을 생각할 때 적절치 못한 처신이라는 생각이 들어서였다. 또한 농민을 위한 길을 가겠다는 초심을 잃지 않으려는 스스로에 대한 다짐이기도 했다.

임기 개시와 함께 조직의 틀을 새롭게 짜야 했고, 구상해 왔던 것들을 차근차근 실행할 계획도 수립해야 했기에 머릿속이 복잡했다. 그 실마리를 찾기 위해 달려간 곳도 다름 아닌 농민이 있는 곳이었다. 농민들의 진솔한 목소리를 듣고자 찾은 자리에서는 예상대로 농협이 제대로 역할을 못한다는 따가운 질타가 이어졌다. 개인적으로 겪었던 섭섭한 일들도 마구 털어놓았다. 그것은 농민들의 절박한 마음이고, 농협이 자기네 편이 되어 달라는 간곡한 애원이었다. 참석한 농민들의 답답한 마음이 무거운 침묵이 되어 고여만 갔다. 농민들을 짓누르고 있는 현실의 무게만큼이나 묵직한 책임감이 나의 어깨에 얹어졌다. 그래서 나는 각오를 다졌다. 주어진 임기 4년을 농민들을 위해 8년처럼 쓸 것이라고.

### 3:3:4 원칙

시간에는 절대적 시간과 상대적 시간이 있다. 절대적 시간은 이 세계와 동시적으로 존재하는 것으로 천체의 움직임에 따른 것이니 우리가 어찌할 도리가 없는 대상이다. 반면 상대적 시간은 인간이 살면서 체험하는 시간의 흐름이다. 게으른 사람에게 1분은 아무것도 아닐 수 있겠지만 어떤 목적을 가진 사람에게는 결코 놓쳐서는 안 될 중대한 시간이 될 수 있다. 같은 양의 물리적 시간이라도 사용함에 따라 두 배 혹은 세 배까지도 늘릴 수 있는 것이며, 동시에 그 순간을 놓쳐 버린다면 찰나에 불과할 수도 있는 것이다.

회장의 임기는 4년이다. 해야 하는 일에 비하면 턱없이 짧은 기간이라 여겨졌다. 임기 4년을 8년처럼 살겠다는 것은 절대적 시간 4년을 상대적 시간 8년으로 만들겠다는 나 자신과의 약속이었다. 시곗바늘이 돌아가며 흐르는 시간 4년을 훌쩍 뛰어넘는 농협의 혁신

"임기 4년을 8년처럼 살겠다는 것은

절대적 시간 4년을 상대적 시간 8년으로 만들겠다는

나 자신과의 약속이었다.

시곗바늘이 돌아가며 흐르는 시간 4년을 훌쩍 뛰어넘는

농협의 혁신을 이루어 내겠다는 다짐이기도 했다."

을 이루어 내겠다는 다짐이기도 했다. 그 시간은 하얀 눈밭에 내딛는 발자국 같기에 명확한 방향이 필요했으며, 뒤를 이어 걸어올 이들을 위해 기꺼이 먼저 걸어 나가야 할 시간이었다. 한국 농협을 10만 임직원과 300만 조합원이 모두 자랑스러워하는 협동조합으로 우뚝 세우기 위한, 짧지만 결코 늦출 수 없는 시간이었다.

국가의 존재이유는 국민이고, 농협의 존재이유는 농민이다. 농민을 위해 반드시 해야 하는 일에 시간을 집중하면 기존의 방식대로 했을 때보다 시간 대비 효율이 훨씬 높을 것이다. 의지에 따라 내게 주어진 한정된 시간이 충분히 확장될 수 있다고 생각했다.

한편 경영은 환경 변화에 대응하여 한정된 자원을 균형 있게 배분하는 과정이다. 따라서 시간의 효율적 배분과 활용은 경영자의 중요한 덕목 중 하나라고 할 수 있다. 그래서 한 가지 원칙을 세웠다. 바로 '3:3:4' 원칙이다.

첫 번째 '3'은 조직 내부의 업무를 챙기는 시간이다. 당시 농협의 곳간은 비어 있었다. 조선·해운업 부실로 인해 발생한 막대한 손실과 부동산 프로젝트 파이낸싱 채권의 부실비율 증가 때문에 수익성이 날로 악화되고 있었고, 급기야 2016년 상반기 결산은 적자가 예상되는 상황이었다. 이처럼 수익성이 악화되자 그렇지 않아도 줄어든 농민 지원에 대한 관심은 뒷전으로 밀려나고 있었고, 직원들의 사기는 땅에 떨어졌다. 위기 상황을 돌파하고 조직을 한 방향으로 정렬하여 다시 농민을 위한 조직으로 정상 궤도로 올려놓아야 한다고 생각했다. 거기에 쏟아야 할 소중한 시간인 것이다.

두 번째 '3'은 농업·농촌에 관한 국민적 공감을 불러일으키고, 농업에 대한 국가적 지원을 설득해야 하는 시간이다. 수입농산물 문제, 농업 관련 조세감면 연장을 위해서는 현재보다 더 많은 국민들의 농업, 농촌에 대한 관심과 지지가 필요했다. 또한 농업의 공익적 가치를 반영하는 헌법 개정에 대한 정치권의 논의가 필요하다고 여겼다. 이는 농민들의 힘만으로 이룰 수 없는 일이다. 회장이 먼저 나서고 그 뒤에서 모든 농협 직원이 절박하게 뛴다면 국민들이 우리의 우군이 될 것이고 이와 같은 국민들의 지지가 국가적 지원을 이끌어 낼 수 있을 것이라 믿었다. 이 또한 소홀히 해서는 안 되는 시간이라고 생각했다.

마지막 '4'는 현장에 있는 농민과 직원들을 만나는 현장경영 시간이다. 농민들에게 더 가까이 다가가는 농협이 되기 위해서는 많은 임직원들이 현장에 있어야 한다. 그래야 '농민본위(農民本位)'를 실천할 수 있으며, 그 답은 다름 아닌 현장에 있다는 것이 내가 경험으로 터득한 지혜였다. 그리고 현장에 있을 때 수많은 영감을 얻고, 동시에 위로도 받을 수 있다고 믿었다.

2

우리가
가야 할 곳은
어디인가

# 곳간은 비고,
# 가야 할 방향을 잃다

"마이크로소프트의 빌 게이츠가 위기의 원인은 안도감에 있다고 한 적이 있습니다. 진짜 위기는 위기가 오고 있다는 사실을 모르는 데 있다고 합니다. 지금까지 비교적 안정적인 환경에서 성장했던 농협은 이제는 그 안도감을 버려야 할 때가 왔다고 봅니다. 크고 작은 위기를 직원들의 단합된 힘으로 극복한 조직의 저력을 다시 한번 불러일으키셔야 할 것입니다."

전 농협금융지주 회장이었던 임종룡 금융위원장이 어느 날 한 상갓집에서 나를 만나 들려주었던 조언이다. 어려운 농협의 상황을 어떻게 헤쳐 나갈지 고민하고 있던 나는 그곳이 상갓집이라는 사실도 잊어버린 채 의견을 구하고 있었다. 그리고 그 조언은 내 가슴을 울리는 것이었다.

2016년 내가 농협중앙회장에 취임할 당시, 곳간이 비고 방향도 잃어버린 농협은 큰 위기에 빠져 있었다. 레이들로(A. F. Laidlaw) 박사는 《서기 2000년의 협동조합》에서 협동조합의 3가지 위기로 신뢰, 경영, 이념의 위기를 언급한 바 있다. 그러한 기준에 따르면 한국 농협은 '경영의 위기'와 '이념의 위기'에 동시에 봉착해 있었다. 사업체로서, 결사체로서의 방향까지 모두 상실한 상태였던 것이다.

현실은 암울했지만 고민만 하고 있을 수는 없었다. 일단 달리면서 생각해야 했다. 농협중앙회장은 농민과 직원 모두에게 희망과 비전을 제시해야 하는 책임이 있는 자리라 생각한다. 많은 두려움들을 이겨 내고 담대하게 정책을 집행해 나가야 하는 자리이다. 낙관보다는 비관이 더 지배하는 시기였다. 하지만 농협이 거듭난다면, 농민이 행복해질 수만 있다면 내 몸을 다 태워도 좋으리라 여겼다. 그러한 각오와 함께 농협회장의 임기는 시작되고 있었다.

### 시계 vs 나침반

모든 일에는 출발점이 존재한다. 문제는 그 출발점을 무엇으로 삼느냐 하는 것이다. 거기에 따라 결과가 많이 달라질 것이기 때문이다. 당면한 경영 위기를 먼저 추스를 것인가, 아니면 흐트러진 협동조합의 정체성을 회복할 것인가. 두 가지 모두 시급한 과제였다. 그리고 한 손에는 시계가, 다른 한 손에는 나침반이 주어졌다. 정해진 길을 가는 사람이라면 속도와 시간이 더 중요할 것이고, 정해진 길이 아니라면 시간보다는 방향성이 더 중요할 것이다.

'농협이 처한 이 위기의 근원은 무엇인가, 그리고 농협은 어디로 가야만 하는가?'

고민이 깊어질수록 질문은 하나로 모였고, 질문이 선명해지자 서서히 답이 모습을 드러냈다. 그리고 문제의 근본적인 원인을 찾아 농협이 걸어왔던 길을 되짚었다. 정부 주도하에 하향식으로 조직이 만들어졌고, 협동조합임에도 국가 정책을 최우선시했던 지난날의 역사, 경영체로서의 성장이 선행되어야만 조합원을 위한 사업을 할 수 있다는 임직원의 잘못된 믿음, 그리고 좀처럼 변하지 않는 관료주의적 조직문화, 이것을 건드리지 않는 한 위기 극복 방안은 구호에 불과할 것이라고 생각되었다. 결국 다시 '농협의 존재목적, 존재 이유를 분명히 해야 한다'는 명제가 도출되었다.

협동조합 학계의 세계적인 권위자 스테파노 자마니(Stefano Zamagni) 교수는 협동조합을 '두 얼굴의 야누스'라고 했다. 시장 안에서 작동하는 경제적 차원의 기업과 경제 외적 목적을 추구하는 사회적 단체의 성격을 동시에 지니고 있기 때문이다. 즉, 시장 코드(market code)와 사회적 코드(social code)라는 이중의 상징이 정체성을 이루는 특별한 조직이 바로 협동조합이다. 자마니 교수는 이 두 가지 코드가 역동적인 균형을 유지하고 서로 영향을 주고받으면서 보완성을 확보해 나가는 것이 21세기 협동조합이 직면한 엄중한 도전이라고 했다.

한국 농협도 균형을 다시 찾아야만 했다. 그러기 위해서는 경제적 차원의 경영체를 우선시해 오던 것에서 그 무게 중심을 농민의 삶의 질 향상이라는 운동체적 무게로 옮겨야 했다. 그래서 농·축협의 모든 경영 활동은 조합원을 위해 존재하고, 중앙회와 계열사의 사업은 농·축협의 이러한 활동을 뒷받침하는 것임을 분명히 해야 했다. 회장으로서 나의 역할은 농협이 협동조합이라는 사실을 보다 명확히 인식시키고, 그 가치를 교육해 나가며 그것을 행동으로 보여 주는 것이라고 판단했다. 길이 보이지 않았기에 그렇게 나침반 하나만 들고 출발한 여정이었다.

# 이념교육을
# 출발점으로 삼다

　　　　　　　　　　　"모든 위대한 변화는 차례로 쓰러
지는 도미노처럼 시작된다."

　　미국의 어느 극작가 얘기다. 하나가 넘어지면 연속하여 쓰러지
는 도미노처럼 하나의 작은 변화가 갈수록 더 큰 에너지를 축적하
여 크나큰 변화를 이끌어 낼 수 있도록 구성하고 배치하는 것이 중
요하다. 그런 점에서 맨 앞의 첫 도미노를 무엇으로 어떻게 배치할
지를 고민하고 또 고민했다.

　　그리고 첫 도미노를 농협이념교육으로 결정했다. 이상적인 협동
조합의 모습은 조합원 스스로 주인이라는 확고한 의식을 가지고, 직
원은 협동조합적 운영원리에 충실한 집행자 역할을 하는 것이다. 방
향을 잃어버린 임직원들로 하여금 지금의 위치와 목적지를 알 수 있

게 해야 했다. 그리고 농협이념을 바로 세우겠다는 이 첫 도미노가 움직인다면 연결되어 있는 수많은 문제들도 거침없이 해결될 수 있으리라 생각했다. 그래서 취임 첫 일정을 이념중앙교육원 개원으로 정하고 준비에 박차를 가했다.

이념교육을 들고 나서자 많은 반대의견이 쏟아져 나왔다. 경영의 어려움 때문에 현업에 보탬이 될 직원들의 전문성 강화가 시급하다는 의견, 농·축협 직원들과의 오랜 갈등으로 인해 합동교육은 오히려 역효과가 날 것이라는 의견, 교육기간이 너무 길어 현장사정이 고려되지 않는다는 의견 등이었다.

이런 목소리들이 나온 데는 나름 이유가 있었다. 농협이념이 무엇인지 몰라도 지금까지 일하는 데 아무 문제가 없었고, 경영에 더욱 집중하면 과거에 그래 왔듯 지금의 위기도 넘길 수 있을 것이라 여겼을 것이다. 그러나 과거의 위기와 지금의 위기는 본질적인 차이가 있었다. 과거의 위기가 경기 순환의 영향에서 비롯된 것이라면, 지금의 위기는 상시적인 위기였다. 또한 기업의 재무적 위기가 아니라 조합원과 고객의 신뢰를 상실한 데서 오는 위기였다. 교육을 통해 인식을 바꾸고 변화에 대한 공감을 이끌어 내는 근본적 접근이 아니면 해결할 수 없는 위기였다.

### "나와 함께 꿈꾸지 않겠습니까?"

나는 이념교육을 단순 주입식이 아닌 '변화 프로세스'로 추진하고자 했다. '성찰-대안 탐색-변화와 도약'의 3단계 프로그램으로 교

"첫 도미노로 내가 선택한 것은 이념교육이었다.

방향을 잃어버린 농협 임직원들로 하여금

지금의 위치와 목적지를 알 수 있게 해야 했다."

육 기간도 최소 6개월 이상으로 구상하였다. 변화는 단기간에 이루어질 수 없기에 충분한 시간이 필요하다고 생각한 것이다. 하지만 현업의 어려움도 무시할 수는 없어 결국 농협이념교육은 3개월에 걸친 3회합 방식의 교육 프로그램으로 결정되었다.

그리고 교육 중에 농민과 농민단체의 비판적인 목소리를 가감없이 듣고, 우리의 현재 모습이 어떤지 돌아보는 시간을 가졌다. 그간 강도 높은 농협 개혁을 주장했던 인사들을 초빙하여 날것 그대로 비판의 목소리를 들었다. 직원들은 그런 목소리를 들으며 우리의 문제와 그 원인이 무엇인지를 자정이 다 되어 가는 시간까지 분석하고 성찰했다. 직원들은 숙식을 같이하며 농협의 위기에는 중앙회와 농·축협이 따로일 수 없다는 사실을 확인했고 같은 목적을 향해 머리를 맞대었다.

또한 교육원을 벗어나 농촌현장에서의 교육도 실시했다. 1박 2일간 농가에서 직원들은 2인 1조로 숙식을 하며 일손을 도왔고, 자연스럽게 농민들의 의견을 경청했다. 농협의 주인인 농민들의 생생한 목소리를 듣고, 일의 의미를 찾는 과정이었다. 홀로 사는 고령의 농민 집에서 농박 체험을 하고 온 한 직원이 나에게 이런 얘기를 했다.

"어르신의 삶이 생각보다 고되어 보였습니다. 그런 농민들의 마음을 공감하게 되었습니다. 앞으로 내가 이분들을 어떻게 도울 수 있을지 더욱 고민하겠습니다. 우선 내가 하고 있는 일에서 최선의 성과를 내고 이 혜택들이 농민들에게 돌아갈 수 있도록 해야겠습니다."

공감은 동정과 다르다. 공감은 타인의 감정으로 들어가는 능력이지만, 동정은 단지 상대를 불쌍하게 여기는 감정일 뿐이다. 우리가 농민의 마음속에 들어가 그분들의 마음을 읽어 냈을 때만 진정성을 인정받을 수 있다. 우리는 그 능력을 키워야 한다. 이러한 공감을 통해 농민과의 연결통로를 확장하고 우리 모두가 농민들과 새로운 관계를 끊임없이 만들어 나가야 하는 것이다.

줄지어 서 있는 도미노는 첫 번째 도미노가 넘어지면서부터 각각 1.5배의 에너지를 낼 수 있다고 한다. 그렇게 배가된 변화의 힘은 이론적으로 31번째에 이르면 에베레스트 산보다 900미터 높은 도미노를, 57번째가 되면 지구에서 달을 이을 만한 거대한 도미노 조각을 쓰러뜨릴 수 있다고 한다.

지난 3년간의 노력으로 이념교육을 수료한 졸업생들이 1만 5천 명을 넘어섰다. 이들이 발휘할 거대한 힘이 농협 조직의 변화라는 마지막 도미노를 쓰러뜨려 줄 것이라 여전히 확신하고 있다. 메기들이 바닥을 누비며 고여 있던 연못의 생태계에 활력을 불어넣듯, 이들의 끊임없는 노력들이 모여 분명 농민과 농촌의 행복을 이끌어 낼 마중물이 될 것이다.

아직도 마치 어제 일처럼 생생하게 느껴진다. 2016년 3월 14일, 취임식을 마치고 달려간 이념중앙교육원에서는 개원 후 첫 교육생들이 나를 기다리고 있었다. 가는 내내 뛰는 가슴을 주체할 수 없었다. 직원들이 하고 있는 일의 가치와 자부심을 깨우쳐 주는 것이 무엇보다 중요하다고 여겼다.

내가 하고 있는 일이 우리 조직에, 그리고 이 사회에 긍정적인 기여를 하고 있다는 믿음, 그리고 나의 변화가 조직의 변화로 이어질 수 있다는 신뢰가 없으면 직원들은 스스로 변하려 하지 않을 것이다.

"여러분, 우리는 지금 왜 여기에 모였습니까? 우리는 무엇을 하려고 합니까? 여러분은 지금 꿈이 있습니까? 저와 함께 가슴이 울렁거리는 꿈을 꾸지 않겠습니까?"

꿈쩍하지 않을 것만 같았던 첫 번째 도미노가 그렇게 넘어가고 있었다.

# 협동조합은
# 그 자체가 경쟁력

가끔 내게 협동조합에 대해 묻는 사
람들이 있다. 협동조합이 좋은 목적을 지니고는 있지만 그걸 지켜
나가는 것이 쉽진 않을 거라는 전제가 있는 질문들이었다. 하기야
우리나라 거의 모든 대학에서 경영학을 가르치지만, 협동조합 경영
학이 개설되어 있는 대학은 찾아 볼 수 없다. 일반인들이 협동조합
에 대해 배울 수 있는 기회는 없는 것이다. 그런 질문을 받을 때면
서로 비슷하면서도 전혀 다른 조직인 주식회사와 협동조합을 비교
해서 설명하곤 한다.

협동조합은 조합원이 소유자이자 이용자이며, 출자제한에 의해
소수에 의한 지배를 방지할 수 있다. 하지만 주식회사는 소수의 대
주주가 통제권을 장악하는 것이 가능하다. 또 협동조합은 주식시장

을 이용하지 않으므로 조합원 간 소유권 이전이 자유롭지 못한 반면, 주식회사는 주식의 매매를 통한 소유권 이전이 자유롭다.

또한 협동조합은 사람을 중심에 둔다. 때문에 조합원이 사업을 이용하는 수준에 따라 최대의 이익을 제공한다. 그에 반해 자본을 중심에 두고 있는 주식회사는 투자자에게 최대의 자본이익을 제공한다. 그래서 협동조합과 주식회사는 발생한 이익을 처리하는 방법이 다를 수밖에 없다.

### 벌어서 어떻게 쓰느냐가 더 중요하다

협동조합은 설립목적이 조합원의 '이용 편익'이기 때문에, 조합원이 위임한 사업을 수행하면서 조합원에게 이용에 따른 최대의 이익을 제공한다. 따라서 협동조합이 조합원을 상대로 영리회사와 같은 이윤을 내는 것은 이치에 맞지 않다. 그래서 구매·판매사업 등에서 원가를 기준으로 거래 가격을 결정한다. 이를 원가경영(business at cost)이라 하는데 초과이윤을 추구하지 않고 최선의 가격(best price)으로 조합원에게 서비스를 제공하는 것이다.

농협의 경우는 원가경영을 통해 조합원에게 가능한 한 최저 가격으로 영농자재를 공급하고, 조합원이 생산한 농산물을 최고 가격으로 구매한다. 그렇게 하고도 초과이윤이 발생하면, 이용고배당을 통해 사후적으로 원가경영을 실천한다.

여기서 혼동하지 말아야 할 것이 이익에 대한 개념이다. 간혹 협동조합이 원가경영을 하지만 실제는 이익을 내는 것 아니냐고 묻는 분들이 있다. 협동조합이 사업을 원활히 수행하기 위해서는 인건비, 사업비 등 각종 비용이 소요된다. 원활한 자본 조달을 위한 최소한의 출자배당과 미래 투자 및 위험에 대비하기 위한 적립금의 축적도 필요하다. 이 이익을 필요이익이라 한다. 원가경영에서 원가는 이러한 회계적 비용과 필요이익을 포함한다.

따라서 협동조합이 원가경영을 한다는 것은 이익을 내지 않는다는 게 아니라 독과점 영리회사와 같은 초과이윤을 추구하지 않는다는 의미다. 오히려 협동조합은 사업의 전문성과 효율성을 강화해 이익을 창출하고, 지속가능한 미래를 위한 최소한의 이익을 자본으로 축적할 필요가 있다. 그래야 앞으로도 조합원의 실익 증진을 위한 서비스를 계속 제공할 수 있기 때문이다.

그래서 각종 컨퍼런스나 회의를 통해 임직원들에게 수익이 목적이 되어서는 안 된다고 강조해 왔다. 그 말은 수익을 내지 말자는 의미가 아니다. 돈을 버는 것으로 끝나는 게 아니라 돈을 벌어서 어디에, 어떻게 효과적으로 쓰느냐 하는 것이 정말 중요한 일임을 강조한 것이다. 진정한 협동조합 운동가라면 사업체로서의 협동조합을 키워 나가는 일을 게을리해서는 안 된다. 하지만 그 과정에서 잊지 말아야 할 사실은 운동체로서의 본질이 지켜질 때 사업체로서도 지속가능하다는 것이다.

### 물 한잔을 마시더라도 근원을 생각하라
협동조합의 원칙과 경영원리는 뛰어난 한두 명의 머리에서 나온

"농업협동조합에는 농민들의 절박함이

깊숙이 녹아들어 있다. 협동조합인으로서

다른 무엇보다 최우선시해야 하는 것은

조합원인 농민들의 절박함을 이해하는 것이다."

이론이 아니라 절박한 삶의 현장에서 몸으로 체득한 역사적 지혜이다. 근대적 협동조합의 시초라고 할 수 있는 로치데일 협동조합은 노동자들의 절박함의 산물이었다.

로치데일 협동조합이 태동한 1844년은 산업혁명의 절정기였다. 도시로 유입된 노동자들의 노동 환경은 이루 말할 수 없이 열악했다. 상인들이 담합과 횡포로 질 낮은 상품을 터무니없이 높은 가격에 팔았고, 영양실조와 전염병은 일상이었다. 당시 영국 리버풀의 노동자 평균 수명이 대략 35세에 불과했던 것을 보면 그들의 삶이 얼마나 힘겨웠는지 짐작할 수 있다.

로치데일 협동조합은 28명의 방직공들이 1파운드씩 출자한 작은 구멍가게로 시작했다. 버터, 설탕, 밀가루, 곡물가루 등을 가게에 구비해 놓고 노동자들에게 정직한 가격으로 판매했다. 하지만 출발은 순탄치 않았다. 상인들과 도매상들이 납품을 거부했던 것이다. 출자한 조합원들의 초조함도 커져 갔다. 그렇지만 그들은 직접 수레를 끌고 수십 $km$ 떨어진 맨체스터까지 가서 물건을 구해 밤새 돌아오는 수고 속에서도 희망의 끈을 놓지 않았다.

경쟁이 아닌 협동으로 삶을 바꿀 수 있다는 흔들리지 않는 믿음이 오늘날 전 세계 12억 인구가 참여하는 협동조합의 출발점이 된 것이다. 로치데일이 성공한 협동조합으로 발전할 수 있었던 것은 당시 어떤 사업체보다 더 혁신적인 운영 원칙을 스스로 만들고 그 원칙을 지켜 냈기 때문이다. 이후 수많은 협동조합이 탄생·성장하는 디딤돌이 되었고, '로치데일 원칙'은 국제 협동조합운동의 기본원칙으로 지금도 계승되고 있다.

과거 정권 교체기마다 농협은 개혁해야 할 대상으로 지목되어 왔다. 돌아보면 농협이 농민과 국민으로부터 비난의 대상이 되었을 때는 손익의 정점에 있을 때였다. 결국 농민을 위한 경영이 이루어지지 않는다면 이를 문제 삼아 언제든 개혁을 요구받을 수밖에 없는 운명인 것이다. 따라서 농협 임직원들은 끊임없는 자기 성찰을 통해 농협이 서 있는 곳이 어디인지 확인해야 한다. 그리고 사업의 목적과 계획, 실행, 평가 등 모든 영역에서 농민에게 초점을 맞추어야 길을 잃지 않는다.

물고기와 육상 동물의 생존방식이 다르듯 협동조합과 주식회사의 생존방식은 엄연히 다르다. 수익이라는 단맛만을 좇다 보면 협동조합의 참맛을 잃게 된다. 따라서 개혁의 대상으로 지목되지 않으려면 우리는 철저하게 '협동조합인'을 지향해야만 한다. 음수사원(飮水思源)이라고 했다. 물 한잔을 마시더라도 그 물이 어디서 왔는지 근원을 생각해야 한다는 것이다. 근본 뿌리를 잃어버렸을 때 위태로워지는 것은 나무만이 아니다. 사람도, 조직도 그러하다. 농업협동조합에는 농민들의 절박함이 깊숙이 녹아들어 있다. 협동조합인으로서 다른 무엇보다 최우선시해야 하는 것은 조합원인 농민들의 절박함을 이해하는 것이다.

# 농민이 있기에
# 농협이 있다

        **농협의** 금융계열사, NH-아문디자산
운용은 프랑스의 협동조합 크레디 아그리콜(Credit Agricole)의 자산
운용 자회사인 아문디(Amundi)와의 합작사이다.

    2016년 10월, 사업협력 MOU 체결을 위해 그곳을 방문했다. 크
레디 아그리콜은 2천 조가 넘는 자산을 보유한 세계적 협동조합 금
융그룹으로 설립된 지 100년이 넘었고, 이미 주식회사로 전환되어
초기 설립목적이나 협동조합으로서의 정체성이 많이 사라졌으리라
생각했다. 하지만 실상은 달랐다. 크레디 아그리콜의 필립 브라삭
회장은 대화하는 내내 '농민'에 대해 언급했다. 이야기를 나눌수록
통하는 것이 더 많다는 느낌마저 받았다.

## 프랑스 농업의 힘, 크레디 아그리콜

크레디 아그리콜은 광역협동조합은행, 지주회사(SAS), 크레디 아그리콜 주식회사, 소매금융 등으로 구성된 금융그룹이다. 전체 자금의 10%를 농업부문에 투자하고 있으며, 이 그룹의 소매금융은 프랑스 농민의 약 90%가 이용할 만큼 인기가 높다. 프랑스의 3대 은행에 속하며, 비영리 상호보험협동조합은 프랑스 보험 시장의 절반 이상을 차지하고 있다.

크레디 아그리콜의 가장 큰 특징은 농민이 예금한 자금으로 운영되는 농민은행이라는 점이다. 오랫동안 농업자금을 취급해 왔는데, 대부분 농민들로 구성돼 있는 이사회는 대출심사 과정에서 대출자의 사람 됨됨이를 가장 중시한다. 평이 좋지 않은 사람은 서류상 하자가 없어도 거절하는 사례가 많다고 한다.

이러한 '인간과 농민 중심'의 대출심사 관행은 농민들의 주인의식 고취로 이어졌다. 프랑스 농민들에게 크레디 아크리콜은 프랑스 농업을 지탱하는 힘이자 '우리를 위한 은행'으로 인식되고 있다. 이러한 신뢰를 바탕으로 이 금융그룹은 보험 등 다른 금융서비스업을 통해 농민 대출로 인한 부담을 해소하고 수익을 창출한다.

필립 브라삭 회장이 시종일관 진지하게 농민에 대해 이야기한 것은 결국 농민이 그 회사의 뿌리이자 성장 동력이기 때문이다. 농민이 없었다면 오늘날의 '크레디 아그리콜'은 존재하지 못했을 것이다. 그와의 만남은 우리 농협의 지속성장을 위해 정체성 확립이 얼마나 중요한지를 다시 한번 생각해 보는 계기가 되었다.

'레종 데트르(Raison D'etre)'라는 말은 프랑스어로 '존재이유'란 뜻이다. 대화 도중 여러 차례 언급된 이 단어만 보더라도 협동조합 금융기관으로서 회사의 목표나 방향, 그리고 사업 방식에 있어 그들이 존재하는 이유를 끊임없이 묻고 있음을 알 수 있다. 그리고 그 의지는 다음 날 방문한 와이너리에서도 다시금 확인할 수 있었다.

유명한 샴페인 회사인 떼땅져(Taittinger)의 와이너리는 4km 길이의 지하창고에 2,300만 병의 샴페인을 숙성시키고 있었다. 과거 수차례 실패로 파산 직전까지 갔던 경험담을 풀어놓는 젊은 농장주를 보며 농민은 어느 나라건 어렵기는 매한가지구나 하는 생각이 들었다. 그는 당시 크레디 아그리콜의 과감한 자금 지원이 재기의 발판이 되었다며 전폭적인 지지를 보내고 있었다. 브라삭 회장이 말했던 레종 데트르가 인간과 농민이라는 바탕 위에 농업, 농촌 곳곳에 스며들어 있다는 것이 느껴졌다. 그리고 그 같은 신뢰를 지켜 왔던 것이 오늘날 크레디 아그리콜이 세계 5위의 금융그룹으로 건재할 수 있는 비결이었다.

프랑스에서의 일정을 끝내고 한국으로 돌아오는 길, 어쩌면 크레디 아그리콜은 우리 농협이 가고 있는 길을 먼저 걸어간 선배가 아닐까 하는 생각이 들었다. 농촌 고리채 문제를 해결하기 위해 설립되었고, 국가가 자금 지원을 하고 농업정책자금을 독점적으로 운영할 수 있게 했다는 점에서 크레디 아크리콜은 우리 농협과 매우 닮았다. 유럽연합(EU) 가입 등을 계기로 정부에서 농업에 대한 직접 보조금을 감축하고 정책자금을 일반 은행에까지 개방하는 정책을 폈다는 점도 비슷하다. 크레디 아그리콜도 주식회사로 전환할 당시 혹시 협동조합으로서의 핵심을 상실하는 것 아닐까 하는 우려가 많았다고 한다.

저금리 체제 하에서는 정책자금의 금리차가 그리 매력적이지 않다. 거기에 시장 점유율을 높이기 위한 시중 은행들의 저금리 공세가 더해져 한때 크레디 아그리콜도 경영 위기감이 고조된 적이 있었다고 한다. 하지만 크레디 아그리콜은 그 위기를 '본질의 힘'으로 이겨 냈다. 농민의 입장에서 대출심사를 하고, 이윤의 관점보다는 인간과 사회 전체의 맥락에서 금융의 역할을 고민했으며, '조합원에 의한 민주적 관리'라는 대원칙을 관철시켰다. 프랑스 농민들은 금리 때문에 크레디 아그리콜을 이용하는 것이 아니었다. 자신들을 위한 은행이고, 자신들의 은행이기 때문이다. 프랑스가 미국에 이어 세계에서 두 번째로 강한 농업대국이 된 것은 다 그와 같은 바탕이 있었기에 가능했으리라 생각된다.

# 어쩌다 일본 농협이
# 그리 되었을까?

　　　　　　　　　　　일본의 농협중앙회인 전중이 사라질
위기를 맞고 있다. 일본 농협에 대한 비난은 매우 거세다. 일본의 자
민당 고이즈미 신지로(小泉進次郎) 의원은 국회연설에서 "일본 농협
은 농민의 소리를 듣지 않는다"고 강하게 비판했고, 이에 아베 총리
는 "드릴로 바위를 뚫는다는 생각으로 일본의 농협을 개혁하겠다"
고 했다.

　결국 일본 정부는 일본 농협이 더 이상 협동조합으로서의 존재가
치를 상실했다고 여기고 있다. 2016년 기준 일본 농협의 준조합원
은 600만 명으로, 조합원인 437만 명을 초과했다. 농협의 경영도 준
조합원에 의존해 신용사업에 치중되었다. 농협이 준조합원을 위한
조직이지, 어떻게 조합원을 위한 조직이냐는 소리를 듣는 이유이다.

또한 경쟁력을 잃어버린 경제사업은 농민에게 실익을 주지 못하고 있다. '판매 확대'와 '자재가격 인하'를 바라는 농민들의 요구를 충족시키지 못하는 것이다. 일본의 비료·농약 가격은 한국보다 2~3배 정도 비싸다고 한다. 비료·농약의 품목 수가 과다하고 자체 계열사를 보유하고 있지 않아 제대로 된 수요 집중을 이루지 못한 탓이었다.

게다가 농가 구조의 변화에 따른 농민의 다양한 니즈를 반영하지 못하고 있다는 평가다. 최근 20년간 일본의 농업·농촌 환경이 급변했는데, 농업 총생산액은 연간 11조 엔에서 8조 엔으로 급감했고, 경지 면적은 50만 *ha*나 감소하였다. 65세 이상 농업 인구가 67%에 달하며, 25%의 전업농이 농업 생산의 80%를 차지하고 있다. 그러나 농협의 영농지원과 사업은 여전히 소규모 농가나 겸업농가 중심이라, 전업농 등 대규모 농가의 이탈이 빈번히 일어나고 있다고 한다.

지역농협의 대규모 합병이 급진전되고 있는 점도 영향을 미쳤다. 농촌인구 감소, 예대비율 감소, 농업시장 개방에 따른 농업 위축 등 농협을 둘러싼 경영여건 악화로 지역농협의 합병이 가속화되었고, 1990년 3,500개소이던 지역농협이 2018년 646개까지 줄어들었다. 합병으로 관할 구역이 커지자 농협과 조합원 간에 거리감이 생겨나고, 영농지도 기능을 수행하기가 어려워졌다. 그러다 보니 조합원들의 주인의식도 급격히 약화되었다.

## 위기일수록 정체성 회복이 답이다

한때 한국 농협의 롤모델이었던 일본 농협이 이렇듯 청산 수준의 위기에 처해 있는 것은 일본 경제가 호황을 누리던 시절, 수익성에 취한 나머지 협동조합으로서의 이념과 기본원칙을 잊었기 때문이라고 생각한다. 농민의 경제 상황은 갈수록 어려워지는데도 농민 위에 군림하면서 자신의 이익을 추구하는 중앙회는 언제 무너질지 모르는 모래성이었다. 일본 전중의 해체는 우리에게 협동조합의 본령으로 돌아가는 것이 농협이 생존하는 유일한 길임을 알려 준다.

'2019년 조합장 포럼' 현장을 일본농협 관계자들이 방문했다.

"한국 농협은 밤샘 토론회를 통해 협동조합의 존재이유를 고민하고 농민에게 부담이 되는 농자재 가격을 낮추고자 한다고 들었습니다. 그래서 한국 농협이 농민들을 대하는 태도를 배우려고 한국에 왔습니다."

방문단 대표인 야마다 마사히코 전 일본 농림수산성 장관은 자신들의 방문 목적을 이렇게 밝혔다. 일본 전중을 비롯해서 생협 전·현직 직원 10여 명으로 구성된 방문단은 당초 밤 11시쯤 호텔로 돌아갈 계획이었지만, 포럼이 끝나는 다음 날 새벽까지 자리를 굳게 지켰다.

사마천의 《사기》에 '도리불언 하자성혜(桃李不言 下自成蹊)'라는 말이 있다. 이것은 '복숭아와 오얏은 말을 하지 않아도 나무 밑으로 저절로 길이 생긴다'는 뜻이다. 협동조합의 원칙과 정체성을 가슴에 품으면 복숭아와 오얏나무 아래로 자연스럽게 길이 나듯 협동조합의 나아갈 길이 저절로 열리게 된다.

'기업은 경쟁에 밀려 망하는 것이 아니라 자신의 정체성 상실로 쇠락한다'고 한다. 협동조합은 위기일수록 기본으로 돌아가 그 정체성을 회복해야 한다. 농협 정체성의 뿌리는 농민이고 농심이다. 그 정체성을 잃으면 농협의 존재이유가 사라지게 된다. 있지만 없는 것이나 마찬가지라는 의미다. 일본 농협을 통해 우리가 깨닫는 소중한 교훈이다.

# 목적은 가슴 뛰게
# 하는 것

2017년 어느 날, 농협중앙회 건물 앞에서 농민들이 며칠간 단체농성을 하고 있었다. 농민들이 농성을 하고 있다면 이유가 무엇인지 들어 볼 일인데 임직원들은 대립을 선택하고 있었다. 이유를 다 알고 있고, 농협이 해줄 수 있는 일이 아니라는 것이었다. 가슴속에 답답함과 더불어 분노가 치밀어 올랐다.

목적은 세상에서 가장 값진 동기부여 요소다. 목적은 사람들로 하여금 능력을 최대치로 발휘하게 하고, 불가능해 보이는 일들도 가능하게 만드는 신비한 힘을 지니고 있다. 그래서 목적이 뚜렷한 사람은 눈빛부터 다르다. 그들의 가슴은 뜨겁게 뛴다.

목적은 개인뿐만 아니라 조직에게도 매우 중요하다. 일단 목적이 설정되면 그 목적이 사람들을 만나게 하고, 또 그들을 같은 방향으로 끌고 간다. 그리고 사람들은 목적을 공유함으로써 정서적 유대감과 동질감을 형성해 간다. 뜻을 같이 하는 동지가 되는 것이다. 이것이 바로 목적의 힘이다.

농협이 존재하는 목적은 농협법 1조에 명시되어 있다. 농민의 경제적·사회적·문화적 지위 향상, 농민들의 삶의 질 향상, 그리고 국가경제의 균형발전에 대한 기여이다. 하지만 목적을 되뇌는 것만으로는 부족하다. 계량화가 가능한 목적함수가 있어야 한다. 그럴 때 우리는 보다 뚜렷한 목표를 세우고 최적의 수단매체를 강구할 수 있기 때문이다.

농성을 했던 분들의 요구는 아마도 우리가 들어줄 수 없는 부분이 많을 것이다. 하지만 중요한 것은 이분들이 농협의 주인이라는 사실이다. 농협은 주인을 주인답게 모셔야 한다는 마음으로, 그들을 따뜻하게 품어야 한다. 거듭 말하지만 농민이야말로 농협의 존재목적이기 때문이다.


## 우리는 목적함수를 가졌는가

서울대학교 경영대학을 정년퇴임한 후에도 여전히 후학 양성을 위해 왕성하게 활동하는 윤석철 교수는 기회 있을 때마다 목적함수를 강조한다. 계량화가 가능한 소망을 목적함수라 부르는데, 목적함수의 달성은 그에 필요한 수단매체의 한계에 제약을 받는다. 그는 목적함수를 제대로 설정하고 그에 부합하는 적절한 수단매체를 지닌 인생이야말로 바른 길을 걷는 아름다운 삶이라고 했다. 조직 또한 마찬가지이다. 사람마다 가진 목적함수가 다르듯, 조직 또한 각각의 목적함수가 있다. 그리고 그 목적함수를 어떻게 설정하는가에 따라 사람과 조직의 궁극적 가치가 드러난다.

지금 농협의 목적함수는 '농가소득 5천만 원'이다. 농가소득은 농민들의 삶의 질을 객관적으로 평가할 수 있는 기준이며, 현장에서 만난 수많은 농민들의 간절한 소망이기도 했다. 2016년 말 농가 평균소득은 3,720만 원으로 도시근로자의 64% 수준에 불과했다. 더욱이 농업소득은 1,100만 원 정도로 20년간 제자리걸음을 하고 있었다. 게다가 농촌은 의료시설, 문화시설 등 그 어느 것도 제대로 마련되어 있지 않았다. 그런데도 우리 농민들은 그런 자신의 처지를 운명처럼 받아들이고 있었다. 너무도 안타까웠다. 그래서 2020년까지 농가소득 5천만 원 달성을 선언하고 그 방향으로 모두가 함께 나서자고 강조했다.

농가소득 5천만 원이라는 목적함수가 설정되자, 서서히 변화되는 농협을 느끼는 사람들이 늘어나기 시작했다. "농협을 위하여"라는 건배사가 이제 "농민을 위하여", "농가소득 5천만 원을 위하여"로 바뀌었고, 누구를 만나든 농가소득 5천만 원에 대한 얘기로 꽃을 피웠다.

이전에는 사업과 경영관리를 가장 중시했고, 저성장과 초경쟁에 시달리다 보니 수익률에만 몰두했다. 그리고 그렇게 설정된 목표로 평가를 받다 보니, 모두가 오직 수익경영만을 생각하며 그 방향으로 경쟁하듯 달려갔다. 목적함수가 잘못 설정된 것이다. 그러니 제

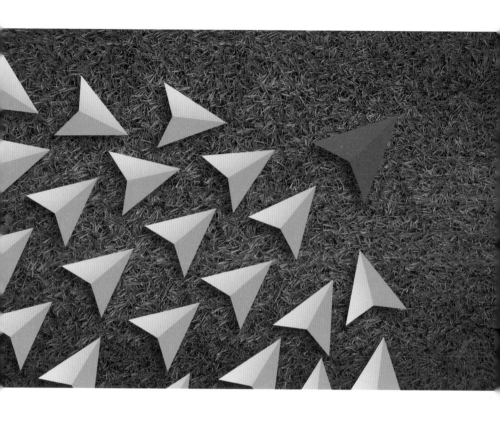

"농협의 목적함수는 '농가소득 5천만 원'이다. 농가소득은
농민들의 삶의 질을 객관적으로 평가할 수 있는 기준이며,
현장에서 만난 수많은 농민의 간절한 소망이기도 했다."

아무리 열심히 노력해도 외부 비판은 더욱 거세졌다. 우리가 도대체 무슨 잘못이 있기에 이처럼 비난받는가 하는 항변이 안타깝게 느껴지는 이유이다.

또한 조직 간 사일로 효과로 인해 농민을 위한 사업에 한 방향 정렬이 잘 이루어지지 않았다. 시너지와 협력보다는 서로 간에 경쟁이나 비교 대상이 되었고, 농민을 위하기보다 각 부서에서 실행하기 손쉽고 책임감으로부터 벗어날 수 있는 사업만 추진하려는 경향이 존재했다. 무엇보다 직원들의 마음속에 농민을 행복하게 해야 한다는 꿈은 자리잡지 못하고 있었다.

목적함수를 분명히 하면 사업을 계획하거나 업무를 추진할 때 생각의 중심에 자연스럽게 농민이 자리 잡게 되리라 믿었다. 농가 실익을 위해 부서 간에 조직의 벽을 허물고, 법인 간 소통하며 머리를 맞대도록 권했다. 농가소득을 올릴 수단매체를 찾기 위해 중앙회 및 계열사 전체 집행간부들이 밤을 새며 함께 고민했다. 여럿이 모이는 자리면 어김없이 농가소득에 관해 자연스럽게 이야기를 나누고, 아이디어를 내기도 했다.

농민들과의 접점에 있는 경제사업뿐만 아니라, 은행이나 보험부문에서 상품을 개발할 때도 이제 농민을 염두에 두게 되었다. 심지어 직원들이 휴가를 갈 때도 농민이 운영하는 팜스테이를 찾았고, 물건을 살 때도 농가에서 일을 도우며 현장에서 직접 농산물을 구매하기도 했다. 농협 임직원들의 의식 속에 농가소득 증대라는 염원이 들불처럼 번져 나간 것이다. 농민에 대한, 농민을 위한, 농민을 향한 임직원들의 한 방향 정렬이 느리지만 착실하게 이루어지고 있었다.

## 목적함수에 부합하는 수단매체를 가졌는가

그러나 농가소득 5천만 원이라는 목적함수를 정립하는 것이 물 흐르듯 쉽게 되었던 것은 아니다. 목적함수를 달성할 최적의 수단매체를 찾는 과정에서 과거 관행과 인식들이 끊임없이 저항했다. 농가소득 증대를 위해서는 농산물 수취가격 제고 못지않게 농업경영비 절감이 중요하다. 소득을 늘리기 위해서는 비용을 줄여야 한다. 그래서 비료, 농약, 사료 등 농자재의 가격인하를 수단매체로 삼고자 했다. '수요 집중'이라는 협동조합의 가장 핵심적인 전략을 활용하겠다는 것이었다.

그러자 해당 사업부서와 계열사에서 볼멘 목소리들이 터져 나왔다. 가격인하는 곧 매출액 감소와 순이익 감소로 나타날 것이라는 우려의 목소리였다. 하지만 목적함수는 무언가를 희생한 대가이다. 학업 성적을 올리기 위해서는 친구들과 노는 시간을 희생해야 한다. 식탐을 포기하지 않으면 건강을 유지하기 어렵다. 하나를 얻기 위해 무언가는 희생해야 한다.

계열사 경영진들이 목적함수와 수단매체를 혼동하지 않기를 바랐다. 우리의 목적함수를 농가소득 5천만 원으로 설정했다면 수단매체를 선택하는 기준은 그것이 목적함수에 부합하느냐가 되어야 한다. 계열사가 농자재 가격을 인하하면서 동시에 이윤을 획득하기는 매우 힘든 일이다. 만일 우리의 목적함수가 더 많은 이윤을 내는 것이라면 가격인상에 동의했을 것이다. 몇 차례의 토론을 거쳐 계열사의 경영진들을 설득할 수 있었고, 그 결과 비료, 농약, 사료 등의 영농자재 가격이 인하되고 이는 농가소득의 증대로까지 이어지게 되었다.

그렇다고 해당 사업부서와 계열사의 경영 수지가 악화된 것은 아니었다. 오히려 수요 집중을 통해서 시장 점유율이 향상되었고, 협동조합적 경영의 힘을 입증하는 결과가 되었다. 목적함수를 제대로 설정하고 그에 맞는 최적의 수단매체를 선택하여 끈질기게 밀고 가는 뚝심이 중요하다. 협동조합은 오랜 시행착오를 거치며 그 목적함수와 수단매체가 비교적 명확하게 설정된 조직이다.

나는 매일 우리 농협이 '명백하게 차별화된 사업체'로 목적함수에 부합하는 수단매체를 단단히 부여잡고 있는지를 돌아보고 또 돌아본다. 그리고 내 인생에 있어 농민들을 향한 목적함수가 여전히 변함없는지를 물어본다. 가슴이 뛰지 않는 삶을 살고 있다면 삶에 목적이 있는가부터 스스로에게 물어볼 일이다.

# 이제 우리의
# 가치를 팔자

기업의 생존 부등식을 잠시 생각해 보았다. 기업 입장에서 보면 제품의 가격이 생산과 유통에 소요된 비용보다 커야만 생존할 수 있다. 소비자인 고객은 가격보다 제품에 대해서 느끼는 가치가 조금이라도 높아야 구매 행동으로 이어진다. 즉 제품과 서비스의 가치를 가격 이상으로 제공해야만 기업은 살아남을 수 있다. 5만 원짜리 넥타이를 사면서도 10만 원 이상의 가치를 느낄 수 있어야 기업의 영속성이 유지될 수 있는 것이다. 내가 사는 것은 물건이 아니라 가치이다. 그것이 바로 '가심비'의 힘이라는 것이다.

농협은 농민들을 위해 최선을 다했다고 항변해 왔지만, 농민들이 만족스럽게 여기지 않는다면 그것은 최선을 다했다고 할 수 없다. 농협이 적정 가격으로 영농자재 등을 공급한다고 주장하더라도 농민이 비싸다고 여기면 그건 비싼 것이다. 농민 스스로 가치보다 가격이 높다고 여기고 있기 때문이다. 그렇다면 그 가치를 높여 줄 무언가가 있어야 한다. 농협이 하고 있는 수많은 일에 대해 농민들이 그 가치를 느끼고, 가격이 다소 비싸더라도 인정해 주지 않으면 문제는 해결되지 않는다. 우리 임직원 모두가 가치를 더해 줄 그 무언가를 찾아서 더해야 하는 것이다.

농협의 존재목적이 지금껏 명문화되어 있지 않았거나, 누군가에 의해 의도적으로 무시되어 온 것은 아니다. 1957년 농업협동조합법부터, 1961년 새로이 제정된 농협법과 수차례의 개정 과정에서도 농협법 제1조의 목적만큼은 바뀌지 않았다. 그럼에도 불구하고 농협의 존재이유와 목적의식 상실에 대한 비판이 끊이지 않았던 이유는 벽에는 걸려 있지만 영혼이 사라져 버린 구호였기 때문이라고 생각한다. 그러니 구성원의 생각과 행동을 움직이지 못했다.

일본의 작가 곤도 마리에는 이렇게 말했다. "설레지 않으면 버리는 것이 낫다." 붙들고 있어 봐야 새로운 것을 채울 수 없게 하는 방해물이 될 뿐이다. 농민에게 의미있게 인식될 농협만의 가치와 임직원 모두를 설레게 할 명확한 비전이 필요했다.

## 10만 임직원의 가슴을 뛰게 할 비전

우리가 누구인지, 우리가 어디로 가고 싶어 하는지가 곧 우리의 하는 일과 성취하는 바를 결정짓는다. 과거에 대한 성찰과 더불어 새로운 변화와 도약의 발판이 될 희망의 비전을 제시하는 것은 경영자로서 당연한 책무라고 생각한다. 비전의 성취 과정은 산악인이 높은 산을 정복하는 과정을 생각하면 이해하기 쉽다.

1953년 뉴질랜드인이 최초로 에베레스트 정상을 정복한 이후, 정상 등정자는 1970년대까지만 해도 1년에 한두 명에 불과했다. 그러던 것이 2000년대 들어 연간 수백 명을 웃돌게 되었고, 급기야 최근에는 네팔 당국에서 환경자원 보호 차원에서 입산자 수를 제한하기에 이르렀다. 에베레스트 등정자가 이처럼 급격히 늘어난 것은 등정의 시작점, 베이스캠프를 끌어올렸기 때문이다. 기존에 2천 $m$에 있던 베이스캠프를 4천 $m$대로 끌어올리고, 최근에는 6천 $m$로 끌어올리자 등정 성공률은 가히 폭발적으로 높아지게 된 것이다.

베이스캠프의 높이는 목표를 향한 조직적 역량을 뜻한다. 이 베이스캠프를 높이면, 등반해야 할 목표지점과 경로를 보다 명확하게 그릴 수 있다. 또한 목표를 가시권에 둠으로써 동기부여도 가능하다. 에베레스트 정상에 올라 태극기를 꽂고 만세를 부르는 자신의 모습을 상상하는 많은 산악인들은 가슴이 뛸 수밖에 없다. 그 이유 때문에 눈보라가 몰아치더라도 죽을힘을 다하게 된다. 이렇듯 10만 임직원의 가슴을 뛰게 할 농협의 새로운 비전을 수립하기 위해 많은 노력을 기울였다.

비전을 만들기 위해 먼저 서로의 생각들을 공유하는 토론을 이어 나갔다. 정해진 회의뿐 아니라, 티타임 또는 차 안에서도 형식과 장소에 구애받지 않고 토론하고 또 토론했다. 그리고 농협 임직원들을 비롯해서 농민 조합원, 고객과 국민을 대상으로 농협에 대한 인식조사도 실시하였다. 농협의 현재 모습을 어떻게 보고 있는지, 농협이 앞으로 어떠한 모습으로 변화해야 하는지 가감 없는 의견을 모으고 분석하였다. 이를 토대로 농·축협과 중앙회, 계열사 임직원들과 1박 2일 밤샘 토론도 실시했다. 마음속 깊이 있던 생각들이 별처럼 쏟아지던 날들이었다.

'농민이 행복한 국민의 농협'은 이처럼 깊은 성찰과 오랜 논의의 끝에 만들어졌다. 농업, 농촌에 대한 인식을 높이고 농협에 대한 시대적 요구를 반영하여 환경 변화에 선제적으로 대응하자는 것이 주된 내용이다. 아울러 농협의 주인인 농민 조합원의 소득 증대와 삶의 질 제고로 그들에게 활짝 웃을 수 있는 행복한 미래를 열어 주겠다는 의지를 담았다. 나아가 지역사회와 국가경제 발전에 기여함으로써 국민에게 신뢰받고 사랑받는 농협을 구현하자는 소망도 함께 담았다.

그리고 이를 달성하기 위한 목표가 바로 '농가소득 5천만 원'이다. 농민들이 땀 흘린 만큼 정당한 대가를 받고, 인간다운 삶을 살아가게 하기 위해서는 어느 정도의 소득이 뒷받침되어야 한다. 뿐만 아니라 폐농, 이농, 고령화 등은 빈민을 양산하고 식량 수급을 불안하게 하는 국가적 문제이므로, 농가소득이 증대되어야만 농업과 사회 발전을 이끌 수 있다. 그 이유로 지금도 농협 임직원들이 어디선가 농가소득 5천만 원을 외치고 있는 것이다.

## 행동원칙을 공유하다

수많은 사람들이 함께 산을 오를 때 서로 간의 약속은 매우 중요하다. 어떤 사람은 안전을 가장 중요시하지만, 또 모험심을 가장 중시하는 사람도 있다. 그래서 어떤 등정대는 정상에 빨리 도달하기 위해 수직 벽이나 험한 루트도 마다하지 않는 반면 또 다른 등정대는 안전을 고려해서 조금씩 꾸준히 오르는 길을 선택하기도 한다. 이렇게 합의된 약속에 따라서 사고와 행동은 확연히 달라진다. 그런데 대원 간에 합의가 이루어지지 않으면 이러한 등정 자체가 불가능할 수도 있다.

나는 임직원들의 사고와 행동 기준으로 '깨어 있는 농협인', '활짝 웃는 농민', '함께하는 국민'이라는 세 가지 핵심 가치를 제시했다. '깨어 있는 농협인(農心)'은 농심과 협동조합 이념을 제대로 알고 실천하자는 의미이다. 늘 깨어나기 위해, 늘 깨어 있기 위해 임직원 모두가 노력해야 한다는 것이다. '활짝 웃는 농민(現場)'은 낮은 자세로 현장 속에 있는 농민 속으로 다가가 농민들의 행복가치를 실현하자는 것이다. 끝으로 '함께하는 국민(共感)'은 농협의 수많은 사업들을 통해 국민들에게 농업, 농촌에 대한 필요성을 인식시키고 공감을 얻어, 없어서는 안 될 조직으로 농협을 더욱 사랑하도록 만들자는 취지이다.

마감 시한과 구체적 수치로 계량화하지 않은 목표는 사문화되기 쉽다. 목표는 측정 가능해야 추진 과정에서 동력이 떨어지지 않는다. 그래서 중앙회 혁신, 지역농·축협 균형발전, 협동조합 정체성 회복, 국민의 농협 구현의 4개 분야에서 총 100대 혁신과제를 비전과 함께 제시했다. 이 과제들이 농민이 주인 되는 농협, 세계 속에 빛나는 농협이 되게 만들어 주리라 생각한다. 설령 임기 내 이 과제들이 달성되지 않더라도 목표를 향해 정진해 나가기를 바라는 마음으로 더욱 정성을 다했다.

비전을 선포하던 날, 함께했던 임직원들과 농민들의 눈빛을 잊을 수 없다. 꿈을 공유하는 자들만이 느낄 수 있는 공감이었다. 나의 꿈이 동지의 꿈이고, 동지의 꿈이 우리의 꿈이라는 일체감이 그 공간에 함께 존재했다. 농가소득 5천만 원이 손을 내밀면 닿을 것처럼 가깝게 느껴졌다.

# 보이지 않는 문화가
# 격차를 만든다

농협의 목적함수로 농가소득 5천만 원을 꺼내 들자 어떤 사람은 제정신인가 하는 눈으로 쳐다봤다. 농가소득 5천만 원 달성을 외친 이유는 먼저 농협이 깊은 위기에 빠져 있음을 임직원들에게 각성시키고 싶어서다. '배고픈 농민, 배 터지는 농협'이라는 오랜 비판으로부터 벗어나지 못한다면 공멸이라는 것을 알리고 싶었다. 또 체감적으로 목적함수를 높게 선정한 것은 조직이 가지고 있는 타성으로부터 벗어나야 한다는 의지의 표현이었다. 농가소득 5천만 원을 임기 내 달성하려면 매년 5백만 원씩 높여야 하는데, 기존의 방법으로는 결코 달성할 수 없는 일이기 때문이다. 농협은 그럴만한 힘도 없고, 그 일들이 모두 정부의 일이라는 변명은 책임 회피에 불과하다. 아르키메데스는 천하 장사였기에 지구를 들어 올리겠다고 호언장담했을까? 농가소득 향상을 위한 농협만의 지렛대를 찾아야 했다. 그래서 컨퍼런스로 임직원들과 함께 숱한 밤을 새웠던 것이다.

돌이켜보면 2016년 첫 밤샘 컨퍼런스는 무거운 긴장과 침묵으로 시작했다. 농협 최초로 시도해 보는 밤샘 컨퍼런스인 데다 새로운 회장에게서 어떤 주문이 있을지 모두가 주목하고 있었다. 하지만 경영에 관해 주문하기보다 우리 농협이 먼저 그동안의 잘못을 인정하고 그 잘못된 것부터 바로잡아 가자고 주장하자, 임직원들은 다소 당황하는 눈치였다. 잘못을 인정하기에 앞서 잘못을 인식하는 것도 준비가 되어 있지 않았다.

그래서 나는 농협이 그동안 잘못해 온 것을 인정하게 만드는 일이 바로 변화의 출발점이라고 확신하게 되었다. 그래야 제대로 된 역할을 인식할 수 있기 때문이다. 이는 이후 열한 번에 걸친 치열한 밤샘 토론을 이끌어 냈다. 또 조합장, 임직원 등 협동조합을 구성하고 있는 모든 주체가 이러한 변화의 필요성과 제대로 된 역할을 이해해야만 한다고 여겼다. 그래서 지난 4년여 동안 무려 36만 *km*, 지구 아홉 바퀴에 걸친 이해와 설득의 여정을 나서게 된 것이다.

### 변화를 위한 첫 단추

모든 변화에는 저항이 따르기 마련이다. 변화에 대한 저항을 이겨 내기 위해서는 무엇보다 용기와 결단이 필요하다. 그 첫 단추로 기능이 중첩되는 조직들을 통합했다.

사업구조 개편 직후라 아직 농협은 기능이 중복되는 조직들이 많았다. 아니, 하나로 통합하면 훨씬 더 나은 효과를 발휘할 조직들이 중복 운용되고 있었다는 표현이 적합할 것이다. 그래서 이런 조직을 찾아서 하나씩 통합시켜 나갔다. 중앙회와 은행, 보험 등 각 조직별로 있던 교육부서와 홍보부서를 중앙회에 통합시켰다. 창구가 일원화되니 소통이 원활해졌고 통합된 업무에 효율과 속도가 붙었다. 또한 자회사와 기능이 중복되는 해외 사무소들은 폐쇄했고 남은 인력은 현장으로 재배치했다. 이러한 조치를 통해 연간 수억 원의 예산을 절감할 수 있었다.

남해화학을 비롯한 계열사 본사를 생산 공장이 있는 지역으로 이전하도록 조치한 것은 본사와 공장의 기능의 중복 문제를 해소할 뿐 아니라, 경영진의 의사결정이 현장에서 신속하게 이루어지게 하기 위함이었다. 생산 공장에서 떨어져 이루어지는 의사결정이 제대로 될 리 만무했다. 생산 공장 근처로 부득이 거주지를 옮겨야 하는 직원들에겐 기회 있을 때마다 직접 찾아가 그 이유를 설득해 나갔다. 처음엔 불만들이 많았지만, 성과가 하나씩 나타나자 이해하고 공감하는 직원들이 조금씩 늘어났다.

아울러 조합원과 회원 농·축협의 권익을 증진시키기 위한 조직은 더 늘리고 보강했다. 농·축협의 경영 안정과 사업 확대를 위해 회원경영컨설팅 기능을 담당할 부서를 신설하고 전문가를 확충했다. 또 농촌지원부는 농가소득 5천만 원이라는 목적을 분명히 하기 위해 농가소득지원부로 확대 개편하였다.

## 소통으로 벽을 허물다

'전략은 조직문화의 아침식사 거리밖에 안 된다'는 말이 있다. 단기적 성과는 전략에 의해 가능하겠지만 장기적 성과는 조직문화의 뒷받침 없인 불가능하다. 눈에 보이지 않기 때문에 중요성을 인식하지 못할 뿐이다. 눈에 보이지 않아도 공기 없이는 살 수 없는 것처럼, 보이지 않는 조직문화가 눈에 보이는 격차를 만든다.

출근할 때마다 임직원들이 로비에 나와 90도로 인사를 하고, 임원 전용 엘리베이터로 안내하는 등 불필요하고도 과도한 의전 관행이 있었다. 잘못된 관행을 작은 것부터 하나씩 고쳐 나가기로 마음먹고 가장 먼저 이와 같은 출근길 의전부터 폐지했다. 회장은 늘 특별한 곳에서 식사한다는 인식을 바꾸기 위해서 구내식당 또는 인근 식당에 들러 식사 중인 직원들 틈에 함께 앉기도 했다. 처음에 어떤 직원은 "회장님! 긴장이 되어서 밥이 입으로 들어가는지 코로 들어가는지 모르겠습니다"라고 했다. 하지만 시간이 지나자 "이 집이 이 주변에서 김치찌개가 가장 맛있습니다", "바쁘실 텐데 식사는 제때 하시나요?" 등 편안한 대화와 농담이 오가기도 했다. 따뜻한 밥 한 끼로 함께 마음도 따뜻해지는 시간이었다.

서로를 가로막고 있던 벽이 허물어지자 마음의 문은 자연스럽게 열렸다. 그 이후로도 기회가 되면 직원들과 뮤지컬도 보고, 때로는 퇴근 후 맥주잔을 기울이며 마음으로 소통하였다. 이러한 작은 물결이 큰 파도가 되어 그간 권위적이고 수직적이라는 평을 들어온 농협이 수평적이고 창의적인 조직으로 거듭나기를 기대한다.

"서로를 가로막고 있던 지위라는 벽이 허물어지자

마음의 문은 자연스럽게 열렸다. 그 이후로도

기회가 되면 직원들과 뮤지컬도 보고, 때로는

퇴근 후 맥주잔을 기울이며 마음으로 소통하였다."

## 매년 책을 펴낸 이유

이념교육원을 설립하고 틈나는 대로 임직원들을 만나 농협이념
이라는 공통된 신념을 직원들과 공유하고자 노력했다. 공유된 이념
은 우리 조직 각 부분에 산소와 영양을 공급하는 혈액과 같다. 일관
성 있는 신념이 공통의 가치를 부여할 수 있기 때문이다. 그러다 보
니 강연을 통해 직원들에게 무슨 말을 전할지를 때와 장소를 가리
지 않고 생각하는 습관이 생겨났다. 새벽에 눈을 뜨면 오늘은 무엇
을 얘기할까 고민하는 것이 일상이 되었다.

특히 조합장들이나 외부 인사를 만나고 오는 날이면 그 고민과
의견들을 기록한 메모지가 수북히 쌓이곤 했다. 그 자료들이 모여
취임 1주년에《절박한 농심이 나를 깨우다》가 출간되었다. 책을 통
해 회장의 경영철학과 조직이 나아갈 방향을 공유하는 것이 큰 효
과를 발휘할 것이라 확신해서다. 그 책에서 위기일수록 기본으로 돌
아가 정체성을 회복하고 근간을 바로 세워야 한다고 강조했다. 농
심이야말로 위기 극복의 지름길이므로 임직원 모두가 깨어 있는 농
협인이 되자며 간곡히 호소하기도 했다.

아무리 열심히 전국을 다니며 많은 사람을 만난다 해도 강연
을 통한 생각의 전파는 한계가 있다. 하지만 책을 통해서는 시간과
장소의 구애를 받지 않고 더 많은 사람을 만나 나의 생각을 전할
수 있다. 그래서 매년 취임기념일에 책을 출간하기로 마음먹었고,
2018년《위드하라 (Do with)》를 출간했다. 이 책은 전편과는 달리 서
점에서 판매되었다. 국민들에게도 협동조합의 가치와 농업, 농촌의

의미를 알리고 싶었기 때문이다. 왜곡된 자본주의로 인해 발생하는 이 시대의 문제들을 협동조합운동을 통해 함께 극복해 나가자는 제안도 담았다.

2019년에는 또 한 권의 책《단 한 걸음이라도 함께 가라》를 펴냈다. 농촌과 농업을 미래의 블루오션으로 만들어 가는 우리의 대장정은 혼자가 아닌 함께일 때 비로소 완성된다고 생각한다. 비록 느린 걸음일지라도, 단 한 걸음일지라도 모두가 뜻을 합쳐 내디딜 때 우리의 발걸음은 거대한 북소리가 되어 세상에 울려 퍼질 것이라는 의미를 담았다. 그리고 협동조합운동을 하고 있는 많은 이들에게 진정한 동반자의 자세로 함께 가자는 제안을 했다.

책을 통해 임직원들이 나의 진정성을 알아주길 바랐다. 그리고 이해를 바탕으로 농협이 변화하는 데 함께 동참해 주길 바랐다. 세 권의 책은 모두 협동조합 정체성을 강조하고 있다. 왜 그렇게 기업의 정체성을 강조하는지 묻는 사람들에게 혁신의 귀재 잭 웰치(Jack Welch)는 이렇게 말했다.

"변화를 이끄는 리더는 자신이 생각을 끊임없이 반복해서 전달해야 한다. 비록 진부하게 느껴지더라도 메시지가 절대 바뀌어선 안 된다. 수많은 정보 중에서 우리가 추구하는 비전과 가치를 구성원들에게 확실하게 인지할 수 있도록 해야 한다. 필요하다면 같은 얘기를 모든 방법을 동원해서라도 반복해야 한다."

이것이 내가 컨퍼런스와 강연, 그리고 책을 통해서 반복적으로 정체성을 강조했던 이유이다.

3

통해야 산다

# 변화의 요구에
# 떠밀려 나오다

**자유롭게** 항해하던 배가 닻(anchor)을 내리면 움직이는 범위가 닻과 배를 연결한 밧줄의 길이로 제한된다. 이것을 앵커링 효과(Anchoring effect)라 한다. 사람의 생각 또한 매우 자유로워 어디든 뻗어 나갈 것 같지만 기존의 경험과 정보의 범위를 뛰어넘는 것이 쉽지 않다.

농협의 신경분리를 골자로 하는 사업구조 개편에 관한 논의 역시 그 한계에서 벗어나지 못했다. "농협이 돈 되는 신용사업에만 치중해 자기들 배만 불리고, 정작 농민들에게 필요한 경제사업은 뒷전이어서 농민이 갈수록 궁핍해지고 있다"는 말은 논의에 참여했던 사람들이 공통으로 갖고 있던 인식이었다. 심지어 한국 농업이 위기에 처한 원인이 신용사업과 경제사업을 함께 영위하는 종합농협 때문이라고 규정하고 이 두 사업을 분리하면 일거에 한국 농업이 회생하리라는 기대를 품는 사람도 있었다. 그 때문에 사업구조 개편은 빠르면 빠를수록 좋다는 주장에 힘이 실렸다.

농협의 사업구조 개편은 한국의 농업환경과 농업정책의 역사적 변화와 무관하지 않다. 1993년 12월, 농산물의 전면적 시장 개방을 가져왔던 우루과이라운드(UR) 협상이 타결되자 농업계는 허탈함과 분노, 불안감에 휩싸이게 되었다. 농협을 포함한 각 농민단체는 수입 개방을 반대하고 정부를 압박했지만, 세계화의 물결은 농업을 비껴가지 않았다.

출범 초기였던 김영삼 정부에게 우루과이 협상 타결에 대한 비판은 큰 부담이었다. 정부는 대통령 직속으로 농어촌발전위원회를 만들어 그 비판을 안으로 끌어안고자 했다. 영세 소농 중심의 농업구조를 규모화하고, 증산 중심의 농업정책을 소비자 중심의 농산물 생산과 유통으로 재편하는 방안이 본격 논의되었다. 이른바 '신농정'으로의 전환이었다. 그리고 여기에 농협의 사업구조 개편 방안이 포함되었다.

1970년대까지 지속되었던 '증산농정'은 1980년대에 들어서면 '농어촌종합대책'에 자리를 내주게 된다. 과잉 생산에 따른 농축산물 파동이 잦아지고 농가 부채가 증가하면서 도시와 소득 격차가 벌어지는 등 농업 문제가 심각한 단계에 이르렀기 때문이다. 거세지는 농산물시장 개방 압력과 농촌 노동력의 감소는 농업의 생산요소인 토지, 노동, 자본과 기술의 전면적 재배치를 요구하고 있었다.

농지소유 한도를 폐지하는 등 규모화를 전제로 한 전업농 육성 계획은 앞으로 농업이 국가적 관리 대상에서 시장의 자율에 맡기는 대상으로 바뀔 것이라는 예고였다. 그런데 규모화 영농은 생산성을 높이는 대신 시장 변동에 따른 위험이 따랐다. 농업이 투기산업이라는 말은 수사적 표현이 아니라 생생한 현실이 되었다. 반복되는 과잉 생산, 재해 피해 등은 농민들의 삶을 뿌리째 흔들었다. 농가부채 경감에 관한 특별조치가 1989년에 시행된 것은 우연이 아니다.

이러한 환경에서는 생산자 조직인 농협의 판매사업이 더욱더 중요해질 수 밖에 없다. 그러므로 농협은 이 시기에 정부의 농정 보조자 역할에서 벗어나 생산계획 단계에서부터 산지유통을 장악하는 판매농협으로 거듭났어야 했다. 자재 공급 등을 통해 영농비를 절감하는 후방산업의 역할 못지않게 농산물 판매를 조직화하여 적정 수취가격을 확보하는 전방산업의 역할이 중요해졌기 때문이다.

이미 막대한 자본이 투입되는 영농 규모화가 진행되고 있었지만, 농협의 판매사업은 과거의 관행에서 벗어나지 못했다. 농업과 농촌은 빠르게 변하고 있었지만 농협은 그 속도를 읽어 내지 못하고 있었던 것이다. 따라서 농협에 대한 농민들의 비난이 쏟아지는 것은 당연한 일이었다. 사업구조 개편의 빌미는 변화에 둔감했던 농협이 분명 제공한 측면도 있었다.

## 준비되지 않은 농협의 위태로운 앞날

미국이나 유럽 등지의 판매농협 모델이 아무리 뛰어나더라도, 한국적 상황에 바로 이식할 수는 없다. 모두에게 좋은 약이란 없고, 내 체질에 맞는 약이 좋은 약인 것과 같다. 신경분리의 필요성이 제기된 지 10년이 지난 2004년에서야 농협중앙회 사업구조 개편 방안 수립에 관한 절차가 농협법 부칙으로 명문화된 것만 보아도, 사업구조 개편으로 가는 길에 얼마나 많은 어려움이 있었는지 알 수 있다.

밖에서는 농협의 의지를 비난했지만 농협은 사업체이자 결사체라는 협동조합으로서의 특성 때문에 사업구조 개편 이후 다가올 수많은 문제들을 해결하지 않고는 그 어떤 결단도 내릴 수 없었다. 외부로부터 자본금을 조달할 수 없는 협동조합은 사업을 확장하는 과정에서 매번 필요자본금 부족 문제에 직면하게 된다. 사업구조 개편이 이루어지면 자본금을 공유하는 종합농협 체제의 강점이 무너져 경영 전반을 위협할 수도 있었다.

2007년 오랜 논의 끝에 마침내 2017년 신용사업과 경제사업 분리를 결정하였다. 10년의 준비기간 동안 농협은 경제사업 자립기반 구축과 필요자본금 확충, 신용사업 BIS비율(자기자본비율) 12% 유지 등 신경분리의 전제조건을 충족시키기 위한 노력을 기울임으로써 분리 이후 연착륙을 도모할 수 있게 되었다.

"농민들은 다 죽어 가는데, 농민을 위해 일해야 할 농협은 대체 무엇을 하고 있는가? 금융 사업에서 몇 조원씩 벌면서 농민에게는 전혀 돌려주지 않고, 각종 이권에 개입하는 등 엉뚱한 사고나 치고 있다." 2008년 12월, 가락동 농수산물 시장을 방문한 대통령의 날선 불호령이 연일 언론에 대서특필되었다. 정부의 농협 사업구조 개편에 대한 강력한 의지가 드러나고 있었다.

당시는 미국에서 시작된 금융위기로 국내 금융산업 역시 위기감이 커지고 있던 때였다. 신용사업의 저조한 실적과 부실채권의 증가로 중앙회 전체의 재무 건전성이 악화되고 있었으며, 경제사업의 재원을 마련할 뚜렷한 방안도 보이지 않았다. 이런 상황에서 2008년 12월 정부 주도로 농협개혁위원회가 만들어졌고, 신경분리는 기정사실화되었다. 농협은 아무 준비 없이 변화의 마당으로 내던져졌다.

# '빠른' 아닌 '바른'
# 신경분리를 원했다

               2009년 5월, 국회에서 주제 토론자로 참여해 달라는 요청을 받았다. 처음에는 망설였다. 그간 토론회, 신문 기고 등을 통해 사업구조 개편은 그 자체가 목적이 되어서는 안 되고, 협동조합의 정체성을 어떻게 회복시키느냐가 목적이 되어야 한다고 수차례 강조하였지만 역부족이었다. 정부의 입장은 강경했고, 토론 참여자들은 대부분 사업구조 개편은 빠르면 빠를수록 좋다는 생각을 가지고 있었다. 농협 내부에도 정부의 방향을 뒤집을 수 없다는 절망감이 확산되고 있었다. 토론이 절차적 정당성을 얻기 위한 요식행위가 될 수 있다는 생각도 들었지만, 지푸라기라도 잡는 심정으로 토론에 참여하기로 했다.

    협동조합은 자율적인 조직이다. 그런데 토론회에서 사업구조 개편을 요구하는 정부 관료, 학자, 심지어 농업계 일부에서조차 외부 자금 조달을 통해서라도 빨리 분리해야 한다고 주장했다. '정부의 하청 기관'이라며 농협을 비판했던 사람들이 이제는 정부가 출자해서라도 빨리 분리해야 한다고 말했다. 물론 농협의 과거를 돌이켜 보면 반성할 부분이 많고, 과감한 개혁이 필요한 관행이 쌓여 있었던 것도 사실이다. 하지만 반성과 개혁에서 중요한 것은 속도보다는 방향이고 목적이다. 그리고 진정성이다. 진정성은 얼마나 원칙에 충실한가를 보고 판단할 수 있다.

가장 기본적인 협동조합의 정체성인 '자율과 독립성'을 훼손하는 논리를 펼치고 있는 토론자들을 보고 있자니 가슴이 미어지는 것 같았다. 나아가 사업 분리의 주체가 되어야 할 농민 조합원의 참여는 보장되지 않은 채, 정부가 일방적으로 끌고 가는 상황에 참담한 생각마저 들었다.

그날 토론회에서 내가 강하게 주장했던 것은 협동조합으로서 농협의 정체성이었다. 농협의 미래는 농민 조합원이 결정해야 한다고 강조하고 만일 정부의 자금 투입으로 사업구조 개편을 강행하려 한다면, 그에 따른 다양한 상황 대응책이 마련되어야 한다고 말했다. 빈대가 밉다고 초가삼간에 불을 놓을 수는 없는 노릇이다. 차입금에 따른 재무구조의 건전성 문제를 해결하지 않으면 경제사업 활성화가 오히려 지체될 수 있다는 것이 나의 주장이었다. 그렇게 되면 지역농·축협에 대한 중앙회의 지원이 축소되고, 농민 조합원 지원사업 역시 크게 위축될 수밖에 없기 때문이다.

그리고 외국의 판매농협이 성공한 배경과 한국 농협의 특수성을 잘 이해해야 한다고 설득했다. 규모화된 단일 품목의 상업농 중심으로 만들어진 외국 농협과 지역성을 배경으로 한 소농 중심의 한국 농협은 처음부터 사업 방향과 발전 전략이 다를 수밖에 없다. 이상적인 농협 모델이 따로 존재하는 것이 아니라, 역사적, 구조적 특수성 속에서 농협 모델을 만들어 가야 하는 것이다.

그러나 토론 참여자들 중 일부는 내 주장을 일단 사업구조 개편을 피하고 보려는 것이라고 여겼고, 문제가 생기면 그때 가서 대처해도 된다는 황당한 논리를 펼쳤다. 그 무책임한 태도에 피가 거꾸로 솟는 느낌이었다.

내가 생각하는 농협은 조합원들의 조직이다. 농협 직원이 아닌 철저히 조합원을 위한 조직이어야 한다. 가끔 힘들어 넘어질 때마다 나를 일으켜 세우고 내일을 꿈꾸게 했던 것도 이 원칙이었다. 할 말은 다했지만, 답답함과 참담함, 그리고 이후 예상되는 부작용에 대한 걱정으로 그날 밤은 쉽게 잠을 이룰 수 없었다.


## 더욱더 멀어져 버린 농심

2012년 3월 2일, 사업구조 개편이 단행되었다. 50년 종합농협의 시대가 막을 내리고 재탄생하는 날, 희망보다는 염려가 컸다. 마침 스산한 봄비까지 내려 조합장 사무실에서 간부회의를 하는 분위기는 먹구름처럼 무겁기만 했다. 마음을 더욱 무겁게 한 것은 그 엄청난 변화를 조합원들은 전혀 이해하지 못하고 있다는 사실이었다.

정부와 농협중앙회는 사업구조 개편이 한국 농업을 회생시키는 역사적 계기라며 홍보하고 나섰지만, 불행하게도 우려는 점차 현실화되고 있었다. 때마침 유엔은 2012년을 세계협동조합의 해로 지정했다. 신자유주의적 자본주의의 문제를 극복하기 위해 전 세계적으로 협동조합운동이 일어나고 있는 때, 우리는 정반대의 길로 나아가고 있으니 조합장의 한 사람으로서 자책감마저 들었다.

정부에서는 기회 있을 때마다 사업구조 개편에 필요한 부족 자본금을 얼마든지 지원하겠다고 공언했다. 국무총리는 국회 대정부 질의를 통해 자본금, 세제, 보험특례 등 여러 방면에서의 지원을 약속했다. 그리고 2011년 당시 여야 원내대표는 정부의 부족자본금 출연 약속이 이행되지 않으면 시행시기의 유예를 검토한다고 합의하기도 하였다. 그만큼 부족자본금을 어떻게 충당할 것인가는 사업구조 개편 이후 농협이 제 역할을 할 수 있는지를 가늠해 볼 수 있는 결정적 요소였던 것이다.

그러나 정부는 약속을 이행하지 않았고, 법이 통과되었다. 지원은 차입으로 바뀌었고 규모도 크게 축소되었다. 농협법 개정에 참여했던 민주당의 한 의원이 2011년 9월 국회에서 정부의 출연이나 출자가 차입과 같다고 생각했으면 법안을 심의하지도 않았을 것이라고 강력하게 항의했지만 결과는 달라질 것이 없었다. 그리고 약속 불이행에 따른 부담은 이제 오롯이 농협의 몫이 되었다.

사업 분리 후 5개년 평균 1조 6천억 원에 달할 것이라던 중앙회의 손익은 그해 3천 5백억 원에도 미치지 못했다. 분리만 되면 날개를 달 거라던 금융지주의 손익 역시 5개년 평균 4천 5백억 원 수준에 그쳐 추정치인 1조 8천억 원과 비교하기조차 무색했다. 반면 부채는 급증하여 이자비용만 매해 6천억 원이 넘었다. 이렇게 되니 지역농·축협에 대한 배당금을 줄일 수밖에 없었고, 이는 예상한 것과 같이 고스란히 농민 조합원에 대한 지원 축소로 이어졌다. 결국 장밋빛 미래는 허구였고 준비 없이 서둘러 실시된 사업구조 개편은 여러 측면에서 부작용을 드러내기 시작했다.

협동조합의 자율성은 안정적인 재정구조가 뒷받침될 때 보장된다. 협동조합에 대한 정부 지원은 자율성 보장을 전제로 해야 하지만, 정부는 자금 지원을 빌미로 이행약정서를 체결하여 환경 변화에 유연하게 대처할 수 있는 여지마저 좁혀 버렸다.

형식은 내용을 규정한다. 구수한 된장국을 접시에 담아낼 수는 없다. 협동조합운동 또한 형식이 왜곡되면 제아무리 좋은 내용이라 하더라도 구현되기 어렵다. 사업분리 이후 농협 임직원들에게서 '협동조합인'이라는 정체성은 서서히 사라지는 듯했다. 지주회사 형태의 사업 분리가 임직원들에게 '앞으로의 농협은 시장 경쟁을 통해 수익을 우선하는 조직이 될 것'이라는 신호가 되었기 때문이다. 그러자 그동안의 강점이었던 시너지가 무너지기 시작했다.

# 피가 돌지 않는
# 농협의 심장

농협은 하나의 목적을 달성하기 위
해 역할을 달리하는 수많은 기능이 유기적으로 결합되어 존재해 왔
다. 사업영역도, 형태와 기능도 다르지만 중앙회와 지역농·축협, 자
회사 등은 서로 연결되어 밀접한 관계를 맺으며 하나의 목적을 향
해 나아간다. 나는 그것이야말로 사업구조 개편 이후에도 변해서는
안 되는 농협의 힘이라고 믿어 왔다. 유기체가 하나의 목적으로 통
합되지 않으면 존립할 수 없듯, 협동조합 또한 가치를 중심으로 서
로 연결되지 않으면 그 자체로 존재의 목적을 달성할 수 없다. 그런
데 전체의 가치가 아닌 각자의 이익에 집중하다 보니 목적은 실종
되고 경영 또한 어렵게 되었다.

조직의 정체성과 원칙은 잊혀 가고, 해외투자, 부동산 PF, 조선

업 대출 등 무리한 외연 확대로 농협 금융의 경영 실적은 한없이 초라한 수준이 되고 말았다. 사업구조 개편 이전 6개년 종합손익은 2008년 금융위기로 인한 실적 악화를 반영해도 평균 7천억 원 수준이었다. 반면 신경분리 후 6개년 종합손익 평균은 3천5백 억 원 수준이었다. 반 토막이 난 것이다. 개선될 기미조차 보이지 않았다.

위기감이 커지자 '남 탓'이 시작되었고, 중앙회, 금융지주, 경제지주를 비롯한 각 계열사와 지역농·축협까지 각자의 이익에 매몰되어 방향을 잃어 갔다. 농협의 존재이유를 상징하는 농업지원사업비를 감축하거나 폐지해야 한다는 황당한 주장까지 등장했다. 시너지의 동력이 떨어지니 경영은 개선되지 않았고, 경영이 개선되지 않으니 시너지가 소멸하는 악순환에 빠졌다.

유기체는 심장이 뛰지 않으면 죽는다. 심장이 뛰지 않으면 피가 돌지 않고, 피가 돌지 않으면 생명은 소멸한다. 농협도 마찬가지다. 한 몸인 농협에 피가 돌지 않았다. 피가 제대로 돌지 않으니 유기적인 관계는 단절되었고, 모두가 방관자가 되어 갔다. 이것은 내가 꿈꾸던 농협이 아니었다.

협동조합을 생각할 때마다 울렁거리는 심장을 여러 동지들과 나누고 싶었고, 협동조합의 이념이 펄떡펄떡 살아서 조직 전체에 피가 돌고 생기가 도는 농협을 만들고 싶었다. 그것만이 내 삶의 의미라는 확신이 들었다. 그 확신이 2016년 농협중앙회장 선거에 세 번째 도전하는 이유가 되었다.

## 다시 뛰기 시작한 심장

업무에 필요한 지식과 기술을 배우고 익히는 것도 중요하지만, 왜 이 일을 하는지 이유를 알지 못하면 몰입할 수 없다. 창의력이 발현될 수 없고 혁신도 나올 리 없다. 그저 하는 시늉에 그치니 성과를 기대하기도 어렵다.

가치를 지향하는 조직인 농협은 존재이유를 임직원들이 공유하지 못하면 농민들에게 차라리 없는 것이 낫다. 정체성과 목적을 상실한 농협을 버리고 자신을 위한 새로운 협동조합을 만드는 것이 농민들에게는 더욱 발전적인 방향이 될 수 있는 것이다. 농협의 심장을 다시 뛰게 해야만 했다. 그래서 다시 기본으로 돌아가기로 했다. 방향이 잘못되면 빨리 가는 것은 아무런 의미가 없다. 그래서 조금 늦게 가더라도 농협의 이념과 정체성을 확립하고, 목적을 바로잡아 협동조합으로서 운동체와 경영체의 성격을 균형 있게 유지하는 일부터 시작한 것이다.

이것이 바로 '교육의 원칙'이 초기 협동조합 원칙이 만들어질 때부터 지금까지 이어져 오고 있는 이유다. 협동조합에 있어 정체성은 국가의 헌법과 같고, 존재이유를 명확하게 제시하고 있기 때문이다.

캐나다의 협동조합 운동가인 레이들로는 《서기 2000년의 협동조합》이라는 보고서를 통해서 "협동조합의 본질적인 사항을 분명히 하고, 알리는 일은 협동조합에서 가장 중요하며 반드시 해야 할 일"이라고 밝혔다. 또한 협동조합이 성공하기 위해서는 '경영체'의 역할과 '운동체'의 역할, '전문 경영인'과 '비전을 가진 지도자'를 잘 섞는 일이 중요하다고 했다.

이념교육을 통해서 우리 직원들을 '전문 경영인'과 '비전을 가진 운동가'로 키워 내고 싶었다. 이를 위해 과거 어느 교육에서도 볼 수 없었던 새로운 실험을 했다.

먼저 교육의 틀부터 완전히 바꾸었다. 각 법인별, 농·축협별로 구분하여 실시하던 것을 모든 계통의 임직원이 교육을 통해 한자리에서 만나게 했다. 일회성 교육에 그치지 않고, 함께 농가를 찾아가 숙식을 하며 직원들끼리 지속적으로 만날 수 있도록 과정을 구성했다. 이를 통해 중앙회와 농·축협의 직원들이 협동조합의 원칙하에 소통하며 상생·협력하는 방안을 강구하고, 현장에 돌아가서는 협동조합의 원칙과 이념을 확산시키는 '메신저'가 되기를 바랐다.

하지만 단번에 직원들을 납득시키지는 못했다. 농가 탐방을 위해 지역을 순회하던 중에 농·축협 직원들과 식사하는 자리에서 이념교육을 다녀왔다는 한 여직원을 만났다. 그녀의 말에 의하면 아무도 갈 것 같지 않아서 이념교육을 자발적으로 지원했는데, 동료들이 미안했던지 사다리를 타서 결정하자고 했다고 한다. 그런데도 결국 또 본인이 당첨되어 어쩔 수 없이 이념교육에 가게 되었다고 했다.

이렇듯 처음에는 이념교육이 무엇인지, 왜 가야 하는지 몰라 상대적으로 시간 여유가 있는 직원들이 이념교육에 참여했다고 한다. 이해와 공감을 하지 못하는 조직문화에는 이러한 문제점이 있게 마련이다. 하지만 너무도 위태롭고 절박해서 시작한 것이 이념교육이다.

나는 우리의 핵심 가치이자 경쟁력의 원천은 바로 협동정신에

"가치 지향 조직인 농협은 존재이유를 임직원들이

공유하지 못하면 농민들에게 차라리 없는 것이 낫다.

농협의 심장을 다시 뛰게 하기 위해서는

기본으로 돌아가야 했다."

바탕을 둔 농협이념이라고 생각한다. 이것은 일반기업은 감히 흉내도 내지 못하는 엄청난 자산이다. 잠들어 있는 이 자산을 깨우기만 하면 농협의 엄청난 잠재력은 폭발할 것이라는 확신이 있었다. 그리고 그것이 곧 우리 임직원들에게 남겨 줄 수 있는 선물이자 유산이라고 여겼다.

세계 유수의 협동조합들이 정체성을 상실하여 파산에 이른 사례를 반면교사 삼아 농협 임직원들의 가슴에서 퇴색된 '농민과 농심'을 다시 불러일으키려 노력했다. 이념교육을 실시하고 1년이 지나자 가시적인 성과들이 하나둘 나타났다. 교육생의 48%가 농협이념을 업무에 적용하고 있는 것으로 조사되었다. 2017년 한 해에만 7만여 명의 임직원이 48만 시간을 휴일도 반납하고 자발적으로 농촌 일손 돕기에 나섰다. 이에 화답하듯 같은 해 7월 실시한 여론조사에서 농민 10명 중 6명이 "농협이 변화하고 있다"고 답했다.

사업구조 개편 이후 줄곧 내리막을 달리던 경영 실적도 1년 만에 반등했다. 반등한 종합손익을 보고를 받는 자리에서, 눈물이 쏟아질 것 같아 목울대에 힘을 주었다. 열심히 뛰어 준 직원들 얼굴 하나하나가 스쳐 갔고, 부족한 나를 믿고 힘든 걸음을 함께해 준 농협 임직원들에게 감사하고 싶었다. 농협의 변화를 믿고 신뢰를 보내준 조합원과 고객들에게도 큰절을 올리고 싶은 심정이었다. 무엇보다 농협이 협동조합으로서의 정체성을 회복할 때 더 성장할 수 있음을 증명하는 것이었기에 더욱 감사한 일이었다.

## 이념 실천으로 생명을 불어넣다

이념은 실천으로 그 가치를 빛낸다. 실천되지 않은 이념은 오히려 사람과 조직에게 족쇄로 작용할 뿐이다. 농협이념을 실천하는 핵심 동력은 협동이다. 협동을 통한 시너지 창출이 협동조합 사업의 핵심 원리이자 경쟁력이다. 1844년 영국에서 시작한 협동조합의 성공 요인 또한 수요의 집중에 있었다. 협동조합의 탄생과 성공은 혼자보다는 둘이, 둘보다는 셋이 힘을 합하면 큰 시너지가 나온다는 원리를 바탕으로 한다.

한국 농협의 역사만 보아도 조합원 간, 계통 간 협동에서 나오는 시너지를 통해 발전해 왔다는 것을 알 수 있다. 앞서 설명했듯 농협은 금융을 전담하는 농업은행과 경세사업을 담당하는 농협이 합쳐져 종합농협으로 출발했다. 긴밀하게 협조해야 할 두 기관이 시너지를 발휘하지 못하였기에 농가경제 향상에 도움을 주지 못하였고, 결국 통합에 이르게 되었던 것이다.

또 현재 지역농·축협의 모태라고 할 수 있는 이동조합과 단위조합의 성장 과정에도 협동의 역사는 고스란히 녹아 있다. 농협이 제 기능을 하기 위해 무엇보다 필요한 것은 자금의 자체 조달이었다. 그러나 조합원의 경영 규모가 영세하고 협동조합에 대한 인식 수준이 낮았을 뿐만 아니라 초기에는 농협에 대한 신뢰가 낮아 출자금 조성이 매우 저조했다. 그래서 이 시기에는 군조합에서 각종 사업을 실시해 이동조합에 환원하는 수수료가 적립금 조성에 큰 몫을 차지했다.

그리고 1977년부터는 매년 중앙회 조수익의 3%, 군조합 조수익의 1%를 출연해 '단위조합 육성기금'을 조성하여 경영약체 조합과 종합개발사업 실시 조합에 지원하였다. 이러한 상호부조의 협동조합 정신과 그 실천이 오늘의 한국 농협을 일구어 낸 토대였다. 한국 농협의 여러 주체들은 어떤 역할을 하든, 어느 지역에 있든 본질적으로 한 방향을 향해 나아가는 피를 나눈 형제다.

나는 농협이념 목적함수를 '농가소득 5천만 원 달성'으로 설정했고, 목표 달성을 위한 핵심 전략은 시너지 창출이라 여겼다. 이것이 농협다운 농협의 모습이기도 하다.

《경영학 산책》이라는 책에서 사카구치 다이와 교수는 생명이 불어넣어진 조직은 스스로 움직이게 되는데, 조직이 제멋대로 움직이는 힘이 바로 '조직논리'라고 말했다. 조직의 주인이었던 사람이 밀려나고 조직이 주인인 양 사람을 부리기 시작하는 것이다. 조직논리의 덫에 빠지게 되면 처음 설립되었을 때의 목적보다는 조직 자체의 생존을 위해 전력투구할 위험성이 높아지게 된다. 이러한 경향이 단기적으로 조직을 유지하게 할 수 있을지는 모르지만 장기적으로 보면 조직의 존립을 위협하는 가장 큰 장애물이 된다. 과거 10년간 농협의 모습이 그러했다.

조직논리는 그 조직 안에 있는 사람들의 끊임없는 각성과 목적을 가진 활동에 의해서 극복될 수 있다. 조직이 목적을 잃고 표류하지 않도록 우리들 각자가 방향키를 단단히 붙잡고 있어야 한다. 그리고 그 방향키가 바로 농협이념이며, 시너지 창출을 위한 혁신인

것이다. 지난 4년간 농협의 변화에 주된 동력이 무엇인가를 묻는다
면 나는 그렇게 답할 것이다.

# 우리는
# 하나다

　　나는 취임사에서부터 협동조합의 정체성과 협동정신의 회복을 강조했다. 매월 개최되는 정례조회나 수많은 컨퍼런스 자리에서 시너지 창출을 역설했다. 하지만 초기에는 임직원들에게 그것이 제대로 받아들여지지 않았을 것이라고 생각한다. 왜냐하면 이전에도 시너지 창출을 위한 다양한 활동을 해왔지만 형식에 그쳤기 때문이다. 그래서 건성으로 받아들이는 직원들을 탓할 일이 아니라고 여겼고, 몇 마디 지시로 끝날 일도 아니라고 생각했다. 더욱이 농협은 앞으로도 별 탈 없이 갈 것이라고 여기고 있는 직원들에게 머지않아 회복할 수 없는 위기가 닥칠 것이라는 말이 쉽게 받아들여질 리 없었다.

　　아스팔트 위에 뿌린 씨앗이 열매를 맺을 리 없다. '해야만 한다'

는 당위만으로 직원들을 설득하기는 어려울 것이라는 판단이 섰다. 그래서 작은 것이라도 임직원과 함께 정보를 공유하고, 중앙회를 향해 날선 비판을 쏟아내던 농·축협에게 중앙회의 역할을 인식시켜야 한다고 생각했다. 중앙회가 경쟁이나 착취를 위한 조직이 아니라, 그들에게 꼭 필요한 조직이라는 인식을 심어 주어야 했다. 그리고 궁극적으로는 우리는 하나라는 사실을 공감하게 하는 것이 가장 시급한 과제라고 여겼다.

## 협동조합의 숨겨진 힘

"어떤 제도가 시너지를 갖고 있을 때는 한 사람이 자신의 목적을 위해 추구하는 행동이 자동적으로 다른 사람에게 도움을 주고, 이기심을 버리고 다른 사람을 위해 한 행동이 뜻하지 않게 그 자신에게도 이기적인 이득을 가져다준다."

심리학자 에이브러햄 매슬로우(Abraham Maslow)가 한 말이다. 이러한 매슬로우의 정의에 가장 부합하는 운영원리를 보유한 조직이 바로 협동조합이다. 협동조합에 참여하는 조합원의 1차적 목표는 자신의 경제적 이익이다. 그런데 그 목표를 달성하기 위해서는 공동의 목적을 가진 타인과의 협력이 반드시 필요하다. 협동조합의 핵심 경쟁력인 공동행동, 즉 수요와 공급의 집중은 한 개인의 힘으로는 달성할 수 없는 것이기 때문이다.

개별 협동조합 또한 마찬가지다. 독자 경영을 하는 협동조합의 1차적 목표는 사업체로서의 지속가능성이다. 어쩌면 이 지속가능성은 일반기업이나 협동조합이나 태어날 때부터 안게 되는 숙명과도 같은 것이다. 그런데 개별 협동조합은 자본조달의 한계와 사업규모의 영세성 때문에 다른 협동조합과의 협력을 통해서만 지속가능성을 유지할 수 있다.

또한 협동조합은 공동으로 사업을 하는 사람들의 인적 결합체라는 특성을 지니고 있어 지역성을 띨 수밖에 없다. 자본은 국경을 넘기 쉽지만, 사람은 그렇지 않기 때문이다. 그래서 사람을 위한 조직, 협동조합은 다른 협동조합과의 연합을 통해 그 한계를 극복하는 전략을 취한다. ICA가 '협동조합 간 협동'을 협동조합의 원칙으로 정한 이유이다.

### 맞춤형 컨설팅이 만들어 내는 선순환

이상과 현실은 늘 괴리가 크게 마련이다. 수입농산물과의 가격경쟁이 심화되고, 저금리 기조로 상호금융 환경이 악화되는 등 여러 요인들로 인해 농가 경영이 어려워지면 질수록 함께 가는 동반자도 내 앞을 가로막는 경쟁자로 인식하기 일쑤다. 사업이 잘되는 농·축협도 있지만 일부 농·축협은 열악한 여건과 사업 정체 등으로 인해 어려움을 겪었고, 농·축협 간 격차는 점점 벌어졌다. 사회의 양극화가 국민 통합과 경제 성장의 걸림돌이듯 지역농·축협의 양극화는 농·축협 상생협력과 발전의 큰 장애 요소인 것이다.

따라서 개별 농·축협의 경영 개선을 통하여 농·축협 간 균형발전을 도모하기 위해 중앙회가 농·축협 경영컨설팅 사업을 시작했다. 농·축협별 맞춤형 컨설팅을 통해 역점사업을 발굴함과 동시에 적절한 자금 지원이 이뤄진다면 농·축협들이 고르게 발전할 기회를 찾을 수 있을 거란 생각에서 출발한 사업이었다.

평소 농·축협의 경쟁력 강화와 농민 실익 증진에 지원되어야 할 무이자 자금이 주로 회장들의 통치자금 정도로 인식되고 활용되는 것을 무척 안타깝게 생각했다. 그래서 개별 농·축협에 대한 실질적 지원을 위해 여러 부서에 분산돼 있던 컨설팅 기능을 한 군데로 통합해 '회원경영컨설팅부'를 신설했다. 그리고 컨설팅을 받는 농·축협에만 무이자 자금을 지원한다는 원칙을 세웠다.

처음 컨설팅 사업을 시작한다고 했을 때만 해도 시큰둥했던 농·축협들의 변화가 감지된 것은 1년이 채 되지 않아서였다. 당장 획기적인 수지 개선이 이루어진 것은 아니지만, 임직원의 태도부터가 달라지더라는 반응이 전해졌다. 그야말로 인식의 전환이었다. 중앙회에 대한 이해가 깊어졌고 농·축협 스스로 자신의 업무에 대한 의미를 찾아가기 시작했다.

그래서 일회성 컨설팅에 그치지 않도록 3년에 한 번씩 의무적으로 이행상황을 점검하고, 추가 컨설팅을 실시함으로써 농·축협의 지속가능성을 높이도록 했다. 그 결과, 지난 3년간 총 677개 농·축협을 대상으로 컨설팅을 실시했으며, 이를 통해 드디어 무이자 자금이 농·축협 소득사업과 연계해서 투명하게 지원되는 기틀이 마련되었다.

농·축협 직원들을 대상으로 실시한 종합컨설팅에 대한 만족도 역시 매년 점진적으로 상승했다. 좋은 목적으로 시작한 사업이 제대로 이루어지지 않으면 오히려 불신을 키우고 비용만 낭비했다는 비판을 받게 된다. 하지만 이 컨설팅 사업은 농·축협을 지도·지원하는 중앙회의 본질적인 의무일 뿐 아니라, 전문성과 투명성을 가지고 진정성 있게 추진했기 때문에 조합장들에게 큰 호응을 얻는 사업이 되었다고 생각한다.

중앙회가 관심을 쏟은 만큼 작아도 강한 농·축협이 되고, 다시 강소농협은 조합원에 대한 본연의 임무를 충실히 해내는 선순환을 만들어 내게 될 것이다. 더불어 농·축협 균형발전과 시너지를 창출하기 위해서는 개별 농·축협의 자발적인 동참이 무엇보다 중요할 것이다.

# 통하지 않으면
# 아프다


    **개별** 농·축협에 대한 컨설팅 사업을
실시하는 동시에 범농협 소통을 위한 시간을 만들어 냈다. 닫혀 있
는 마음을 열 수만 있다면 깊은 밤이든 이른 새벽이든, 시각은 중요
치 않았다. 낯선 시도에 염려를 하는 사람도 많았다. 하지만 소통에
대한 의지를 의도적으로 강하게 내비쳤다. 직원들에 대한 고마움과
미안함을 직접 만나서 나누는 일이야말로 진정한 소통이라 여겼기
때문이다.

    《동의보감》에 따르면, "통하면 불통하고, 불통하면 통한다(通卽不
痛, 不通卽痛)"고 했다. 기와 혈이 잘 통하면 아프지 않고, 통하지 않으
면 아프다는 의미이다. 조직도 마찬가지다. 막혀 있는데 아프지 않
다면 그것도 이상한 일이다. 소통이 잘되지 않는데 시너지가 일어나

길 바라는 것만큼 허황된 것은 없다고 생각한다.

핵심은 네트워크다. 한의학에서는 우리 몸의 모든 부분이 연결되어 있다고 본다. 통증은 외부와 통하는 구석이 존재하지 않을 때 또는 내 마음의 문이 단단히 잠겨 있을 때 생겨난다. 네트워크가 끊어진 상태에서는 당연히 고립과 정체가 반복된다. 변화를 거부하고 현 상태에 머무르겠다고 고집하는 것이다. 그리고 이 상태가 지속되면 서서히 몸의 통로들이 막혀 버린다. 통하지 않으니 다시 아프다.

## 농협의 핵심 경쟁력, 네트워크

농협의 핵심 경쟁력을 꼽으라면 단연 네트워크다. 우리는 서로 연결되어 있다. 마찬가지로 서로 통하지 않는 농협에는 미래가 있을 수 없다.

예전에는 협동을 의미하는 염소 그림이 농·축협 사무실 벽에 걸려 있었다. 하나의 줄에 같이 묶인 염소 두 마리가 각자 먹이를 먹겠다고 반대편을 향해 서 있다. 배고픈 두 염소는 각자 맛있게 보이는 풀을 뜯어 먹기 위해 아무리 노력해도 풀 한 포기 제대로 먹지 못하고 힘만 빠졌다.

결국 머리를 마주대고 생각한 끝에 한 마리가 먼저 풀을 뜯어 먹은 다음 다른 염소가 가자는 곳에 가서 먹으니 배불리 먹을 수 있게 되었고 사이도 좋아졌다. 자기 안에 갇혀 있을 때는 어느 누구의 배도 채울 수 없지만, 협동하면 먹을 수 있는 먹이의 양은 커질 수밖에 없다.

경쟁이 치열한 환경에서 대부분의 기업은 시너지 창출을 핵심 전략으로 내세운다. 많은 기업이 합병이나 이종 산업의 경영 다각화 전략을 통해 시너지를 추구하는 이유다. 카카오톡이 은행업을 하고, 구글이 자동차를 만드는 세상이다. 농협의 모든 사업부문과 농·축협이 서로 연결될 때 시너지는 커질 수밖에 없다.

취임 이듬해인 2017년에는 10년 만에 처음으로 목표손익을 초과 달성하는 결실을 이루어 냈다. 이 결과가 의미 있는 것은 반신반의하던 임직원들로부터 신뢰를 얻고, 할 수 있다는 자신감을 회복하는 계기가 되었기 때문이다. 농협의 존재이유를 잃어버린 채 단기적 경영 목표 달성에만 매달렸던 것이 잘못된 것임을 공감하기 시작했기 때문이다.

정체성 회복을 통해서 농민 중심의 경영으로 조직의 방향을 전환하는 한편, 농협이라는 이름으로 모두가 소통하고 연결되어 시너지를 낼 때 경영 성과는 자연스럽게 따라온다는 것이 증명된 것이다.

그 결과로 인해 계속해서 파생효과가 이어졌다. 농민 중심으로 사고를 전환하자 새로운 사업 아이디어들이 쏟아져 나왔다. 이전에는 정부 정책과 제도를 충실히 따르기만 하면 된다고 생각하던 직원들의 자세가 서서히 바뀌고 있었다. 임직원들은 농협이념교육을 통해 농가 일손 돕기 등을 하면서 농촌, 농민들과 자주 접촉하고 소통하다 보니 농협의 제대로 된 역할이 절실하다는 사실을 깨닫게 되었다고 했다.

"농협의 핵심 경쟁력은 네크워크다.

농협의 모든 사업부문과 농·축협이 서로 연결될 때

시너지는 커질 수밖에 없다."

## 가장 협동조합적인 것이 답이다

과거에는 농협과 무관한 사업이라고 생각했으나, 이제 직원들은 농촌의 작은 변화, 농가의 작은 바람도 예사롭지 않게 생각하게 되었다. 농가소득을 끌어올리기 위해서는 농업소득 못지않게 농외소득 발굴이 매우 중요하다. 그런 의미로 태양광발전을 보급하는 사업계획이 수립되었다. 농촌 태양광발전사업은 신재생 에너지를 공급해 줄 뿐 아니라 영농활동을 하면서도 부수입을 올릴 수 있는 사업임에 틀림없다. 300평 대지에서 매월 100만 원 정도의 농가소득을 올릴 수 있는 방법으로는 태양광발전이 사실상 유일하다.

지금까지 보급된 태양광 설비의 63%가 농촌에 설치되는 등 농촌 지역에서 태양광 사업이 활발히 진행되어 왔지만, 이는 주로 외지 기업이나 개인들이 설치한 것이었다. 정작 농촌에 거주하는 농민들은 정보 부족, 자금 조달, 지원체계 미비로 인해 직접 참여하지 못했다. 그러니 이제는 농민들이 참여해 농외소득 사업으로 발전시키자는 것이 그 취지였다.

중앙회가 농촌 태양광발전사업을 시작하자, NH농협금융 쪽에서도 적극적으로 힘을 보탰다. 자금이 부족해서 사업을 못 하는 농가가 없도록 시설 설치비용의 80%를 융자해 주는 대출상품을 만들어 냈다. 그리고 20%는 지역농·축협이 공동으로 투자하는 방안도 모색하고 있다. 여기에 NH농협보험도 팔을 걷어붙였다. 농민이 설치한 태양광시설에 대한 손해보험 가입기준을 완화했다. 보험 최저 인수금액도 10억 원에서 5억 원으로 하향하고, 농·축협 담보물건인 경우에는 2억 원도 가입이 가능하게 보험구조를 설계하였다.

그리고 이 사업을 하고 있는 에너지공단, 한전 등과 MOU를 체결하여 지원을 강화하였다. 농협은 기자재 공동구매, 시공업체 선정, 농민 대상 사업설명회 개최, 사업 인허가 대행지원, 사업계획 수립과 경제성 분석지원 등을 담당하기로 했다. 여기에 에너지공단은 신재생에너지 신사업교육, 장기저리 융자지원 등 사업 전반에 걸친 종합컨설팅을 담당하고, 한전은 발전전력 수급계약 체결, 전력 구입대금 지급업무 수행, 태양광시설 계통연계에 따른 기술검토를 맡았다.

이처럼 모든 부서가 아이디어를 보태고 내외부 할 것 없이 역량을 집결시키자 성과는 예상보다 빠르게 나타났다. 정보가 물 흐르듯 하니 농협의 잠재력이 되살아났고, 농가소득 증대를 향해 한 발더 나아갈 수 있었다. 가장 협동조합적인 사업 방식이 사업 자체의 경쟁력을 높였던 것이다.

# 도시와 농촌,
# 함께 길을 찾다

협동의 새바람은 사업부문 간 협동에 그치지 않았다. 도시농협과 농촌농협 간 협동에서도 새로운 모델들이 만들어졌다. 신용사업 성장에 힘입어 빠르게 성장한 도시농협과 달리 농촌지역 농협은 경영이 어려울 수밖에 없다. 도농 경제 격차는 농협에도 그대로 반영되었고, 도시농협과 농촌농협의 갈등은 커져만 가고 있었다.

농촌지역 농협의 조합장 중에는 도시농협에 농산물을 납품하려고 갔다가 홀대 당했던 경험을 하소연하는 사람이 많았다. 심지어 도시농협을 없애야 한다는 주장이 농촌농협의 직원들 입에서 스스럼없이 나올 정도였다. 국민과 고객들이 보기에 농협은 하나인데 우리 내부는 여러 갈래로 나뉘어 힘을 모으지 못하고 있었다. 이렇듯 형제 관계가 갑을 관계로 바뀌어 버린 것은 목적을 상실했기 때문이다. 역사를 모르기 때문이다. 뿌리를 잃어버렸기 때문이다.

이런 이유에서 도시농협과 농촌농협이 한자리에 모여 서로의 입장을 알고 이해하기 위한 취지의 토론회를 자주 열었다. 서로의 입장을 알아야 비로소 이해가 되고, 이해가 되어야 길을 만들 수 있다. 농촌지역 농협들은 도시농협이 소비지농협으로서 겪는 다양한 어려움들을 듣고 이해할 수 있게 되었고, 농산물 소비자들의 트렌드가 급격하게 변화한다는 사실도 알 수 있게 되었다. 무조건 팔아 달라고 떼를 써서는 안 된다는 사실을 이해하게 된 것이다.

또한 도시농협도 열악한 경영 여건에 놓인 농촌농협의 고민과 어려움이 무엇인지 공감하게 되었다. 가장 절박한 농민들과의 접점에서 농촌농협들이 농민들의 마음과 불만들을 어떻게 감당하고 있는지 알게 되자 그 아픔을 공감하기 시작했다. '네가 있어야 내가 있을 수 있다'는 협동조합의 기본정신을 재확인하는 자리였다. 그리고 이내 하나둘씩 실천활동들이 이어졌다.


### 협동조합이란 바로 이런 것

2018년 5월의 첫 출근일, 단비가 내리는 서울 시내를 달려 송파농협 종합시설센터 준공식에 참석했다. 최신 시설을 자랑하는 종합시설센터보다 내 눈에 먼저 들어온 것은 새로운 상생 시너지 모델이었다. 송파농협의 지하 1층 하나로마트는 매장 면적의 50%를 전국 20여 개 산지농협에 무상으로 제공해 농산물 판매를 지원하고 있었다. 판매원가가 절감되자, 낮아진 가격과 신선한 농산물에 도시 소비자들의 큰 호응이 이어졌다.

한편 2층에서는 지역농협과 농협은행이 소매금융과 기업금융 지점 동시 개장을 위해 바쁘게 준비하고 있었다. 복합 점포는 그동안 지속적으로 제기되었던 지역농협과 농협은행 간의 사업경합으로 인한 갈등 문제를 과감한 역발상으로 해결한 신선한 아이디어였다.

함께 시설을 돌아보며 "조합장님, 어떻게 이런 기발한 생각을 하셨습니까?" 하고 물었다. "도시농협의 역할이 미흡하다는 여론이 있는데, 어떻게 하면 상생할 수 있는 방안이 있을까 많은 생각을 했습니다"라고 대답하는 조합장의 얼굴에서 수많은 고민의 흔적과 함께 자부심을 느낄 수 있었다.

서울의 또 다른 지역농협은 농촌농협이 소비지인 대도시에서 직거래장터를 열 수 있도록 장소를 제공했을 뿐 아니라 농산물 판매를 위해 상경한 농촌농협 직원들의 숙박비와 식비까지 부담하기도 했다. 조합장님께 감사의 말씀을 전했더니 신선하고 안전한 데다 가격까지 좋은 농산물을 대도시 고객들에게 제공할 수 있어 오히려 자신들에게 큰 이익이라며 공을 농촌농협에 돌렸다. 이게 바로 참다운 협동조합운동이 아닐까?

그뿐 아니다. 젊은 세대에게 농촌을 알리고, 농업의 가치를 공유하고자 조직된 대학생 농촌봉사단이 다양한 활동들을 하는 데 소요되는 각종 비용을 서울에 있는 12개 농협이 지원했고, 많은 대도시 농협들이 자체적으로 농촌농협과 자매결연을 맺어 무이자 출하선

급금과 영농자재를 지원하기도 했다. 이외에도 여러 농협들이 각자 도농 상생의 사업을 기획하고 실천했다. 곳곳에서 협동의 기운이 되살아나는 것이 느껴졌다. 도시가 농촌을 돕는 것이 아니라, 도시가 농촌으로부터 건강을 얻어 간다는 생각의 전환이 이루어지고 있었다. 조합장들이 모이면 변화의 기쁨을 서로 나누었다.

이런 의사결정들은 조합장의 의지만 있다고 성사되지 않는다. 이사회 등 의결기구를 거쳐야 하기 때문이다. 말은 안 했지만 아마 많은 조합장들이 이사와 대의원들을 설득하기 위해 고군분투했을 것이다. 교육의 활성화와 더불어 이해와 설득을 가능하게 하는 소통환경의 조성이 필요한 이유다. 임원을 비롯한 조합원 교육이 더욱 확대되고, 그 교육을 통해서 서로를 이해하고 함께 나갈 방향을 모색해야 한다. 그렇게 되면 자연스럽게 협동조합 정신이 공유될 수 있을 것이라 믿는다.

큰 변화를 이루는 데는 수많은 작은 변화들이 조각처럼 존재한다. 132개 도시 농·축협이 출연하는 도농상생기금은 2018년 말 4,307억 원 넘게 조성되어 농촌농협의 농산물 판매사업 활성화에 크게 기여하고 있다. 이와 별개로 2017년에는 농업용 방제 드론 등 10억 원이 넘는 농기계를 도시농협이 농촌농협에 기증한 바 있고, 2018년에는 그 규모가 20억 원을 넘어섰다. 도시농협이 실시하고 있는 농촌농협을 향한 이 같은 노력들은 농촌농협이 감당하고 있는 농민들을 위한 노고에 대한 위로이자 협동의 배려인 셈이다.

# 스스로 농민을 위한 길을 찾다

나는 농촌현장을 다니며 농민들을 만나고 질문하는 과정에서 답을 찾는다. 전국의 농협 사업장을 다니면서 실제 모습을 눈으로 확인하고, 내가 해야 할 일의 우선순위를 찾는다. 사무실에서 받는 보고로는 미처 세세하게 알 수 없는 답을 농촌의 현장은 나에게 보다 직접적으로 알려 준다. 또 거기서 만나는 농민들이 힘을 주니 다시 달릴 기운도 생긴다.

그래서 여름휴가는 농민들을 만나러 농촌 이곳저곳을 다닌다. 농가에서 밥도 얻어먹고 잠도 청하면서 농민들의 애환을 듣다 보면 걸어왔던 길보다 남은 길이 많다는 생각에 운동화 끈을 다시 고쳐 매게 된다. 의욕이 재충전되니 이보다 더 좋은 휴가지가 어디 있으랴.

한번은 한 지역의 하나로마트 매장을 들렀다. 아무도 내 얼굴을 알아보는 사람이 없었기에 마트 이곳저곳을 구경하고 농자재 판매장도 살펴보고 나왔다. 나중에 전해 들은 얘기지만 내가 다녀간 후에 그 하나로마트가 발칵 뒤집혔다고 한다. 먼발치에서 나를 알아본 누군가가 회장이 불시에 다녀갔다며 점장에게 보고했기 때문이란다.

또 한번은 지역을 순회하다가 어느 농협을 잠시 들렀는데 청원경찰과 직원들이 나를 무뚝뚝하게 맞이했다. 옆에서 참다못한 비서가 회장이라고 했는데도 그들의 자세는 크게 달라지지 않았다. 때마침 걸어 나오던 조합장과 마주쳤는데, 조합장의 행동을 보고 내가 중앙회장임을 알아차린 듯하다. 아마 그 직원들은 나를 다른 지역의 영농회장으로 여기지 않았을까 싶다.

그 후, 흑백으로 된 내 사진은 전국 하나로마트 사무소 벽면에 붙었고, 나타나면 즉시 조합장에게 보고하라는 방이 붙었다고 한다. 얼굴이 잘 알려져 있지 않아 일어난 일이라 지금 생각해도 웃음이 절로 난다. 그래서 어느 농촌 지역을 가더라도 나는 그들로부터 진솔한 얘기를 전해 들을 수 있었다.


**아는 만큼 보이고, 보이는 만큼 행한다**

전국 어디를 가나 농민들의 고민은 단연 일손 부족이었다. 인건비가 무섭게 올라 먹거리를 생산해도 남는 것이 없다며, 농사를 포기해야 할 지경이라고 하소연했다. 노동력을 대체할 농기계 보급을 확대하는 것이 절실해 보였다. 특히 96%에 이르는 논농사의 기계

화율에 비해 밭농사는 60% 수준에 불과해 그에 맞는 소형 농기계 보급이 시급한 실정이다.

2008년부터 농협은 농기계은행 사업을 시작했고, 농가부채 경감이라는 초기 목적에서 벗어나 맞춤형 직영사업과 농작업 대행 등으로 그 기능을 확장시켜 오고 있다. 이 사업을 먼저 시작한 독일, 일본보다 한 단계 더 발전시켜 전국 벼 재배면적의 30% 이상을 대행하는 등, 농작업 대행사업은 한국형 모델로 정착되어 가고 있다. 그러나 농민들의 절박함에 비하면 여전히 확산 속도가 느렸고 범위 또한 좁았다. 농촌농협의 지원 역량이 부족한 탓이다. 이에 중앙회는 2018년 농촌농협에 500억에 이르는 농기계를 지원한 바 있다. 도시농협들의 참여가 큰 보탬이 되고 있는 것이다.

일손 부족의 또 다른 원인은 고령화다. 농촌에 젊은이들이 없는 것이 심각한 문제로 지적되어 온 것은 어제 오늘의 일이 아니다. 농가를 찾을 때마다 온몸으로 느껴지는 농촌 고령화 문제는 참으로 풀어내기가 어려운 문제이다. 또한 고령화되고 있는 농민들, 특히 여성 농민들이 쉽게 농사지을 수 있는 농기구를 개발하고 보급하는 것이 시급하다. 그리고 생산한 농산물을 쉽게 집하하고 판매할 수 있도록 집하장을 건설하는 것도 꼭 필요하다.

아는 만큼 보인다고 했다. 그리고 관심을 쏟아야만 알 수 있다. 임직원의 가슴에 농업, 농촌의 가치가 중심을 잡게 되면 각자의 위치에서 무엇을 할 것인지 보이기 시작할 것이다. 그러면 농민을 위해 무엇을 해야 하는지 스스로 묻게 된다.

농업경영을 압박하는 것은 인건비뿐만이 아니다. 비료, 농약 등 농자재의 투입이 지속적으로 늘어나고 있어, 농자재의 공급 가격을 낮추는 일 역시 중요하다. 농민들에게 농약은 농협을 비난하기에 가장 좋은 꼬투리다. 조합장 시절, 가장 많이 들었던 조합원의 불만도 왜 농협의 농약 가격이 시중 상인들이 파는 가격보다 더 비싸느냐는 것이었다. 그것을 설명하는 게 정말 힘들었다. 구조를 설명한다고 이해해 줄 농민들이 아니었기 때문이다.

농약은 품목 수와 종류가 많아 계통 구매를 통한 수요 집중이 어렵다. 비료는 약 90%가 수요 집중이 이루어지는 반면, 농약은 여전히 40% 정도에 불과하다. 게다가 농약 제조사들은 제품이 농협에서 팔리든, 농약 판매상에서 팔리든 많이 판매하는 전략을 취한다.

농약은 가격 경쟁을 유도한다는 취지로 민간에서 자율적으로 가격을 책정하도록 하고 있다. 농약 판매상들은 이 점을 이용해서 농협이 판매하고 있는 농약은 저가 전략을 취하고, 취급하지 않는 품목에 대해서는 높은 가격을 책정해 이익을 챙긴다. 그래서 농민들은 농협에서 취급하는 농약이 비싸다고 불만이고, 농·축협은 계통 구매가 오히려 불리하다며 중앙회를 향해 불만을 쏟아낸다. 이렇듯 모두가 불만을 갖고 있는 사업이 바로 농약 사업이다. 근본적으로 농협에 대한 농민들의 불신이 농약에서 출발했다 해도 과언이 아니다.

그러던 어느 날 농약 공급을 담당하는 부서에서 농약 가격을 인하했다는 보고를 받았다. 결코 쉽지 않은 일이라는 것을 알기에 그 과정을 유심히 들어 보았다. 농협에 농약을 납품하는 회사들에게

"나는 농촌현장을 다니며 농민들을 만나고

질문하는 과정에서 답을 찾는다.

사무실에서 받는 보고로는 세세히 알 수 없는 답을

현장은 나에게 보다 직접적으로 알려 준다."

끈질기게 가격인하를 요청했다고 한다. 그중 규모가 상당한 한 업체가 끝까지 동참하지 못하겠다며 가격인하를 거부했지만, 가격인하가 이루어지지 않는다면 납품을 받지 않겠다는 각오로 설득해서 결국 업체의 참여를 이끌어 냈다고 했다.

각 사업부서마다 성과평가의 지표로 연간 매출목표가 주어진다. 과거에는 납품업체의 매출과 수수료 수익을 잃을 수 있다는 생각에 한번 가격인하를 요청해 보고 안 되면 포기하는 것이 관행이었다고 한다. 그러나 농약 가격인하의 목적이 경영 목표가 아닌 농민의 농가소득 향상을 위한 것임을 분명하게 하자, 협상에서 자신감을 얻었다는 것이 직원들의 설명이었다. 그 패기도 놀라웠지만, 이처럼 어려운 일을 해낸 데 대해 정말 고맙고 감사한 마음이 먼저 들었다.

# 약한 고리부터
# 살펴라

지금은 '나 홀로'보다 '함께'가 더욱
절실한 시점이다. 경쟁이 생존과 진화를 위한 필요 요건이기는 하지
만 협력 또한 진화를 위한 전략적 행동이다. "우리가 다른 동물과 다
르게 진화에 성공할 수 있었던 것은 협력 때문이다"라는 진화생물
학자 마틴 노박(Martin A. Nowak) 교수의 말처럼 말이다. 협동조합이
탄생한 이유도 사람과 사람 사이의 연결, 협력을 통해 따뜻한 시너
지를 얻기 위함이었다. 더 많은 사람이 힘을 모을수록 더 큰 시너지
가 나오는 원리에서 협동조합이 탄생하고 오늘날까지 발전해 온 것
이다.

시너지는 서로 다른 분야나 영역의 개인, 조직 간에 결합이 이뤄
질 때 더 큰 효과를 발휘할 수 있다. 이런 측면에서 농협은 이미 국

내 최고의 시너지 창출 기반을 가지고 있다. 이는 협력을 통해 택배나 자동차보험 등 새로운 사업에 진출하려 할 때 나타나는 경쟁업체의 반대와 저항을 보면 단적으로 알 수 있다. 그러한 반발이 일어나는 것은 농협이 가진 네트워크에서 발현될 수 있는 시너지의 위력을 그들이 알고 있기 때문이다. 금융과 농촌, 보험과 유통 등 언뜻 보기에 전혀 무관할 것 같은 두 개를 결합해 전혀 새로운 상품이나 서비스를 만들어 냈을 때 그 시너지 효과는 상상 이상일 수 있다.

그런데 그 시너지가 제대로 발휘되려면 무엇보다 공동의 목적이 공유되고 우선되어야 한다. 그러기 위해서는 개인 간, 조직 간 신뢰가 바탕이 되어야 하는데, 신뢰는 끊임없는 소통에서 나온다. 자신의 이익만을 우선하는 사일로 현상이나 외부의 것을 받아들이지 못하는 NIH(Not-Invented-Here) 장벽은 반드시 제거되어야 한다.

농협은 네트워크 조직으로 하나의 '체인(chain)'에 비유할 수 있다. 그런데 체인이 힘을 발휘해 물건을 들거나 끌기 위해서는 연결되어 있는 모든 고리가 튼튼해야 한다. 체인의 강도는 수많은 고리 중 가장 약한 고리에 의해 결정된다. 다른 고리들이 아무리 튼튼하고 강하더라도 약한 고리가 하나라도 있으면 금방 끊어지고 마는 것이 '체인의 법칙'이다. 끊어진 체인은 아무짝에도 쓸모가 없다.

농협의 시너지도 가장 약한 연결 고리에 의해 좌우된다. 중앙회와 농·축협 간 또는 계열사와의 관계에서 약한 고리가 존재하는지, 존재한다면 무엇인지 자세히 살피고 보완해야 한다. 서로 간의 불신, 편견, 불통을 버리고 소통하고 신뢰할 때 농민을 위한 시너지는 극대화될 수 있다.

## 다 같은 농협이 아닌가요?

하루는 퇴근길에 중앙회 하나로마트에 들렀다. 남평농협에 근무할 당시 만들었던 포인트카드를 제시하니, 담당 직원이 이곳은 중앙회에서 운영하는 하나로마트라 죄송하지만 적립할 수 없다고 했다. 소비자 입장에서는 중앙회나 지역농협이나 다 같은 농협일 텐데, 지역농협 하나로마트만 되고 중앙회 하나로마트에서는 적립이 안 된다는 것이 불합리하다는 생각이 들었다.

직원들은 중앙회와 지역농·축협이 별개 법인이고 다른 조직인 것을 잘 알고 있지만 고객 입장에서는 같은 브랜드를 쓰고 있는 다 같은 농협이다. 그동안 농협은 다양한 사업을 영위하고 전국적인 네트워크를 가지고 있음에도 불구하고, 치열한 전쟁터에서 나 혼자 살겠다고 각개전투를 하고 있었던 셈이다. 정작 필요한 것은 상생과 협력이었는데도 말이다.

고객확보 경쟁이 나날이 치열해지고 있는 상황에서 다른 경쟁기업들이 제공 못 하는 서비스로 차별화를 기할 필요가 있다. 그래서 계열사별로 관리하던 고객 포인트를 통합할 것을 주문했다. 방대한 조직과 사업을 결합하는 매우 어려운 과제였지만 계열사의 협업을 통해 금융과 유통을 연결하는 새로운 시너지를 창출할 수 있는 절호의 기회였다.

그리고 약 1년 6개월간의 연구개발을 거쳐 드디어 2019년 초

NH통합멤버십 서비스가 출시되었다. 금융지주와 경제지주의 전 계열사, 그리고 전국 농·축협에서 사업을 이용하는 고객들에게 통합해서 포인트를 적립해 주고, 고객은 농협 어디서든 사용할 수 있는 플랫폼이다.

마일리지 제도는 1981년 미국 항공사에서 도입한 이래 많은 기업들의 고객관리 전략으로 활용되어 왔다. 소비자가 구매한 양에 비례해 혜택을 제공한다는 점에서 협동조합의 이용고배당과 매우 유사한 제도이다. 일반 소비자들에게도 이용에 따른 배당이 주어지게 하는 이 서비스는 협동조합 조직인 농협이 실시하기에 더욱 각별한 의미를 갖는다.

NH통합멤버십 서비스는 농협만의 다양한 계열사들의 사업과 제품을 이용할 수 있도록 하는 대고객 종합서비스인 동시에 여기서 벌어들인 수익이 멤버십을 통해 다시 농민과 소비자에게 되돌아가는 구조로 운영된다. 그야말로 협동조합의 원리가 작동되는 서비스인 것이다. NH통합멤버십의 CF 카피는 '쓰담쓰담'이다. 쓰고 담는다는 것을 뜻하는 말이자, 칭찬과 감사의 의미가 담긴 카피이다. 국민 모두가 협동조합이 실시하고 있는 착한 포인트 서비스를 '쓰담쓰담' 해줄 날을 기대해 본다.

# "농협회장이
오고 있어요"

"**강원도** 고성에서 큰불이 났습니다."

'NH농협숲 조성 기념식' 참석을 위해 부산으로 내려가다 고성 산불 소식을 보고받았다. 부산시와 농협이 함께한 숲 조성을 기념하는 행사로 부산 시민들이 대거 참석하기로 되어 있었으나, 화마로 인해 망연자실하고 있을 농민들이 눈앞을 스쳐 지나갔다. 지체 없이 부산시장에게 전화를 걸어 양해를 구하고 기념식 본 행사를 전격 취소하는 것으로 일정을 조정했다.

간략히 부대행사만 진행하고 곧바로 고성으로 향했다. 가는 내내 속보를 보며 인명 피해만은 없기를 애타게 바라고 또 바랐다. 현장에 도착하자 하늘은 온통 검은 연기로 뒤덮여 있었고, 마을로 가까이 다가갈수록 매캐한 냄새에 숨 쉬기조차 힘들었다. 마치 폭탄이라도 맞은 듯 모든 것이 무너져 버린 상태였다. 재난영화 속에 들어와 있는 것만 같았다.

현장에는 이미 노란 재해복을 입은 30여 명의 농협 임직원들이 도착해서 산불 피해 이주민들을 챙기고 있었다. 전체 상황을 파악하기 위해 우선 토성면사무소에 설치된 대책본부로 이동했다. 이동 중 만난 농민들의 얼굴에서 당시 상황이 얼마나 급박했는지를 생생하게 느낄 수 있었다. 현장에서 만난 속초농협 조합장도 자신의 집과 농산물이 저장되어 있던 비닐하우스가 모두 불탔다며 무척이나 허탈해했다.

### 함께 있어 주는 것이 가장 큰 힘이 된다

대책본부에 들어서니 대통령과 주요 정부요인들이 막 도착해서 현장을 지휘하고 있었다. 안타까운 마음으로 함께 현장을 살펴보고 있는데 행정안전부 장관이 대통령께 이렇게 보고했다.

"농협에서 가장 먼저 산불 현장에 도착해서 재해 복구를 지원하고 재해 지원품을 보내왔습니다."

산불 현장으로 오는 길에 전화로 간략하게 보고받고 지시하긴 했지만, 막 도착해 대통령을 만난 상황이라 우리 임직원들이 어떤 준비를 했고, 지원대책은 어떻게 세웠는지 자세히 알지는 못했다. 대통령께서는 내 손을 꼭 잡고 농협의 신속한 대처에 대해 크게 치하해 주셨다.

회장인 내가 도착하기도 전에 이미 모든 대책이 마련되어 있었다. 피해 복구를 위한 무이자 자금, 임직원 성금, 인력 지원, 농기계 임대, 볍씨 제공 등 10가지나 되는 대책 모두가 실질적인 도움이 되는 것들이었다. 처참한 화재현장에서 조금이라도 농민에게 도움을 주고자 고민한 흔적이 역력했다. 참으로 고마운 우리 직원들이었다.

"저희 농협이 다시 모내기를 해 드리겠습니다. 걱정하지 마시고 몸부터 챙기십시오."

볍씨가 다 타 버려 걱정하고 있는 농가에 우리 직원이 한 얘기였다. 과거엔 성금 몇 푼 전달하고 생색내며, 사진이나 찍고 돌아섰을지 모를 우리 직원들에게 이만큼 변화가 찾아온 것이었다. 무엇보다 그들이 건네는 위로는 진심이었다. 그들의 말과 행동은 상심한 농민들의 마음을 공감하지 않으면 나올 수 없는 것이있다.

무너진 양곡 창고에서 쏟아져 나온 그을린 쌀더미가 눈에 들어왔다. 나도 모르게 타다 만 쌀더미 한 줌을 쥐었다. 반쯤 타버린 쌀에서 농사지을 기반이 사라져 안타까운 농민의 마음이 느껴지는 듯했다. 하루빨리 아픔을 딛고 일어서길 바라며, 떨어지지 않는 발걸음을 옮겼다.

서울로 돌아오는 차 안에서도 속보를 주시하고 있었다. 때마침 화재현장에 먼저 도착해 있던 국무총리와 산불 피해 주민들이 주고받는 대화가 뉴스영상으로 나왔다. 국무총리는 농민의 손을 잡고 이렇게 말했다.

"농사짓는 분이 계시다면, 볍씨하고 농기구를 지원해 드리겠습니다. 어떻게 될지 농협하고 상의해 봐야 하는데 지금 농협중앙회장이

"회장이 도착하기도 전에 모든 대책이 마련되어 있었다.

처참한 화재현장에서 조금이라도

농민에게 도움을 주고자 고민한 흔적이 역력했다."

여기로 오고 있어요."

이 총리는 모든 농사 준비는 농협과 상의해서 조치해 주겠다며 다시 한번, 농협중앙회장이 이곳으로 오고 있음을 강조했다. 총리의 그 한마디는 농협이 농민을 위해 헌신하고 있는 조직임을 인정하고, 이 사태를 농협이 잘 해결해 달라는 말로 들렸다. 이러한 믿음을 심어 주었다는 사실 자체가 농협 정체성 회복의 징표라 여겨졌다. 그래서 농심으로 가득 찬 우리 직원들에게 한없이 감사했다. 그리고 화재 현장에 남아서 고생하고 있을 임직원들에게 마음속으로 큰 응원을 보냈다.

## 지자체와 농협, 한 지붕 아래 한 가족

강원도 산불 피해지역을 두 번째로 방문하고 돌아온 다음 날, 정부는 강원도 산불 피해에 대한 '이재민 종합지원대책'을 발표했다. 영농 재개를 위한 벼 공급, 피해농기계 무상수리, 피해가축 진료, 농민 긴급자금 지원 등이 대책에 포함되어 있었다. 물론 대책의 많은 부분이 정부 관련 부처와 농협이 협의한 내용들이었다. 정부와 농협이 같은 방향을 보면 이처럼 그 혜택은 배가 되어 농민에게 돌아가게 되는 것이다.

농협은 농민을 대표하는 조직이며, 각 지역에 있는 지역농·축협은 해당 지역의 농업을 이끌어 가는 중심이다. 그래서 지자체와 농협 간 업무의 경계가 모호하고, 함께 협의해서 일을 진행해야 하는 경우가 많다. 어찌 보면 농민을 위해 한 지붕 아래 사는 한 가족인 셈이다. 이러한 현상은 도시보다는 시골로, 시보다는 군 지역으로 갈수록 뚜렷하게 나타난다.

농업의 다원적 기능이 강조됨에 따라 지방자치단체와 농협이 함께하는 지자체 협력사업은 더욱 확대되고 있다. 농협의 지자체 협력사업 지원실적도 크게 증가하고 있다. 연간 200억 원 수준이던 것이 2019년 상반기에만 700억 원을 넘어섰다. 무엇보다 놀라운 사실은 이 예산 700억 원이 지자체 예산과 합쳐져 농민에게 6천억 원의 효과를 가져다준 것으로 조사됐다는 점이다. 작은 힘으로 무거운 물체를 들어 올리는 지렛대와 같이 투입된 비용의 10배에 달하는 실익이 농민에게 돌아간 것이다.

이러한 의미에서 지자체 협력사업을 보다 확대해 나가야 할 것이다. 그러기 위해 각 지역에서는 지자체와 협심하여 농업·농촌의 발전과 농가소득 증대에 도움이 되는 다양한 사업들을 구상하고, 이를 반영, 실천하려고 노력해야 한다. 지자체와 농협은 그 목적이 같다. 지자체에서 세우는 농민을 위한 정책에 농협이 힘을 보태는 것은 지자체도, 농협도 같은 목적을 효과적으로 달성할 수 있는 길이기 때문이다. 뜻을 함께하는 사람들을 우리는 동지라고 한다. 그래서 지자체와 농협은 동지이자 한 가족인 셈이다.

## 지역사회 기여는 선택이 아닌 필수

얼마 전 참석했던 ICAO(국제협동조합농업기구) 집행위원회에서는 식사 시간까지 쪼개 가며 농업 현안인 농촌 고령화 문제, 쌀 과잉 문제, 국제협동조합 간 협동사업 등에 대해 폭넓은 의견을 나누며 그야말로 바쁜 일정을 소화했다. 그중에서도 잊히지 않는 것은 아프리카 우간다 협동조합의 지역사회 기여 사례였다.

우간다는 비교적 협동조합운동에 늦게 뛰어든 국가 중 하나다. 우간다 농업협동조합은 헌혈, 나무 심기 운동 등 지역사회와 비조합원을 위한 사업들을 추진한 결과 조합원 수가 늘었을 뿐 아니라 협동조합에 대한 정부의 관심도 높아졌다고 한다. 그리고 국제기구 프로젝트나 농림부 사업을 농협이 위임받아 수행하는 등 대통령도 협동조합의 중요성을 크게 인정하고 있다고 했다.

그동안 한국 농협도 '지역사회 기여'라는 협동조합 원칙에 따라 활발한 사회공헌 활동을 펼쳐 왔지만, 각자 개별적으로 활동함으로써 그 효과나 인지도가 미미했다. 누계로 보면 엄청난 규모이고, 범농협 계열사들과 일종의 시너지가 존재했을 법한데, 종합적인 컨트롤이 이루어지지 못했다. 결국 열심히 잘하고도 누구에게도 인정받지 못했던 것이다.

그래서 2019년 4월, 중앙회와 34개 계열사, 그리고 전국 1,118개 농·축협의 사회공헌 활동을 총괄할 '사회공헌위원회'를 출범시켰다. 이로써 전문성을 갖춘 사회공헌위원들의 고견을 바탕으로, 농민과 소외된 국민에게 농협만이 할 수 있는 사회공헌활동을 보다 활발하게 펼칠 수 있는 기반을 마련하게 된 것이다. 또한 중앙회 지역사회공헌부를 신설해서 이를 지원토록 했다. 이로써 보다 명확한 지역사회공헌에 대한 평가와 지원체계를 갖추게 된 것이다.

농협의 지역사회공헌은 어딘가 존재하고 있는 신기루 같은 존재였다고 해도 과언이 아니다. 하지만 이것을 묶어 내고 연결하는 순간 분명 달라질 것이라고 확신한다. 각 지역에서의 공헌도를 평가해 지자체 금고계약기관을 선정하는데, 농협이 참여하고 있지 않은 금고계약이 전무한 것을 보면 이미 농협은 지역사회에서 공헌도를 높게 평가받고 있는 것이다. 지역사회공헌은 그 조직의 지역적 필요성과 강한 연결고리를 갖는다. 그러므로 지역사회에 공헌하지 않는 기관과 지역민들이 상생하는 일은 있을 수 없다. 아니, 있어서도 안 된다.

지역사회에 대한 기여를 단순히 금전 수치로 판단하고 평가하는 것도 문제다. 금고계약에 뛰어든 다른 금융기관들의 대차대조표에는 금전적 기부만으로도 수익을 낼 수 있다는 계산이 숨어 있다. 그래서 그것만으로 모든 의무를 다했다고 여긴다. 안타깝지만 지자체의 예산이 줄어들면서 이러한 꼼수가 통하고 있는 것도 부정할 수 없는 현실이다. 하지만 쉬운 길에는 언제나 함정이 있게 마련이다.

무엇이 지역민을 위한 길인지 지자체에서는 심사숙고해야 한다. 또 내가 사는 지역에서 수익을 내서 다른 나라에 있는 투자자의 배를 불리는 조직은 어디이고, 벌어들인 수익이 다시 우리 지역으로 환원되는 기관이 어디인지 세심히 따져 보아야 한다.

농협은 수치화된 계수만으로도 어떤 기관과 비교할 수 없을 정도로 지역사회 공헌도가 높다. 계량할 수 없는 보이지 않는 공헌도까지 감안하면 실로 엄청난 수준이 될 것이다. 그것을 입증하는 사례가 바로 장학금 지원사업이다.

농협은 그동안 농촌의 미래인재 양성을 위한 장학금 지원에도 힘을 쏟아 왔다. 중앙회와 지역·농·축협을 포함한 범농협에서는 2019년 한 해만 약 4만 5천 명의 학생들에게 총 450억 원을 지원할 계획이다. 어느 기업과도 비교될 수 없는 규모다. 이러한 농협의 사회적 기여를 보다 효과적으로 드러내기 위해 그간 사무소 또는 법인별로 실시해 왔던 장학금 전달식을 2019년 8월, 처음으로 전국 통합행사로 실시한 바 있다.

뿐만 아니라, 사회적 약자에 대한 정부정책에도 적극 동참하였다. 2019년 6월, 농협은 167명의 장애인 직원을 특별채용했다. 그간 농협이 고용한 장애인 비율은 1.65%에 불과했던 것이 사실이다. 이는 의무고용비율 3.1%에 크게 못 미치는 수치였다. 이번 장애인 특별채용은 단순히 비율을 충족시켜서 의무감을 채우고자 함이 아니다. 농협이 사회에 기여하고 있는 협동조합 조직이라는 사실을 많은 국민들에게 널리 인식시키기 위한 활동이다.

협동조합은 지역사회에 대한 기여를 원칙으로 하는 조직이기에, 지역사회공헌은 선택이 아닌 필수임을 모든 구성원이 공감해야 한다. 앞으로 활발한 홍보활동과 더불어 지역과 연계해 다양한 사회공헌활동을 해 나가는 데 있어 사회공헌위원회와 지역사회공헌부의 역할이 기대되는 이유이다.

# 농협의 모든 계열사는
# 협동조합 기업이다

**협동조합의** 핵심 전략은 공동행동, 즉 수요와 출하의 집중이다. 개인으로는 열악한 시장 교섭력을 협동조합에 집중시킴으로써 거래 조건을 개선하는 전략이다. 조합원의 영농자재 수요가 각 농협에 집중되고, 각 농협의 구매 수요가 경제지주에 집중되면 구매사업의 원가가 절감되어 조합원에게 더 저렴하게 공급할 수 있게 되는 것이다. 그리고 이것은 농업경영비를 낮추어 농가소득을 올리는 데 크게 기여하게 된다.

특히 농사에 꼭 필요한 영농자재는 수요에 대한 가격 탄력성이 낮다. 그래서 공급자가 우위에 서는 품목들이 대부분이다. 게다가 공급자가 소수여서 가격을 높게 책정하더라도 농민들은 울며 겨자 먹기로 구매할 수밖에 없다. 결과적으로 소수 공급자가 독과점 이윤을 누리게 되어 있다. 그러므로 영농자재 구매사업에 있어 수요를 집중시키는 협동조합의 전략은 존재이유와도 직결된다고 할 수 있다.

그나마 다행인 것은 농협이 농자재 생산 관련 계열사들을 보유하고 있다는 점이다. 그래서 기회가 될 때마다 계열사 대표들과 만나 농민을 위해 적극적으로 가격인하를 해줄 것을 주문하고 또 주문했다. 처음엔 매출실적 향상이나 손익 확대 계획을 들고 왔던 대표들의 표정에서 당황함과 주저함이 느껴졌다.

## 계열사의 존재목적도 조합원의 실익 증진

농협 계열사가 주식회사라는 법인격을 지니고 있다고 해서 협동조합 기업이 아니라는 생각은 크게 잘못된 것이다. 여러 나라의 협동조합 기업들은 주식회사나 유한회사 등 다양한 법인 형태를 가지고 있다. 중요한 것은 법인의 목적과 운영방식이 협동조합 특성에 맞는가 하는 것이다.

미국은 조합원의 편익을 추구하고 협동조합 원칙에 따라 운영할 경우 지주회사도 협동조합으로 간주한다. 유럽도 협동조합 원칙을 제정하여 조합원이 최종 통제권을 보유하면서 협동조합의 목적 달성에 필요한 경우 자회사를 협동조합 기업으로 정의하고 있다. 그렇게 볼 때 농협이 보유하고 있는 계열사 역시도 분명 협동조합 기업이다. 그러므로 사업의 목적을 조합원의 실익 증대에 두어야 하고, 성과 역시 당기 순이익이 아니라 농가소득에 기여한 금액으로 평가받아야 하는 것이다.

계속된 가격인하 요구에 계열사 대표들은 자회사 경영이 크게 염려된다고 하소연했다. 그 어려움을 회장으로서 어찌 모르겠는가. 그러나 협동조합이 원가경영을 한다고 이익을 내지 말라는 의미 또한 아니다. 거듭 말하지만 사업을 지속하기 위한 필요이익은 반드시 확보되어야 한다. 내가 한결같이 계열사 대표들에게 강조했던 것은 너와 내가 다르지 않으니 농협의 네트워크 전체를 하나로 보고, 협동조합적 시각에서 조직을 활용해 보자는 것이었다.

협동조합 조직인 계열사 또한 자신의 존재가치를 분명히 해야 한다. 농협이 계열사를 운영하는 것은 협동조합의 구조적 한계를 극복하고 보다 시장 지향적으로 사업을 추진해서 경쟁력을 확보하기 위한 전략적 선택이다. 신속한 의사결정을 통해 시장에 적극 대응하고, 높은 경영 효율성과 전문성을 활용하여 협동조합이 갖는 한계를 극복하기 위해 계열사를 설립한 것이기 때문이다.

그러므로 계열사 또한 협동조합의 원칙에 충실해야 함은 두말할 필요가 없다. 조합원에게 최대의 경제적 실익이 돌아가도록 사업을 영위하는 것이 최대 목적이 되어야 하고 그 목적을 향해 끊임없는 노력을 기울여야 한다. 따라서 계열사 간의 자원 공유는 협의의 개념인 협동조합 간 협동에 해당된다고도 볼 수 있을 것이다.

그래서 계열사별로 분산 운영해 오던 수출입 등 무역 업무를 농협무역의 해외지사로 하여금 대행하도록 하는 한편, 계열사마다 보유하고 있는 교육원과 홍보조직, IT부문을 중앙회로 통합하여 시너지 효과를 높일 것을 주문했던 것이다.

이러한 노력들이 모여 취임 첫해에 비료 17%, 농약 7.6%, 사료 6%의 가격인하를 단행해 농민들이 약 1,600억 원의 생산비를 절감할 수 있었고, 그 이듬해에는 비료 평균 6%, 농약 3.3%의 가격을 인하하는 등 3년간 5,742억 원의 농업경영비를 절감할 수 있었다.

2018년에는 국제 곡물가격의 상승이라는 악재가 있었다. 1년 만에 곡물 가격이 23%까지 인상되어 대부분의 사료업체가 가격을 올리자 농협에서도 가격을 올려야 한다는 의견이 상당했다. 하지만 악재 속에서도 농가소득 5천만 원이라는 목적이 상생의 의지를 뚝심 있게 밀고 나가도록 했다. 그 결과 농협사료와 사료를 생산하는 지역축협들이 가격동결을 결정한 것이다.

지역축협들의 사료 공장들은 규모가 영세해서 시장의 악재에 즉각적인 경영 압력을 받기 시작했다. 하지만 수요 집중을 통해 20%에도 미치지 못하는 시장 점유율을 끌어올려 이를 극복할 수 있다고 계속 설득했다. 이는 축산농민들을 위한 일이고, 우리의 진심은 반드시 신뢰와 수요 확대로 보답받을 것이라는 주장을 조합장들께서 받아들여 준 것이었다.

4

성장 격차를
줄여라

# 농민은 그래도
# 되는 줄 알았습니다

심순덕 시인의 시 〈엄마는 그래도 되는 줄 알았습니다〉에는 자식들을 위한 어머니의 희생이 고스란히 담겨 있다. 하루 종일 밭에서 죽어라 힘들게 일해도, 찬밥 한 덩이로 대충 부뚜막에 앉아 점심을 때워도, 식구들 다 먹이고 굶어도, 발뒤꿈치가 다 해져서 이불이 소리를 내도 당연하다 여겼던 우리네 어머니들의 삶의 모습이다. 이러한 어머니의 끝도 없는 희생 덕분에 우리는 먹고, 자고, 공부하고, 사랑하는 사람을 만나 행복을 꿈꿀 수 있었다.

우리네 어머니들의 삶처럼 한국의 농민들도 늘 고난과 희생을 감수하면서도 묵묵히 이 나라 경제 발전의 밑거름이 되어 왔다. 피땀 흘려 농사 지어 자녀들을 도시로 보내 공부시켰고, 그렇게 성장한 자녀들은 산업화와 민주화의 큰 바탕이 되었다. 농민들의 희생이 있었기에 대한민국은 선진국이 백 년 이상 걸려 이뤄 낸 성과를 기적이라 불릴 만큼 빠른 시간에 달성해 낼 수 있었던 것이다.

## 농업혁명 없이는 산업혁명도 없었다

영국의 산업혁명도 그보다 앞서 있었던 농업혁명이 있었기에 가능했다. 농업혁명 이전의 영국에서는 삼포식 농법이 주류를 이루었다. 삼포식이란 토지의 비옥도를 유지하기 위해서 경작지를 3등분하여, 여름 농경지, 겨울 농경지, 휴경지로 나누어 교대로 경작하는 방법이다. 그런데 삼포식 농법으로는 생산량이 충분할 수 없었다.

수백 년 동안 지속되었던 이 농법은 신대륙으로부터 사료 작물이 들어오면서 변화하기 시작했다. 휴경지가 사라지고 가축 사육이 늘어나면서 비료가 많아져 농업생산성이 비약적으로 발전하게 된 것이다. 또한 토지 이용의 변화와 더불어 농업기술의 발전, 농기계의 개량으로 식량을 충분히 얻을 수 있게 되면서 농업부문에서 발생한 잉여 노동력이 산업혁명의 밑거름이 될 수 있었다.

시간을 수평으로 하고 성장률을 수직으로 하여 시간의 경과에 따라 어느 정도 성장했는지를 보여 주는 것이 기울기이다. 기울기가 가파르다는 것은 성장 속도가 빠르다는 것이고, 완만하면 상대적으로 성장 속도가 느리다는 의미이다. 자본의 시각에서 보면 기울기가 가파른 분야에 집중하는 것이 생산적일 것이다. 왜냐하면 두 개의 기울기를 비교했을 때, 두 기울기의 차이가 투입 대비 산출량의 차이이기 때문이다. 가파른 기울기, 높은 생산성이라는 화려한 이면에는 희생된 무언가가 존재하게 마련이다. 그리고 농업이 그 희생을 감당해 온 것이다. 오랜 세월, 다른 산업에 비해 낮은 농업의 성장 기울기는 너무도 당연시되었고, 아무도 기울기를 높이려는 노력을 기울이지 않았다. 심지어 농협조차도.

## 달리고 또 달려도 제자리걸음

급속한 공업화가 이루어지기 이전인 1960년대까지만 해도 우리나라는 농업이 산업의 전부였을 만큼 국내총생산에서 큰 비중을 차지했다. 하지만 수출주도형 경제성장 정책이 추진되면서 상대적으로 관심에서 멀어졌고, 산업 내 비중도 점점 축소되어 갔다. 또한 정부는 저임금을 유지하고 인플레이션을 억제하기 위해 저곡가 정책을 실시하였다. 한강의 기적이라 불리는 급속한 경제 성장과 오늘날 많은 대기업들이 수조 원의 이익을 낼 수 있는 근원에는 농업, 농촌 그리고 농민의 희생이 있었던 것이다. 농업이 우리 경제 성장을 위한 지렛대 역할을 해왔다 해도 과언이 아니다.

그런 농업이 지금은 무척 쇠약해져 있다. 국가경제가 성장하는 과정에서 다른 산업들의 성장속도는 농민들에게 상대적 박탈감과 소외감을 느끼게 하기에 충분했다. 소득은 도시근로자 가구의 그것과 비교하면 65% 수준도 되지 않는다. 이러니 농업을 직업으로 삼겠다는 청년을 찾아 보기 힘들다. 경제 성장에 주춧돌을 놓고도 오히려 경제 발전에서 소외되어 온 농민들의 삶을 생각하노라면 동화

"우리네 어머니들이 그러했듯 한국의 농민들은

늘 고난과 희생을 강요받으면서도

묵묵히 이 나라 경제 발전의 밑거름이 되어 왔다."

〈이상한 나라의 앨리스〉에 나오는 레드퀸(붉은 여왕)이 떠오른다.

앨리스는 레드퀸의 손을 잡고 숲속을 달리지만, 한 발짝도 앞으로 나가지 못하는 것처럼 느낀다. 레드퀸이 있는 이상한 나라는 아무리 빨리 달려도 바깥 배경이 그만큼 더 빨리 달리기 때문에 항상 같은 장소에 머물게 된다. 제자리에 머물고자 해도 온 힘을 다해 뛰어야만 한다. 적당히 뛰게 되면 오히려 등 뒤의 세상으로 떠밀리기 십상이다.

농민의 심정이 레드퀸의 손을 잡고 죽어라 뛰는 앨리스의 심정과 같지 않을까? 농업과 다른 산업 간 격차, 그리고 도시와 농촌의 격차까지 농민들 눈에 비치는 세상은 달리고 또 달려도 제자리인, 아니 계속 뒤치져만 가는 세상이 아닐까 싶다. 이들에게 어떤 희망이 존재할 수 있을지 의문이다. 농민들의 절대적 소득을 끌어올려 그들이 가진 소외감을 해소하지 못한다면 어느 누가 농사를 지으려고 하겠는가? 어느 누가 생명창고를 지키는 파수꾼을 자처하겠는가?

인간이 존재하는 한 농업 생산은 멈출 수 없다. 농업이 산업화의 변방에서 부차적으로 취급되어야 할 대상으로 여겨져선 안 된다. 우리가 지켜가야 할 생명산업이고, 그 어떤 가치보다도 존중받아 마땅하다. 그러므로 우리는 성장을 말하는 동시에 다른 산업들과 농업, 그리고 도시와 농촌의 성장 기울기 차이에 주목해야 한다. 어떤 한 분야에 쏠림 현상이 발생하면 다시 중심을 잡는 데 훨씬 더 많은 시간이 소요된다. 따라서 어떤 산업에 한정되지 않고 시야를 넓혀 성장 기울기 격차를 해소할 길을 반드시 모색해야 할 것이다.

# 서서히 잊혀 간
# 농업의 역사

　　　　　　　　냉전시대 소련을 위시한 공산권
의 적색혁명을 막기 위한 미국의 세계전략은 '녹색혁명(Green
Revolution)'이었다. 개발도상국의 빈곤 문제가 공산주의 확대의 주
요 원인이라고 판단한 미국은 빈곤 퇴치에 주력했는데, 그 일환으로
왜소종 밀, 일명 '난쟁이밀'을 개발했다. 길이가 짧고 단단해 이삭이
커도 쓰러지지 않고 버틸 수 있는 이 왜소종 밀은 제3세계 각지에
공급되면서 녹색혁명을 촉발시켰다.

　이러한 미국의 '녹색혁명' 성과를 바탕으로, 필리핀에 본부를 둔
국제미작연구소(IRRI)에서는 '기적의 쌀' IR-8을 비롯해 여러 가지
'난쟁이 벼' 개발에 성공했고 개발도상국에 확대하고자 힘썼다. 박
정희 정부도 식량 문제를 해결하기 위한 근본적 방안으로 품종 개

량을 통한 다수확 신품종 개발에 전력을 쏟아부었다. 그 결과 '난쟁이 밀'과 같이 키는 작지만 수확량이 높은 통일벼(IR667)를 개발해서 이를 전국에 보급하였다.

그러나 통일벼는 몇 가지 치명적인 약점이 있었다. 동남아시아에서 주로 재배되는 인디카의 유전자를 지니고 있기 때문에 냉해에 취약했고, 새로운 병충해가 발생할 우려도 높았다. 추수 후 낟알이 떨어지는 탈립(脫粒)이 많고 비료 소요량이 많은 것도 문제였다. 무엇보다 통일벼는 한국인이 그간 먹어 왔던 자포니카에 비해 미질이 크게 떨어졌다.

하지만 정부는 통일벼를 주곡 자립을 위한 유일한 돌파구로 보고 당시 제기되었던 수많은 우려를 뒤로한 채 보급에 더욱 힘썼다. 1974년 전체 논 면적의 25%에 달하는 30만 $ha$에서 통일벼가 재배되었으며, 1977년에는 쌀 생산량이 4천만 석을 넘어서면서 주곡 자립을 달성하게 되어 '녹색혁명 성취'를 선언하기에 이르렀다. 단군 이래 최초로 쌀 생산량이 수요량을 넘어서는 기적을 이루어 낸 것이었다.

그래서 정부는 쌀 수입을 중단했고 대표적인 절미 정책이었던 분식 먹는 날, 무미일(無米日)이 폐지되었다. 그리고 그 밖의 쌀 수요 억제책들도 완화되었다. 그 과정에서도 냉해와 병충해로 인한 수확량 감소의 고통은 오롯이 농민들의 몫이 되었다. 그리고 농민들의 원망은 정책 집행의 가장 앞자리에 섰던 농협으로 향했다.

## 문제는 쏟아지고, 원망은 커지고

농업생산성 증가에 따른 주곡 자립 달성과 이를 거름 삼아 눈부시게 성장한 수출주도형 경제는 농업 부문에 대한 구조조정을 불러왔다. 1961년 종합농협 출범 당시 전체 인구의 60%를 차지하던 농업 인구는 단 두 세대를 거치는 동안 5% 이내로 줄어들었다. 비워진 농촌은 이내 비료와 농기계의 힘으로 채워졌다.

자본과 토지를 늘려 생산성을 증가시키는 농업은 빈번한 농산물 파동을 일으켰다. 소 파동, 돼지 파동, 마늘 파동, 고추 파동, 배추 파동 등 한 해가 멀다 하고 품목을 돌아가며 파동이 이어졌다. 또한 중공업과 제조업 등 수출산업의 대미 무역수지 흑자는 1990년대부터 '농산물시장 개방'이라는 부메랑으로 돌아왔다.

1980년대에 대한민국 경제는 사상 유래 없는 호황을 누렸지만, 그사이 농업은 서서히 잊히고 있었다. 농업생산성 증대의 수혜는 모든 국민에게 돌아갔지만, 그 위험 부담은 농민 개인이 져야만 했다. 부채를 감당하지 못해 농약을 마셨다는 농민의 소식이 자주 들려왔던 때였다.

연말이 되면 대출금을 회수하기 위해 출장을 나서는데 정작 농민의 어려운 사정을 듣고는 얘기도 꺼내지 못하고 돌아오는 경우가 많았다. 심지어 지갑에 있는 돈을 꺼내 쥐여주고 온 적도 간혹 있었다. 빈손으로 돌아온 나를 질책하는 상사에게는 사람이 없더라고 둘러댈 수밖에 없었다. 아내는 가끔 "당신은 대체 농협에 돈을 벌기 위해 다니는지, 돈을 쓰러 다니는지 모르겠소"라며 눈을 흘겼지만 말리지는 않았다. 아픈 마음에 잠 못 이루던 나를 누구보다 잘 알기 때문이었다.

농민들의 눈물과 절규에도 불구하고 1980년대 후반부터 정부의 농정은 정부 주도의 시장보호형 정책에서 민간 주도 시장개방형 정책을 향해 달려가고 있었다. 1993년에는 쌀과 쇠고기 등 몇몇 품목을 제외하고는 사실상 농산물 수입을 전면 개방하는 우루과이라운드 협상이 타결되었다.

동시에 정부는 농업의 구조조정에 박차를 가했다. 하지만 당초 목표했던 농업의 경쟁력 강화 대신 농촌 인구의 급격한 감소, 농산물 가격 하락, 농가소득 감소라는 초라한 성적표만 손에 쥐었다. 치밀한 준비 없이 이루어진 소위 '개방농정'은 오히려 농가경제를 파탄시키는 결과를 초래했다.

정부 정책이 쏟아질 때마다 농가 부채는 늘어가기만 했다. 대출을 해주는 곳도 농협이었고, 상환을 독촉하고 강제 집행을 하는 곳도 농협이었다. 농민에게 있어 농협은 자신들을 괴롭히는 악덕 사채업자쯤으로 인식되었을 법도 하다. 그래서 어느 장소를 가더라도 농협 개혁을 외쳤고, 2000년대 초반에는 두 곳의 농협이 조합원들의 해산 결의를 통해 문을 닫는 초유의 사태가 벌어지기도 했다.

농민들은 농협이 농산물 판매 등 농민에게 이익이 되는 경제사업은 외면하고 수익에 도움이 되는 '돈장사'에 치중한다고 비판했다. 이는 수십 년간 누적되어 왔던 농협의 정체성에 대한 문제제기이기도 했다. 농협은 국민들에게 외면당하고, 농민으로부터도 멀어져 갔다. 하지만 내게는 그러한 비판의 목소리가 조금은 다르게 다가왔다. '그래도 농협이라도 나서서 우리 농업과 농촌, 농민을 지켜달라'는 농민들의 간곡한 호소이자 몸부림으로 느껴졌던 것이다.

# 낮은 기울기를
## 끌어올려라

협동조합운동의 목적은 기울어진 사회를 바로잡아 공정한 경쟁을 통해 모두가 함께 상생하는 사회를 만드는 데 있다. 농민에게 기울어진 운동장이라는 환경은 구매나 판매 측면에서 분산되어 있는 다수의 농민이 대자본과 개별적으로 교섭해야 한다는 데 있다. 또한 농산물 특성상 부패와 변질의 성질 때문에 화폐와의 거래 조건에서 농민은 늘 절대적 열세에 놓일 수밖에 없다. 이렇듯 불리한 위치에 있는 농민들이 서로 간의 경쟁을 억제하고 협동을 통해 불리함을 극복하고자 만든 것이 바로 농업협동조합이다.

하지만 그간 농협이 농업과 농촌에 적지 않은 역할을 해왔음에도 산업 간 성장 격차 등에서 농민이 느끼는 소외감은 갈수록 커져

가고 있다. 이러한 기울기의 차이가 발생하는 것은 어쩌면 피할 수 없는 일인지도 모른다. 하지만 염려스러운 것은 그 차이가 일정 수준을 넘어서게 될 때이다. 그때가 되면 어느 누구도 농업에 뛰어들지 않을 것이다. 그렇게 되면 농업의 후계가 끊기고 농촌의 공동화 현상은 더욱 가속화될 것이다. 상상만 해도 끔찍하다.

이제라도 기울기의 격차를 줄이지 않으면 머지않아 생태 유지를 위해서, 사회적 갈등을 해소하기 위해 엄청난 비용을 치러야 할 것이다. 무엇보다 식량 부족이 현실화됨에 따라 우리가 지불해야 할 사회적 비용은 추산조차 어려울 것이다. 그래서 농업과 농촌, 농민에게 존재하는 세 가지 기울기 격차를 좁히기 위한 노력을 서두르지 않으면 안 된다.

### 갈수록 심각해지는 양극화

알다시피 도시와 농촌의 소득수준 격차가 점점 더 벌어지고 있다. 90년대 초까지만 해도 비슷했던 농가와 도시근로자 가구의 소득은 WTO가 출범한 90년대 중반을 기점으로 그 격차가 벌어지기 시작했다. 도시근로자 가구 소득 대비 농가소득 비율은 2003년 76.4%에서 2018년 65.5%로 떨어졌다. 국가경제의 규모는 시간이 갈수록 커지고 있지만, 농업·농촌은 반대로 왜소해지고 있다.

국내총생산(GDP)은 2003년 811조 원에서 2018년 1,782조 원으로 2.2배 증가한 반면, 같은 기간 농가소득은 2,688만 원에서 4,207만 원으로 1.6배 증가하는 데 그쳤다.

"도시와 농촌의 소득수준 격차가 점점 더 벌어지고 있다.
국가경제의 규모는 시간이 갈수록 커지고 있지만,
농업 · 농촌은 반대로 왜소해지고 있다."

농가소득에서 농업소득이 차지하는 비중 역시 점점 줄어들고 있다. 2003년 39.3%에서 2018년 30.7%로 감소했다. 같은 기간 농외소득은 35%에서 40.3%로 5.3% 증가했다. 농업소득에서 농외소득으로의 이동은 농업 그 자체의 가치가 줄어들었음을 뜻한다. 이는 중장기적으로 농업의 미래인력 수급을 악화시킬 수 있다. 왜냐하면 도농 간 소득 격차로 인해 농사를 짓겠다는 청장년들의 의욕이 떨어지고, 도시로 이주하려는 성향이 높아질 것이기 때문이다.

또한 소득 양극화 문제는 도시와 농촌 사이뿐 아니라, 농촌 지역 내에서도 확대되고 있다. 농업 내부에서의 소득 격차 문제 역시 가벼이 넘길 수 없을 정도로 중산층 농가의 감소와 저소득 농가의 증가세가 이어지고 있는 것이다. 소득불평등 정도를 나타내는 지니계수는 0~1사이의 값으로 표현되는데, 농가의 지니계수는 2015년 기준 0.425, 비농가의 지니계수는 0.344로 농가의 소득불평등 정도가 도시에 비해 훨씬 심각하다는 것을 알 수 있다.

농촌의 소득불평등을 초래하는 원인은 다양하다. 어떤 작목을 재배하느냐, 어떤 가축을 사육하는가에 따라 농업소득이 달라지기도 하고, 경영 규모의 차이 때문에 발생하기도 한다. 경영주의 개인적 능력이나 농산물의 판매 시기 등도 농업소득을 차이 나게 하는 요인이다. 실제 논벼를 생산하는 농가의 2018년 평균소득은 3,278만 원이었지만 축산농가의 평균소득은 7,824만 원에 달했다.

농가의 고령화 또한 농가소득의 양극화를 부채질하는 요인이다. 연령이 높은 농가일수록 소득이 낮고, 소득이 높은 계층은 비교적 연령대가 낮다. 고령농은 물리적으로 규모화 영농을 할 수 없기에 생산성이 낮을 수밖에 없고 전업농에서 은퇴하거나 용돈벌이 정도의 농사를 짓는 분들이 많다. 농가의 고령화는 생산과 소비 전체를 위축시킴으로써 농촌 전반의 경제활동에 활력을 떨어트리는 요인이 되고 있다.

### 농민, 재계 9위 기업의 주인답게

어떻게 보면 그간 농협에 대한 농민들의 요구는 간단했다. 생산비를 줄이고 농산물을 제값 받고 팔게 해서 농가소득을 높여 달라는 것이었다. 수십 년간 한결같은 요구였지만, 농협은 제대로 된 해결책을 내놓지 못했다. 물론 농가소득 향상은 농협 혼자서 이룰 수 있는 것이 아니다. 하지만 농협 스스로 할 수 있는 모든 수단을 다 찾아야 했다. 힘이 부족한 것은 어쩔 수 없으나 힘을 다하지 않았기 때문에 농민들로부터 비판을 들은 것이다. 보유하고 있는 역량조차 제대로 활용하지 못해서 자초한 결과였다.

농협이라고 치열한 시장경쟁에서 예외일 수는 없다. 그 경쟁에서 살아남기 위해 효율을 좇았고 빠른 길을 찾고자 노력했다. 문제는 농협이 성장하는 사이 농협의 주인인 농민들이 소외되었다는 사실이다. 농협이 재계 서열 9위의 기업으로 성장하는 동안에도 농가소득은 제자리걸음이었다. 그래서 이제부터라도 농협의 주인인 농민들과 농협이 함께 균형 있는 성장을 하고자 하는 것이다.

이제는 농민도 재계 9위 협동조합의 주인다운 대접을 받을 수 있도록 농협이 온몸을 던져야 한다. 산업 간 격차와, 도농 간의 소득 기울기를 좁혀야 한다. 그리고 농협중앙회와 농가의 성장 기울기 격차도 줄여야 한다. 그렇게 된다면 농민뿐 아니라 고객과 국민들로부터 농협이 더 큰 신뢰를 얻을 수 있을 것이라 믿는다.

이처럼 여러 부문에서 나타나고 있는 성장 기울기 격차는 앞으로도 사회적 갈등과 반목을 끊임없이 만들어 낼 것이다. 이런 모습으로 우리는 과연 얼마나 멀리 갈 수 있을 것인가. 협동조합 정신과 기울기론을 꺼낸 이유다.

# 농업,
# 농촌은 공공재

2019년 5월, 경북 경주시 안강읍 옥산마을 모내기 현장에 대통령께서 방문하셨다. 소탈한 이미지답게 팔을 걷어붙이고 이앙기에 모판도 올리고 직접 운전을 하며 함께 땀을 흘리셨다. 국수와 막걸리 한 사발이 곁들여진 새참 자리에서 대화의 주제는 단연 농가소득이었다. "2018년에는 고병원성 조류인플루엔자(AI)가 한 건도 발생하지 않았고 철저한 사전 예방으로 구제역도 최소화할 수 있었습니다. 쌀 가격도 좋아 농가소득이 많이 올라서 정말 기쁩니다" 하며 농민들과 기쁨을 나누던 장면이 생생하기만 하다.

자녀를 4명이나 두고 있는 40대 부부에게 농가소득에 대해 물으셨는데, 그들은 열심히만 하면 도시에서 버는 것 이상으로 소득을 올릴 수 있으며, 충분히 미래가 있다고 말했다. 구체적인 소득금액을 묻는 대통령께 논농사뿐만 아니라 미나리 농사도 짓고 있으며 소득이 1억 원 정도는 된다고 대답했다.

그 장면을 보며, 농정의 중심에 농가소득이 있다는 것이 한없이 뿌듯했다. 최근 몇 년 동안 농협이 끊임없이 '농가소득 5천만 원'을 외치고 갈망한 결과라는 생각마저 들었다. 그날의 모내기 현장은 농가소득을 위해 농민과 농협, 정부가 하나가 되어야 한다는 공감을 다시 한번 확인할 수 있었던 자리였다.

### 공공의 가치로 인정받아야 한다

2018년 우리나라 식량 자급률은 50%가 채 되지 않는다. 2년 연속 떨어지고 있다. 사료용 곡물을 포함한 곡물 자급률은 21.7%에 불과하다. 가축이 먹는 사료용 곡물을 포함해 우리나라에서 소비되는 곡물의 78%가 외국산이라는 뜻이다. 이 또한 상당히 낮은 수치다. 곡물·육류·채소·과일 등 우리 국민의 음식물 섭취량을 칼로리로 환산해 그중 국산농산물이 차지하는 비중을 계산해도 자급률이 40%에 못 미치고 있다. 우리 국민 중 절반 이상은 자신의 생명을 수입농산물에 맡기고 있는 것이다.

우리나라에 농산물을 수출하는 나라가 어느 날 갑자기 자신의 이익에 따라 태도를 바꾸지 않으리라고 장담할 수 없다. 기후변동 등의 요인으로 곡물 수출국에 재앙적인 흉작이 든다면 어떻게 할 것인가? 그 예가 바로 중동지역의 재스민 혁명이다.

"농업은 공적인 경제 영역으로 끌고 들어가

논의되어야 한다. 농업이야말로 국가적으로 그 가치에

대해 합의하고 온 국민이 함께 대응해 나가야 할

대표적 공공재이기 때문이다."

2010년에 러시아 천년 역사상 최악의 재앙이라 불린 대폭염이 발생했다. 기상이변으로 기온이 무려 38.2도까지 치솟으며 수많은 사람들이 목숨을 잃었다. 그리고 곡물가가 폭등했다. 폭염으로 인해 세계의 밀 창고로 불리는 러시아 남부와 우크라이나 일대의 곡물 생산량이 급감했기 때문이다. 러시아가 식량 수출을 막기 시작하자 국제곡물가가 치솟았고, 이로 인해 밀 수입국가인 중동지역의 국민들은 생활고에 시달려야 했다. 그리고 이러한 국민들의 불만이 민주화 운동으로 번지면서 재스민 혁명의 도화선이 되었다.

재스민 혁명은 러시아의 기상이변과 곡물 수출 금지가 만들어낸 나비효과인 것이다. 아무리 경제가 발전하고, 수출이 잘되더라도 사람은 먹어야 한다. 그래서 거듭 강조하지만 인류가 존재하는 마지막 순간까지 대체 불가능한 산업이 농업이다. 그러므로 농업은 사적 경제영역에 남길 문제가 아니고 공적인 경제 영역으로 끌고 들어가 논의되고 지원되어야 한다.

국가적으로 그 가치에 대해 합의하고 온 국민이 함께 이 문제에 대응해 나가야 하는 공공성을 가진 대표적인 재화가 바로 농업이다. 인간의 생존권을 보장하고 인간다운 삶을 유지하기 위한 필수재이기 때문이다. 따라서 농산물의 안정적 공급에 국가재정을 쓰는 것은 합리적인 조치일 뿐 아니라 더욱 확대되어야 마땅하다. 농업을 공공의 가치로 보호해야 한다는 국민적인 인식의 전환도 시급하다.

# 스위스가
# 아름다운 이유

알프스 산자락의 아름다운 초지, 질 좋은 치즈와 와인으로 잘 알려진 스위스는 국민행복도가 매우 높은 나라다. 아름다운 경관으로 수많은 관광객들의 발길을 붙잡는 스위스는 사실 산악 위주의 지형과 기후로 농업 생산에 적합한 조건이 아니다. 게다가 스위스는 높은 수준의 생산량과 농업기술을 보유한 유럽의 여러 국가와 인접해 있어 농산물 교역도 활발하다. 이런 환경에서 스위스의 농민들이 소득을 유지하고 생산활동을 이어갈 수 있었던 비결은 무엇일까?

결론부터 말하자면 국민적 합의를 거쳐 농업이 실현하는 공익적 가치를 발굴하고, 이를 농가소득과 결부시킨 스위스 정부의 각종 제도 덕분이다. 스위스는 농지 면적이 넓지 않고 농가의 영농 규모도 작아 집약적 농업이 발달해 왔는데, 이러한 생산 방식이 국토, 환경, 생태계에 부담을 준다는 문제가 꾸준히 제기되었다. 절반가량의 스위스 야생 식물종이 멸종 위협에 처하면서 생태환경 보전에 대한 요구가 커졌고, 국민들도 생태환경을 보전하는 농업활동을 지지하는 데 적극 동의했다. 이는 이후 스위스 농업정책의 주요 골자가 되었다.

스위스는 1996년 농업의 다원적 기능, 즉 식량 제공뿐만 아니라 천연자원 보존, 농촌 지역의 활력 유지, 분산된 인구의 정착지원 등을 실현할 수 있도록 국가가 지원하고 보장한다는 목표를 연방헌법에 반영하였다.\* 여기에는 직접 지불제를 통해 농업소득을 보완하고 생태환경 친화적인 농업 생산을 장려하기 위한 경제적 보상을 제공할 수 있다는 것도 포함되었다.

스위스의 직불제는 크게 일반 직불과 생태 직불과 구분되는데, 지역별, 농법별, 축종별로 매우 다양하고 세분화된 직불제를 운영하고 있어 농가가 처한 여건에 따라 합리적으로 지불제를 선택할

---

\* 스위스 연방헌법 104조 3항
   연방은 농업이 다양한 기능을 수행하도록 조치를 강구하고 다음의 권한과 의무를 가진다.

   1. 생태보호 요건 충족을 증명하는 것을 조건으로 직접 지불의 방식으로 농업소득을 보전해 준다.
   2. 경제적으로 유익한 장려책을 통하여 환경과 가축 모두에게 자연친화적이고 우호적인 생산 방식을 장려한다.
   3. 식료품의 원산지, 품질, 제조방법 및 가공공정의 표시에 관한 법률을 제정한다.
   4. 비료, 농약, 기타 첨가물의 남용으로 인한 환경 훼손을 예방한다.

수 있다. 스위스 정부의 농식품부문 예산은 총 예산의 약 5.5%에 해당되며, 이 중 직불금 비중이 무려 74.3%에 이른다. 우리나라가 약 15.9% 정도인 데 비하면 엄청난 차이다. 스위스의 농가당 직불금이 약 5,600만 원이고 우리나라가 130만 원이니 그 차이를 실감할 수 있을 것이다.

스위스 국민들은 품질과 식품안전 면에서 까다로운 기준을 가진 것으로 잘 알려져 있다. 더불어 잘 보존되고 가꾸어진 농촌 자연경관에 높은 가치를 두고 그곳에서 가족과 보내는 여가시간을 귀중히 여긴다. 지역마다 특색이 뚜렷한 경관은 외국인 관광객의 시선을 사로잡는다. 이처럼 농민들은 농업을 통해 식량 생산에만 기여하는 것이 아니라, 책임 있는 생산활동을 통해 식품안전, 경관 보호, 생태계 유지 등 다양한 가치들을 실현하고 있다.

또한 이러한 농민들에게 경제적 보상을 제공해야 하고, 일정한 농가소득과 삶의 질을 국가가 보장해야 한다는 점을 국민들이 깊이 공감하고 있다. 대신 농민들은 생태환경, 동물복지 등과 관련한 각종 규정을 준수해야 하는 의무를 지닌다.

이렇듯 헌법과 국민적 합의를 바탕으로 스위스의 농정은 여러 가지 성과를 거두었다. 먼저 시장 개방으로 인한 농업소득 감소를 보전하여 농가소득을 안정시켰다. 그리고 스위스 농업을 친환경적인 지속가능한 농업으로 변화시켰다.

2002년 생태 직불금 제도를 시행한 이후 스위스는 경작지와 생태보전 지역이 지속적으로 증가하고 있다. 농약과 화학비료 사용량이 지속적으로 감소하여 생태환경이 좋아지는 성과로 나타나고 있는 것이다. 여기에 식량 자급률 또한 60% 수준에서 일정하게 유지됨으로써 농식품의 안정적 공급도 가능해졌다. 그 결과, WTO 출범과 EU와의 FTA등으로 농산물시장 개방이 확대되었음에도 스위스의 농식품 무역수지는 크게 악화되지 않았다.

## 농업가치를 헌법에 반영하자

1990년대 농산물시장이 개방되고 상대적으로 저렴한 수입산 농산물이 밀려들면서 '언제까지 밑 빠진 독에 물 붓기 식으로 농업을 보호해야 할 것인가'라는 비판이 들끓었다. 투자 대비 효율만을 따지는 외눈박이 시각에 의해 농업은 산업의 국가기여도라는 측면에서 저평가되었고, 국민들 사이에 농촌은 불편하고 비위생적이며 가난하다는 인식이 확산되면서 서서히 외면당하기 시작했다.

이러한 농업의 위기에 대응하고자 2017년 농협을 중심으로 한 범농업계가 '농업가치 헌법반영 서명운동'을 벌였다. 이 운동은 농업이 소중한 우리 먹거리의 생산뿐 아니라 식량안보, 환경·생태 보전, 전통문화와 농촌경관 유지 등 다원적 측면에서 공익적 기능을 수행하고 있다는 국민적 공감대를 얻고자 시작된 운동이었다.

이미 선진국에서는 헌법에 농업의 가치를 담고, 국가가 이를 의무적으로 지켜 내기 위해 많은 노력을 기울이고 있다는 사실을 설명하자 많은 국민이 고개를 끄덕여 주었고, 추운 날씨에도 주머니에서 손을 꺼내 서명운동에 동참해 주었다. 한 달여 만에 농업의 공익적 가치를 대한민국 헌법에 반영해야 한다는 서명운동에 1,153만 명의 국민이 참여했다. 단기간에 이룬 성과를 보며 참여해 주신 국민들께도 감사했지만, 혹한 속에서도 농업의 가치를 알리려 애쓴 임직원들에게 크게 감사했다.

서명운동은 모두가 공감하는 목적이 생기면 무엇이든 달성해 내고야 마는 농협의 저력을 확인할 수 있는 계기가 되었다. 아울러 앞으로 우리가 조금 더 농업을 국민들에게 자주 알려야겠다는 생각이 들었다. 누구도 설명해 주지 않는 것에 관심을 가질 사람은 없다. 그리고 그 관심과 성원을 위한 노력은 농협을 비롯한 범농업계에서 해야 한다는 생각도 함께 했다. '농업가치 헌법반영 서명운동'은 분명 해낼 수 있으리라는 새 희망을 보여 주는 계기가 되었다.

역대 어느 대통령보다 농업을 중시한 대통령이 바로 버락 오바마다. 버락 오바마 전 대통령은 영부인 미셸 오바마와 함께 백악관 잔디를 밀어 버리고 텃밭을 만들어 직접 채소와 과일을 기르며 농업의 중요성을 미국인들에게 전파하기도 했다. 그리고 그 텃밭 앞의 돌계단에는 이런 문구가 새겨져 있었다.

'2009년 아이들을 위해 더욱 건강한 나라를 만들려는 희망으로 이 텃밭을 만들다.'

건강한 대한민국은 농업, 농촌과 그것을 지키기 위해 노력하는 모든 국민의 노력 없이는 꿈꿀 수 없다. 나 역시도 텃밭을 기르는 마음으로, 또 희망의 싹을 틔우겠다는 마음으로 임기 내 온 열정을 다했던 시간이었다. 내 인생에서 가장 소중한 시간이자 후회 없는 시

간으로 기억될 것이다. 농업의 가치를 헌법을 담고자 고군분투하는
임직원들을 보니 내가 농협에 몸담았다는 사실이 새삼 더 자랑스럽
게 다가왔다.

# 농업정책이
# 관건이다

**이제는** 농업계 전체가 국민들이 보여 준 전폭적인 지지와 성원에 어떻게 보답할지 고민해야 한다. 먼저 162조 원으로 추산되는 한국 농업의 공익적 가치 중 88%에 해당하는 143조 원이 환경 보전과 관련되어 있다. 국민들의 마음의 고향인 우리 농촌을 그들이 머릿속에서 상상하고 있는 한 폭의 수채화같이 아름답게 가꾸어 5천만 국민에게 되돌려 주어야 한다.

또한 이러한 공감대가 형성되고 있을 때 농민의 경제적 실익을 높이고, 농촌의 복지와 문화, 의료 등 농민들의 삶의 질을 높이는 여러 가지 제도에 대한 합의를 이끌어 내야 한다. 이러한 변화가 계속되어야 젊은 세대들이 농업의 가능성을 인식하고 농촌에서 기회를 찾으려 할 것이기 때문이다.

거듭 말하지만 활력을 잃어 가는 농촌을 다시 되살리기 위해서는 농가소득의 증진이 급선무다. 농촌에서도 돈을 벌 수 있다는 기대감이 있어야 젊은 사람들이 농촌으로 돌아올 것이기 때문이다. 하지만 여전히 연간 1,200여 만 원에 불과한 농업소득으로 생계를 근근이 이어가는 영세농이 많은 것이 우리 농촌의 현실이다.

선진국의 경험을 보면, 경제발전 과정에서 농가소득 문제를 해결하기 위한 수단이 '가격지지 정책'에서 '농업구조 개선 정책'으로, 다시 '직불 정책'으로 진화해 왔다. 가격지지 정책은 필연적으로 과잉생산이라는 문제점을 낳았고, 가격 변동성의 확대는 농가소득을 불안하게 만들었다.

우리나라도 1990년대 중반 우루과이라운드가 타결되면서 가격지지 정책으로 농가소득을 지탱하는 것이 한계에 이르자, 규모화와 시설 현대화를 중심으로 하는 농업구조 개선 정책으로 전환되었다. 하지만 될 성 부른 떡잎만 살리고자 했던 구조개선 정책은 오히려 농촌의 양극화라는 부작용을 낳았다.

이러한 모순은 다시 농정 패러다임에 변화를 요구했다. 그래서 2004년 대표적 가격정책인 쌀 수매제도가 폐지되고 직불제가 도입되었다. 논 면적당 지급되는 고정 직불금과 함께 변동 직불제가 쌀 가격정책으로 도입되었던 것이다. 그러나 이 정책도 생산과 연계된 방식이었기에 과잉생산 문제에서 벗어나지 못했다. 시장 격리를 통한 가격정책이 반복되고 이것이 다시 과잉생산으로 이어졌다. 논의 타 작물로의 전환을 유도하는 생산 조정제까지 도입하게 된 배경이다.

## 소득 격차를 줄이는 공익형 직불제

도시와 농촌의 양극화, 농업소득의 양극화를 치유할 수 있는 방안 중 하나는 정부가 주도하는 '공익형 직불제'다. 공익형 직불제는 농업의 공익적 가치를 창출하는 대가와 직불금을 하나로 묶어 농민에게 어느 정도까지 균등하게 지불하는 방안이다. 이를 통해 농가의 소득 격차를 줄여 보겠다는 의도이다.

우리나라도 스위스의 농정 패러다임과 그에 상응하는 공익형 직불제 등의 정책을 도입하려고 추진 중이다. 기본 직불은 농지를 가진 농민에게 다 주고, 경관 보전·친환경 등 농가에 부가하는 의무에 따른 직불은 선택형으로 메뉴화한다는 구상이다. 이러한 제도가 실효를 거두려면 무엇보다 재원 확보가 중요한데, 스위스는 국민 대다수의 동의와 지지를 바탕으로 연간 약 30억 달러의 직불제 규모를 확보하고 있다.

공익형 직불제는 농촌문제 해결을 위해 추진되었던 구조조정과 규모화가 그 한계를 드러내고 농업의 다원적 가치가 대두되면서 논의가 더욱 활발해지고 있다. 한국 농업은 '수입농산물이나 다른 산업의 제품으로 대체되기 어려운 농산물을 생산'하고 그런 농산물이 농촌의 아름다운 환경, 생태, 경관과 어우러져 '다른 공간이 줄 수 없는 서비스와 즐거움을 공급'한다는 목적을 가지고 있다. 그래서 농산물 가격 리스크를 완화하는 가격변동 대응 직불제와 함께 농촌의 환경, 생태, 경관을 회복하고 보전하는 역할을 촉진하는 공익형 직불제의 도입을 모색하자는 것이다.

"도시와 농촌의 양극화, 농업소득의 양극화를
치유할 수 있는 방안 중 하나는 '공익형 직불제'다.
공익형 직불제는 농업의 공익적 가치를 창출하는 대가와
직불금을 하나로 묶어 농민에게 지불하는 방안이다."

특히 우리나라는 국민 1인당 농지 면적이 세계에서 가장 적은 나라임에도 농지 면적당 가장 많은 화학물질과 사료를 투입하고 있다. 공장식 축산 등이 비판받고 있지만 이는 생산량과 채산성 확보를 위한 농민들의 불가피한 선택이기도 하다. 그러므로 공익형 직불제를 도입하여 농민들의 환경훼손 방지 노력에 따른 손실을 보상하고, 국민들이 농업, 농촌의 다양한 다원적 기능을 구매토록 함으로써 한국 농업의 영속성을 기하고 생태를 보전해야 한다.

아울러 간접적인 소득 지원책도 필요하다. 주거나 교육 등 우리 사회에서 비용 부담이 높은 부문에 대해서는 지원을 통해 소득이 보전될 수 있도록 해야 한다. 농업에 종사하는 청장년층에게 임대주택을 제공하고 주거 관련 비용을 지원할 필요가 있다. 교육도 마찬가지다. 자녀를 교육함에 있어 도시에 비해 모자람이 없도록 보육시설을 확충하고 교육 프로그램을 강화해야 한다. 이외에 의료 · 교통 등 필수적으로 지출되는 분야의 비용 부담을 낮추는 방안도 적극 검토해야 할 것이다.

장기적으로는 산업의 수도권 집중 완화를 통해 지역별로 적합한 기업과 산업단지 등을 유치하고, 농촌 주민이 지역기업에 참여함으로써 추가소득이 발생할 수 있게 해야 한다. 그리고 농촌이 갖고 있는 환경 · 문화 · 관광 등을 활용한 6차 산업 개발을 통해 농외소득을 높일 방안도 마련되어야 한다.

마지막으로 지방자치단체들이 농민수당을 지급하거나 농민 월급제를 도입하는 것처럼 기본 소득제를 도입하는 것도 좋은 대안이 될 수 있을 것이다.

　농업정책을 시행함에 있어 사회와 환경 전체를 고려한 농업의 역할과 기능을 발굴하고 농민과 소비자가 연대하여 시민 운동체적 의제로 확장했던 여러 선진국의 사례들을 거울삼을 필요가 있다. 그들이 갔던 길을 우리라고 못 갈 이유는 없다. 이러한 정책적 지원이 이루어질 수 있도록 하기 위해서는 헌법에 농업의 공익적 가치를 담는 것이 매우 중요하다고 생각한다. 농민의 삶의 질 향상을 위한 바탕이 되기 때문이다.

하늘이시여
태풍 속에서 절규하는
농부에게 저를 인도하시고

갈라진 논바닥에서
절망하는 농부의 한숨 소리까지도
저에게 전해지게 하소서

가축 울음소리에
놀란 농부의 가냘픈 외침도
들을 수 있게 하소서


— 졸시, 〈농민을 위한 기도〉 중에서

# 5

둠벙을 파다

# 둠벙,
# 지혜가 담긴 그곳

요즘은 보기 드물지만, 1970년대까지만 해도 경지 정리가 미처 이루어지지 않은 들에는 둠벙이 있었다. 둠벙의 사전적 의미는 웅덩이이지만, 둠벙은 그냥 웅덩이가 아니다. 물을 대기 힘든 논밭에 물을 공급하는 소규모 저수지로 말하자면 농사에 요긴한 수리시설이었다. 주로 물이 솟아오르는 곳에 둠벙을 만들었는데, 논 귀퉁이에 다양한 모양으로 형성되어 있었다. 어떤 논은 한가운데에 둠벙이 있기도 했다.

둠벙의 가장자리는 풀로 덮여 도톰했고, 무너지지 않도록 안쪽으로 돌을 쌓았다. 어쩌다 비라도 흡족히 내려 둠벙에 물이 가득 차면 농민들은 행여 물이 빠질세라 삽으로 둠벙 가를 다독이느라 구슬땀을 흘렸다.

둠벙 안을 들여다보면 피라미나 버들치가 꼬리를 반짝이며 헤엄쳐 다녔다. 봄이면 까만 콩을 불려 놓은 듯 올챙이들이 바글거리고, 모내기를 할 무렵이면 개구리 우는 소리가 여기저기 둠벙에 가득했다. 어린 시절엔 꼴을 베는 게 힘들고 지겨워지면 둠벙에 발목을 담그고 하릴없이 뭉게구름을 올려다보기도 했다.

논에 물을 대기 위해 둠벙의 물을 모두 퍼내는 날이면 어디서 왔는지도 모를 붕어, 미꾸라지가 지천이었다. 어머니는 이렇게 잡은 물고기에 무와 시래기를 넣고 찜이나 탕을 해주셨는데 그 맛은 아직도 잊을 수가 없다. 또 남는 물고기는 장에 내다 팔기도 해서 어려운 살림살이에 짭짤한 부수입거리가 되곤 했다.

지금도 참으로 신기한 것은 물길이 끊어진 둠벙에 어떻게 그렇게 많은 생명들이 찾아왔는가 하는 것이다. 어쩌다 아직도 시골에 남아 있는 다랑이논의 둠벙을 보면 생명에 대한 경외와 더불어 어린 시절 따뜻하고 풍성했던 추억들이 떠오른다.

나는 그 둠벙을 보며 우리 농협에도 이와 같은 둠벙들이 많이 있어야 한다고 생각했다. 논의 둠벙이 갈수기의 어려움을 이겨 내는 지혜라면, 농협의 미래를 위한 둠벙은 농협이 당면한 어려움을 이겨 나갈 지혜의 보고(寶庫)가 될 것이라고 여겼다. 둠벙을 파면 어디서 왔는지도 모를 물고기가 모였듯 다양한 아이디어들이 모이게 될 것이고, 그것은 분명 언제 있을지 모를 위기와 환경 변화에 대응할 대비책이 될 것이기 때문이다.

## 둠벙 효과를 확신하다

미래를 고민하는 것은 늘 조심스럽다. 미래를 꿰뚫어 볼 직관이 없으면 고민은 고민으로 그칠 수밖에 없기 때문이다. 일시적인 변화를 전체의 변화로 오해하거나 큰 변화의 단서를 놓치는 실수를 범할 수도 있다. 특히 요즘은 과거 어느 때보다 기업경영과 사업환경에 수많은 변수가 존재한다. 과거 상수였던 것이 이제는 변수가 되는 일도 다반사다.

1999년 4월, 조합장으로 처음 선출되었을 때 국내 경제환경은 암흑기나 마찬가지였다. 한국의 경제주권이 IMF에 넘어가 있던 때라 IMF의 구제금융 조건에 따라 기업의 구조조정, 고금리 정책이 시행되었고, 그 여파로 기업체의 연쇄 도산, 대량실업 등 이른바 '단군 이래 최대 위기'에 내몰려 있던 때였다. 농민들의 어려움은 이루 말할 수 없었다. 기름 값이 올라 시설하우스 농가가 큰 어려움을 겪었고, 대출금리도 한때 연 18%, 연체 이자율 연 25%까지 올라 이자를 제대로 내지 못해 무너지는 한계농가가 한둘이 아니었다.

이렇듯 어려운 상황에도 40대의 초선 조합장의 취임을 축하해 주기 위해 찾아 준 농민 조합원들의 거친 흙손을 잡으며 절대 이분들을 실망시키지 말아야겠다고 생각했다. 농민들의 눈물을 닦아 주는 정도가 아니라 아예 눈물이 나지 않게 하겠다는 다짐을 했다.

농가소득 증대. 나는 그것을 목적으로 삼고 여러 곳에 둠벙을 파기 시작했다. 회의를 할 때마다 우리 조합원들의 농가소득 증대 방안들을 직원들과 함께 토론했다. 사실 농협에서 농가소득 증대는 이

"논의 둠벙이 갈수기의 어려움을 이겨 내는 지혜라면,
농협의 미래를 위한 둠벙은 농협이 당면한 어려움을
이겨 나갈 지혜의 보고가 될 것이라 여겼다."

전부터 항상 해온 말이었다. 그러나 늘 구호에 그치고 말았다. 그것을 향한 구체적인 노력은 어디에서도 찾아볼 수 없었다.

더군다나 당시는 IMF체제 하에서 '자기자본비율'이나 '경영비율' 등을 중시하던 때라 결산 잘하는 것이 최고의 과제였다. 그래서 처음에는 직원들도 농가소득 증대를 그저 구호 정도로 받아들이는 듯했다. 하지만 나는 구체적인 청사진을 제시하고, 끊임없이 반복해서 농가소득을 이야기하고 또 이야기했다. 그러자 직원들이 마음으로 느끼고 몸으로 움직이기 시작했다.

취임 첫해에 오랜 기간 손대지 않았던 농산물 순회수집과 농기계은행 대행업무를 재정비했다. 또 유통활성화 사업을 통해 농산물 가격 폭락 등으로 어려움을 겪는 농가를 지원하는 한편, 파미스 마켓과 영농프라자를 개장해서 농민의 생활 안정과 영농비용 절감에 많은 공을 들였다. 그러자 한쪽에서만 나오던 수익이 다른 쪽에서도 조금씩 나오면서 곳간이 조금씩 커져 갔다.

조합원들은 전에 없던 소득이 생기자 농협을 달리 보기 시작했다. 그리고 조금씩 농협과 고민을 상의하고 문제 해결을 부탁했다. 경험은 확신을 주게 마련이다. 이러한 소중한 경험들 덕분에 그렇게 다른 둠벙을 찾고 끊임없이 둠벙을 파는 노력을 기울이는 것이야말로 농민 조합원들을 위한 농협의 역할임을 확신하게 되었다.

누군가는 21세기가 사막을 여행하는 것과 닮아 있다고 한다. 사막에서는 밤마다 모래바람이 불어와 매일 지형이 바뀐다. 어제 공들여 만들어 놓은 지도가 하룻밤 사이에 무용지물이 되고 만다. 사막의 환경은 시시각각 달라지기 때문에 앞으로 무슨 일이 벌어질지 예측할 수 없다. 지형은 복잡하고, 변화의 패턴은 모호하기 짝이 없다. 따라서 끊임없이 어딘가 존재하고 있는 둠벙들을 찾고, 새로운 미래를 위한 둠벙을 파는 일을 게을리해서는 안 된다.

우리네 조상들은 물이 없어 농사를 못 짓는 땅이라고 포기하는 법이 없었다. 둠벙이라도 파서 논을 일구었다. 희망이 없다고 여기는 순간 희망은 사라지고 만다. 그래서 우리는 농업 발전을 위한 둠벙을 끊임없이 파야 한다. 농협이 실시하고 있는 모든 사업에 둠벙을 파놓으면 그 속에 무엇이 담길지 아무도 모른다. 둠벙 속을 헤엄치는 어디서 왔는지 모를 물고기들처럼, 어디서 비롯되는지 모를 성과와 희망들로 가득 찰 수 있다. 둠벙은 플랫폼이기도 하지만, 미래의 먹거리를 준비하는 길이기도 하다.

# 왜 농가소득
# 5천만 원입니까?

둠벙은 혼자서 팔 수 있는 것이 아니
다. 임직원들이 함께 나서 주어야 한다. 농협 임직원들도 처음엔 농
가소득 5천만 원을 벽에 걸려 있는 구호 정도로 여겼을 것이다. 회
장의 일관된 요구에 직원들이 난감해하던 장면도 떠오른다. 농가소
득을 올리기 위한 아이디어들을 검토하게 되면서 업무량은 대폭 늘
어났고, 해봤는데 되지 않았던 과거의 경험이 직원들의 인식을 더욱
경직되게 만들었다. 둠벙 속으로 들어오라는 붕어는 안 들어오고,
나중에 둠벙 덮을 흙만 필요한 것 아닌가 하는 푸념도 들려왔다.

나는 '농가소득 5천만 원'이야말로 지금까지 농협이 받아 왔던
비난과 질책을 해소하고 농민과 국민의 신뢰를 회복할 수 있는 핵
심이라고 생각한다. 현장에서 나오는 농민들의 수많은 요구도 궁극

적으로 그 해결점을 찾아가 보면 농가소득을 올려 달라는 것이었다. 어느 언론사와 인터뷰를 하던 중 한 기자가 내게 물었다.

"농가소득 5천만 원은 한국 농업이 가진 산업적 가능성을 다시금 일깨워 준 대담한 목표입니다. 아주 인상적입니다. 그런데 왜 5천만 원입니까?"

그 수치의 의미를 정말 궁금해하는 눈빛이었다.

"농가 평균소득은 도시근로자의 64% 수준에 불과합니다. 국내 4인 가족 기준 중산층 평균소득이 5,364만 원이니, 농가소득이 최소한 도시근로자 소득의 85% 수준은 되어야 합니다. 그래야 우리 농민들도 행복을 누리기 위한 최소한의 조건이 충족된다고 생각해 농가소득 5천만 원 시대라는 슬로건을 내걸게 되었습니다."

농가소득을 높이고자 하는 노력은 내가 조합장에 선출되었던 20년 전이나 지금이나 변하지 않는 가치이다. 그것은 아마 앞으로도 변함없을 것이다. 농협법 1조에서 말하는 농민의 삶의 질 향상과 농가소득은 직결되어 있으므로, 감히 농가소득 증대가 농협의 최종 목적이라고 말할 수 있다. 농협의 과거, 현재, 미래는 농민으로 연결되어 있기 때문이다.

### 여섯 개의 둠벙을 파다

시골에서 6천 평의 논농사를 짓고 있는 한 농민의 푸념이 여기 있다. 그는 2016년 수확을 하고 탈곡했는데 미곡종합처리장에서 우선지급금으로 600만 원을 받았고 이후 사후정산으로 400만 원 정도를 더 받았다. 1년 내내 6천 평을 농사지어 올린 매출이 고작 천만 원인 것이다. 거기서 생산비를 제하고 나면 어떤 때는 적자가 나는 경우도 있으니 기가 찰 노릇이라는 것이다.

한번은 참외 농사를 짓는 농민들과 이야기를 나누었는데, 체리나 망고가 수입되어 들어오면서 참외 가격이 예전에 비해 현저히 떨어졌다고 했다. 이는 다른 과일도 마찬가지다. 우리 국민들의 국산 농산물에 대한 충성도는 이미 30%대 초반까지 떨어졌다. 수입 과일을 국산과일로 착각할 정도로 거부감 없이 소비하고 있다. 농민들을 살리기 위해 수입과일 소비를 자제해 달라고 호소해도 크게 달라지지 않았다. 창고에 가득 쌓인 사과와 배를 바라보는 농민들의 마음만 새까맣게 타 들어길 뿐이다.

매일매일 농가소득의 변화를 느끼고, 우리 임직원들에게 회장의 관심이 바로 그곳에 있다는 것임을 알려야겠다는 생각에 회장 집무실과 조합장 사무실 한쪽 벽면에 〈전국 농가소득 디지털 상황판〉을 설치해서 농가소득을 분석하고 지원현황을 매일 점검토록 했다. 또한 그 자료를 스마트폰으로 볼 수 있게 하고, 이를 전국의 조합장, 임직원 전체와 공유했다. 농가소득이 어디쯤 가고 있고, 그것을 위해 지금 무엇을 해야 하는지를 끊임없이 인식시키기 위한 수단이었다.

그리고 모든 사업부서가 농가소득 5천만 원을 위한 구체적 실행 계획들을 세워 나갔다. 사업부문별로 '100대 추진과제'를 선정하고 1)농업생산성 향상 2)농산물 제값 받기 3)농업경영비 절감 4)농식품 부가가치 확대 5)농외소득원 발굴·지원 6)농가소득 간접지원,

이렇게 총 6개 핵심 역량으로 분류해서 이 부문에 집중적으로 둠벙을 파기로 했다.

예부터 한 해 농사는 물을 가두는 것으로 시작했다. 이 둠벙 안에 각종 아이디어와 체계들을 갖추고 착실하게 관리해 나간다면 농가소득 5천만 원이 분명 달성해 내지 못할 목표는 아닐 거라고 확신했다. 매일 아침 출근할 때마다 출발선에 선 마라톤 선수가 된 것처럼 가슴이 두근거렸다. 그리고 두근거리는 가슴으로 외쳤다.

'농가소득 5천만 원, 그것은 300만 농민이 나에게 준 명령이다. 이 명령을 이룰 수만 있다면 그 무엇과도 바꿀 수 있다. 그래, 한번 해보자!'

# 농가소득 4천만 원
# 돌파의 주역들


2019년 5월 3일은 내 생에 가장 잊을 수 없는 날이 될 것이다. 전국농업경영인 조합장협의회에서 새롭게 선출된 신임 협의회장을 축하하는 인사말을 하고 나오는 중이었는데, 2018년 농가소득이 최초로 4천만 원대를 넘어 4,207만 원을 기록했다는 소식을 들었다. 잠시 꿈인지 생시인지 멍한 느낌이었다.

관련 부서로부터 보고받은 자료에는 2018년 농가소득이 2017년의 3,824만 원보다 10%나 증가한 4,207만 원으로 기록되어 있었다. 2005년 3천 만 원을 돌파한 이후 13년 만에 4천만 원대에 진입한 것이었다. 어느 정도 예상은 했었지만 기대를 훨씬 뛰어넘는 수치에 벅차오르는 가슴을 주체할 길이 없었다.

무엇보다 농업소득이 농가소득 증가를 견인했다는 점이 뜻깊었다. 20년간 1천만 원 수준에서 정체되어 꼼짝하지 않던 것이 바로 농업소득이다. 농업소득은 2017년 대비 28.6%나 상승하며 1,292만 원을 기록했다. 농협 10만 임직원 모두의 노력 덕분이었다. 짧은 순간 지난 3년간의 노력이 주마등처럼 눈앞을 스쳐 갔다. 나도 모르게 "감사합니다"를 외치고 있었다.

### '같이'의 가치로 하나 되다

그동안 함께 달려온 직원들의 노력이 가장 먼저 떠올랐다. 그동안 모든 역량을 끌어모아 농산물 제값 받기에 주력해 온 임직원들이었다. 2018년 쌀 매입자금 2조 원을 투입해 농가 희망물량인 169만 톤을 전량 매입했는데, 이는 농가소득에 약 9조 2천억 원 정도 기여했다는 평가를 받고 있다. 전국에 퍼져 있는 농협의 네트워크를 활용해 농산물의 안정적인 수급체계를 마련하였고, 특정 농산물 쏠림 현상도 막고자 함께 노력해 왔다. 산지 모니터링 체계를 확립하고 과잉 생산된 농산물을 매입하는 등 다양한 사업들을 가열차게 추진해 왔다.

또한 농협이 농자재 가격을 낮추고 농기계를 무상 지원하는 등 농업경영비 절감에 앞장선 것도 영향을 미쳤을 것이다. 2016년부터 3년간 농가가 줄인 경영비는 약 1조 2천억 원에 달한다. 2019년에도 농민들이 가장 민감하게 생각하는 비료·농약·상토·농기계 등 10가지 품목은 가격을 20% 이상 낮추도록 했다. 사료비도 마찬가지다. 국제곡물 가격이 20% 이상 오른 상황에서도 유통망을 최대

"농가소득이 최초로 4천만 원대를 돌파했다는 소식에

그동안 함께 달려온 직원들의 노력이 가장 먼저 떠올랐다.

나도 모르게 "감사합니다"를 외치고 있었다."

한 효율적으로 활용하여 오히려 가격을 낮췄다.

2016년부터 2018년까지 농협비료 가격은 40% 정도 내렸고, 농약은 15%, 비닐은 10%, 농기계는 5%, 그리고 종자는 8% 가격이 떨어졌다. 전국 1002개 농·축협에 무상 지원한 농기계로 농가들이 본 혜택은 금액으로 환산하면 약 533억 원에 달한다.

자연재해로 인한 농작물 피해를 보존하는 농작물 재해보험 확대도 주효했다. 과거에는 보험품목이 제한되었을 뿐 아니라, 보험금 지급에 있어서도 보수적 관행이 존재했던 것이 사실이다. 하지만 자연재해로 인해 실의에 찬 농심을 이해하기 시작하면서 농작물 재해보험 사업이 완전히 달라졌다. 자연재해가 있는 곳에는 가장 먼저 농협보험이 찾아갔다. 그리고 손해를 감수하고서라도 처리하려는 강한 의지를 보였다. 농민을 위해 보험조건을 개선하고 보험항목도 계속해서 늘려 나가고 있다.

농외소득원 발굴 또한 농가소득 증대 요인 중 하나이다. 농외소득은 농가소득에서 차지하는 비중이 40%를 넘을 정도로 존재감이 커지고 있다. 이는 수입농산물의 급증과 농촌 고령화로 농업이 침체되면서 농사만으로는 살림살이를 꾸려 가기 어렵다는 것을 여실히 보여 준다. 그래서 태양광 발전시설 보급, 농촌 체험관광 활성화, 도농교류 확대, 금융자산 증식기회 제공 등을 중점적으로 추진해 온 것이다.

어느 날 새농민회 회장이 들뜬 표정으로 나를 찾아왔다. "요즘 농협중앙회장께서 '농가소득의 전도사'라고 하더군요"라며 그는 농가소득을 화제로 꺼냈다. 얼마 전 농림축산식품부가 주관한 회의에 참석했는데, 그동안 농협이 농가소득을 올리겠다고 했었지만 이렇게 구체적인 목표를 정한 적은 단 한 번도 없었다는 말을 여러 참석자에게 들었다는 것이다. 그리고 다른 농업 관련 토론회에서도 농가소득 5천만 원이라는 말이 자주 들린다고 했다. 이 또한 농협의 영향을 받은 것이 아니겠느냐며, 감사하게도 새농민회도 농협이 하는 일에 작은 힘이나마 보태겠다고 말해 주었다.

이렇듯 농협이 농가소득 5천만 원을 위한 둠벙을 파자, 그 둠벙 속으로 정부를 비롯한 농업단체들이 들어오기 시작했다. 그리고 그들이 농가소득 5천만 원을 추진코자 하는 농협의 진정을 존중하게 되자 민관 협업도 훨씬 수월해졌다.

농가소득 향상을 위해서는 외부와의 긴밀한 협업이 필요했다. 특히 쌀값 회복을 위한 농협, 농림축산식품부, 농민단체들과의 협업은 농가소득 증대를 만들어 낸 일등공신이라 할 수 있다. 물론 과거에도 쌀값 지지를 위한 노력들이 이루어졌지만, 정부, 민간 등과 호흡이 잘 맞지 않아 정책 효과가 제한적이었던 경우가 많았다.

쌀은 10%만 과잉 공급되어도 가격이 30%가량 떨어지고, 물량이 10% 부족하면 가격이 30% 정도 오르는 특수성이 있는 만큼 모두가 협업해야 했고, 그 과정에도 긴밀한 전략이 필요했다.

2017년에는 우선지급금 대상 40$kg$들이 쌀 한 포대 가격이 수확기(10월~12월) 가격보다 높아져, 농가가 우선지급금에서 860원을 반환해야 하는 초유의 사태가 발생했다. 농식품부와 농협, 농민단체가 함께 지혜를 모아 이 문제를 말끔히 해결했다. 이렇게 쌓인 상호 신뢰는 쌀값 회복의 결정적인 계기를 만든 쌀수급 안정대책으로 이어졌다.

농식품부는 선제적으로 신곡 수요량을 넘어서는 쌀 37만 톤을 시장에서 격리했고, 농협은 농가들이 출하를 희망하는 물량을 모두 사들이는 것으로 정부정책을 뒷받침했다. 정부와의 긴밀한 협업을 통해 2017년 수확기 신곡 수요량 초과분보다 조금 더 많이 시장에서 격리하면 80kg 기준 쌀값이 19만 원을 넘을 수 있다는 근거를 바탕으로 결정한 사안이었다. 만약 쌀값 지지에 실패했다면 그 갈등으로 인한 사회적 비용이 분명 만만치 않았을 것이다.

## 협업은 계속된다

'한 아이를 키우는 데 마을 전체가 필요하다'라는 아프리카 속담이 있다. 이 말은 아이 한 명을 잘 키우려면 가정의 노력만으로는 어렵고 마을 공동체의 도움이 절실하다는 뜻이다. 농가소득도 마찬가지다. 농업소득과 농외소득을 창출하기 위한 직접적인 노력 외에 농가소득을 간접 지원하기 위한 노력들도 반드시 필요하다. 농협이 실시하고 있는 교육지원사업은 사업 특성상 계량화하기는 쉽지 않지만, 농가소득 향상에 있어 숨은 공로자임에는 틀림없다.

농협의 교육지원사업은 영농기술 등 조합원 교육을 비롯해 무료 법률구조사업, 의료지원사업, 창업지원과 영농자재 무상지원, 농촌 복지사업 등 하나하나 열거하기가 힘들 정도다. 전국의 농·축협에서도 교육지원사업비의 지출 확대를 통해서 농민의 실익 증진에 최선을 다했다. 농가소득이 최고치를 경신한 2018년의 경우, 농·축협 종합손익 1조 9,636억 원 중에서 55%에 해당하는 1조 805억 원을 교육지원사업비로 지출했다. 이는 전년도 예산 9,620억 원보다 1,185억 원이 더 확대된 금액이다.

농식품부가 선제적인 방역 활동을 펼치며 컨트롤타워 역할을 수행하고, 농협은 취약 농가를 중심으로 현장 방역을 담당했던 가축질병 방역도 정부와의 협업이 빛난 사례이다. 농협은 공동방제단 540개 반을 운영하여 상대적으로 방역이 취약한 소규모 농가 6만 6천여 가구를 대상으로 한 가구당 24회씩 연간 159만여 회에 걸쳐 소독작업을 펼쳤다.

뿐만 아니라, 농촌진흥청과는 협력사업 24건을 수행하며 농업기술을 농가에 신속하게 전파했다. 찾아가는 수출현장 종합컨설팅을 펼쳐 농가 애로사항을 해결했고, 지역특산품과 연계한 6차 산업 제품 홍보·판매 지원사업에도 많은 노력을 기울였다. 특히 벼 직파재배 기술의 보급을 늘려 농가의 생산비 절감에 나서기도 했다. 두 기관의 협업으로 벼 직파재배 면적은 2017년 5,812$ha$에서 2018년 8,444$ha$로 늘어났다. 또한 한국농촌경제연구원과 업무협약 체결을 계기로 농업관측 전파·활용, 농업·농촌 공동연구 등 다양한 협력 사업을 펼치기도 했다.

손뼉도 마주쳐야 소리가 난다고 농가소득의 획기적 성장 이면에는 이러한 적극적인 협동의 노력들이 있었다. 반목과 책임 전가보다 협동을 선택했기에 가능한 결과였다. 그리고 거기에 우리 임직원의 눈물겨운 헌신이 더해져 빚어낸 눈부신 성과다. 농가소득 5천만 원이라는 한 송이 꽃을 피우기 위해 함께 뛰어 준 동지들을 나는 평생 잊지 못할 것 같다.

# 둠벙에 담긴
# 농심

　　　**농협** 내부에서도 협업의 화학반응들이 곳곳에서 나타났다. 농가소득 5천만 원이라는 화두로 둠벙을 파자, 예상을 뛰어넘는 다양한 아이디어들이 각 계열사의 사일로의 벽을 뛰어넘어 쏟아져 나왔다. 농협이념교육과 컨퍼런스, 각종 정담과 현장 체험 등을 통하여 농가소득 향상의 필요성을 절감한 임직원들은 그 달성을 위해서는 조직 간의 소통과 협업이 무엇보다 중요하다는 사실을 깨달은 듯했다. 각 법인들이 각자도생에서 유기적인 협력으로 나가게 된 것이다. 임직원의 변화는 그뿐이 아니었다. 현장을 돌아다니다 보면 직원들이 일하는 모습에서 확실히 농민을 위하는 마음이 묻어나는 것을 쉽게 발견할 수 있었다. 목적의 공유가 낳은 큰 변화였다.

## 농민이 부르면 어디든 달려간다

농협캐피탈에서 차량리스를 담당하던 한 젊은 직원은 어느 날 경북 칠곡의 어느 양봉농가로부터 차량을 리스하고 싶다는 전화를 받았다. 양봉 특성상 꽃을 따라 이동하느라 거주지가 일정치 않은 터라 인근 야산을 한참 동안 뒤졌다고 한다. 무려 세 시간이 넘게 산길을 다닌 끝에 결국 농민을 만나 차량리스 계약을 무사히 마쳤고, 다시 4시간이 걸려 상경했다고 한다. 그 직원은 상경하는 길에 농민에게 수차례 감사 전화를 받았다고 했다. 그 골짜기까지 자신을 찾아온 직원의 정성에 감동했던 것이다.

예금을 추진하러 어느 대기업을 방문했던 농협은행 본부장이 대량의 쌀 판매 계약을 맺고 온 일도 있었다. 그 본부장을 만나 칭찬했더니 그는 "내가 '은행 직원이다', '증권 직원이다'라는 생각을 뛰어넘어, 생각의 중심에는 언제나 농민이 있어야 한다는 농협이념을 실천했을 뿐"이라며 겸손해했다.

농민이 필요로 하는 곳에는 농협 직원이 가장 먼저 달려갔다. 한 해에만 연 인원 수십만 명에 달하는 임직원이 태풍, 우박, 가뭄, AI 등의 재해현장과 영농현장에서 휴일도 반납한 채 구슬땀을 흘렸다. 늘 깨어 있는 농협인이 되고자 했던 노력 덕분이다.

농협 인재개발원에서 우리 직원들의 조직충성도를 조사한 적이 있다. 우리나라에서는 삼성의 조직충성도가 50% 정도로 가장 높다고 하고, 일본에서는 도요타의 조직충성도가 약 40% 정도라고 한다. 그런데 우리 농협은 법인에 따라 차이가 있지만 조직충성도가 무려 86%나 되는 것으로 조사되었다. 임직원 의식조사에서는 농협에 근무하는 것이 자랑스럽다는 직원이 90%나 되었다.

목표를 알고 정진하는 직원들의 조직충성도는 높을 수밖에 없다. 농협의 정체성과 존재이유를 깨닫고, 자신의 업무에 대한 자부심과 책임감으로 농가소득 5천만 원을 향해 자신의 몸을 던지는 직원들이 있기에 농협의 미래가 있는 것이다.

## 보이지 않는 손, 농협

2018년 농가소득을 분석한 결과, 농협이 6대 핵심 역량별 100대 과제를 추진하며 농가소득 증대에 기여한 금액이 2018년 한 해에만 1조 9,623억 원이있다. 한 농가당 188만 원에 해당되는 금액이다. 분야별 기여액을 보면 농가 수취가격 제고 9,764억 원, 농업경영비 절감 5,224억 원, 농외소득원 증대 3,283억 원, 농업생산성 향상 715억 원, 농가소득 간접지원 340억 원, 농식품 부가가치 제고 297억 원 등이었다.

이는 국회, 정부, 농업기관, 농민과의 협력은 물론 국민 모두의 성원이 있었기에 가능한 일이었다. 특히 농축산물 수입이 증가하고 농가 고령화가 빠르게 진행되고 있는 농업 현실에서 희망을 일궈낸 것이라 더욱 값진 성과다. 도농 간 소득 격차를 줄이는 데 한몫했다는 점에서도 큰 의미가 있다.

그런데 이러한 결과는 농민뿐만 아니라 일반 소비자에게도 이익이 돌아간다. 2018년 고려대학교에서 농협의 조합원 실익 및 국민

경제 기여도 평가를 조사한 바 있다. 이 조사에서 농협 판매사업의 시장 경쟁촉진(competitive yardstick) 효과는 2014~2016년 평균 16조 7천억 원에 달하는 것으로 추정되었다. 그중 소비자 효용 증가에 기여한 금액이 무려 10조 7천억 원이었다. 다시 말해 만약 이 기간 중에 농협의 판매사업이 시장에 존재하지 않았다면, 16조 7천억 원이라는 돈이 영리기업에 귀속되었을 것이라는 의미다.

독과점 시장에서 영리기업이 높은 시장지배력을 바탕으로 초과이윤을 추구하면 농민은 제값 받고 농산물을 팔 수 없고, 소비자는 그만큼 더 비싼 가격을 지불하고 농산물을 구입해야 한다. 하지만 농협이 영리기업의 시장지배력을 견제함으로써 기존에 누리던 영리기업의 초과이윤이 농민과 소비자에게 돌아가게 되는 것이다. 이렇듯 농협은 시장에서 보이지 않는 손의 역할을 톡톡히 해내고 있다. 이 자랑스러운 사실을 국민 여러분께 널리 알리고 싶다.

# 물은 낮은 데로
# 흐른다

'축록자불견산 확금자불견인(逐鹿者 不見山 攫金者不見人)'이라는 말이 있다. 사슴을 쫓는 자는 산을 보지 못하고, 돈을 노리는 자는 사람을 보지 못한다는 뜻이다. 무엇을 바라보는지, 무엇을 지향점으로 삼는지가 그 사람의 됨됨이를 결정한다. 보아야 할 것은 보지 못하고 보지 않아도 될 것을 보게 되면 방향감각을 잃게 된다. 이것은 기업이나 조직에 있어서도 마찬가지이다.

우리 농협은 항상 돈보다는 사람을, 강자보다는 약자를 보면서 달려야 하는 조직이다. 높은 곳보다는 낮은 곳을 먼저 살펴야 하는 조직이기 때문에 사회적 감수성이 높은 조직이 아닐까 생각한다. 그래서 농협의 물길은 항상 낮은 데로 흘러왔다. 농협이 농가의 농업 경영비를 절감하고자 농약과 사료 가격을 인하한 것은 영세농에게는 도움 이상의 큰 의미를 지니고 있다. 그분들은 호미 같은 작은 연장 하나도 날이 무뎌지고 손잡이가 헐거워질 때까지 애지중지 사용하는 분들이다. 재해를 당해 어려움을 겪고 있는 농가는 더 말할 나위 없다. 이들에게는 농가소득 향상을 넘어 생계가 달려 있다. 때로는 그런 분들을 위해 응급조치의 형태로 긴급히 대처해야 하는 경우도 많았다.

2016년 10월, 제주도와 남부지방을 휩쓸고 간 태풍 차바로 많은 농민이 피해를 입었다. 태풍이 지나간 다음 날 서둘러 제주 지역의 피해 현장으로 달려갔다. 태풍의 위력이 얼마나 강력했던지 제주도 월동무의 40%가 재파종을 해야 할 정도로 큰 피해를 입었다.

당시 종자를 공급했던 농우바이오에서는 무상으로 재파종 종자 6억 원어치를 무상 지원할 것을 약속했고, 농협케미컬에서도 2억 원 상당의 농약을 무상으로 공급하겠다고 나섰다. 농협손해보험에서도 제주도 전역을 돌아보며 신속하게 재해보험금을 지급 처리하였다. 이렇듯 농협 계열사들이 한마음으로 피해복구 지원을 위한 노력을 기울여 제주 지역 농민들은 절망을 이겨 내고 재기의 희망을 심을 수 있었다.


### 영세농을 위한 둠벙, 로컬푸드

자투리땅이라도 있으면 농작물부터 심겠다 마음먹는 사람들이 농부이다. 하지만 애써 키운 농작물을 팔 곳이 없을 때는 막막하기 그지없다. 우리 농촌을 살펴보면 농가의 70%가 경지면적 $1ha$ 미만

"로컬푸드는 영세농, 청년농, 고령농들의 낙오를 방지하는

정책이다. 다품목 소량 생산을 하는 농가들은

로컬푸드 직매장을 통해 판로 문제를 해결한다."

이고, 연간 농축산물 판매액이 500만 원 미만인 농가가 절반(53.7%)을 넘는다. 농가 평균소득이 사상 처음으로 4천만 원을 넘어섰지만 영세농들에겐 남의 집 잔치였던 셈이다.

여럿이서 산행을 할 때는 후미에 경험 있는 사람이 선다. 뒤처지는 사람을 도와주고 격려하며 같이 산을 오르기 위해서다. 이와 같이 우리 농업도 소득 최하위 농가를 도와 함께 상생하는 다양한 정책이 필요하다고 생각했다. 영세소농의 판로 확보를 통한 농가 간 소득양극화 해소가 절실한 상황이었기에 영세농이나 중소농에게 둠벙이 될 수 있는 로컬푸드를 확대하기로 방향을 설정했다.

농가 탐방 중에 만난 원주의 한 농민은 하우스 농사를 지어서 팔 곳이 마땅히 없었는데 요즘에는 농협 로컬푸드 직매장 덕분에 행복하게 농사짓고 있다며 감사해했다. 또 농촌 지역의 작은 로컬푸드 직매장에서 만난 할머니는 하루 2만 원 정도 누룽지를 팔고, 지난달에는 통장에 70만 원이 넘게 들어왔다며 해맑게 웃으셨다. "농협이 이런 걸 안 했으면 내가 어떻게 먹고 살았을지 모르겠다"는 할머니의 말씀을 통해 영세농들에게 로컬푸드 직매장이 안정적인 판로를 제공해 주는 소중한 존재로 자리매김하고 있음을 확인할 수 있었다.

로컬푸드는 영세농, 청년농, 고령농들의 낙오를 방지하는 정책이다. 다품목 소량생산을 하는 소규모 농가들은 로컬푸드 직매장을 통해 농산물 판로 문제를 해결한다. 이를 위해 농협은 400억 원을 투입해 2019년 로컬푸드 직매장 200개를 추가로 신설하기로 했다. 나아가 2022년에는 1,100여 곳으로 늘려 1개 농협, 1개 로컬푸드 직매장 체제를 갖출 계획을 갖고 있다.

2018년 로컬푸드 직매장에 출하한 농가들의 평균 매출액이 830만 원에 달했다. 3만 7천 개 농가가 약 3천억 원의 소득 증대를 이룬 것이다. 로컬푸드 직매장을 통해 매일 갓 수확한 신선한 농산물을 만날 수 있으니 소비자의 행복 또한 증가하고 있다. 로컬푸드는 생산자뿐 아니라, 소비자까지 만족시키는 둠벙인 것이다.

# 두 마리
# 토끼를 잡아라

2018년 10월의 마지막 주, 아침 일
찍 출발해 남도로 향하는 길을 재촉했다. 서울 도심의 거리는 은행
잎들이 떨어져 노랗게 물들어 있었다. 서울을 빠져나오니 멀리 산
봉우리들이 울긋불긋한 단풍으로 물들어 마치 산이 불타는 것 같았
다. 나는 사계절 중 단연 가을을 좋아한다. 선선한 바람, 높고 푸른
하늘, 아름다운 단풍도 좋지만, 무엇보다 여름 내내 뜨거운 햇볕 아
래에서 땀 흘린 농민들이 풍성한 결실을 맞이하는 계절이기 때문이
다. 그들의 환한 미소를 떠올리는 사이 차량은 고속도로를 빠져나
와 농익은 가을이 휘감은 시골길로 들어서고 있었다.

목적지는 전남 무안의 벼 직파재배 수확 현장이었다. 그해는 전
국적인 가뭄이 농민들을 괴롭혔다. 물이 부족한 탓에 많은 농가들

이 6월 말까지 모내기를 하지 못했다. 무안 구일간척지 일대 농협 임직원과 농민들이 머리를 맞대고 해결책을 모색하다 찾은 것이 바로 직파재배법의 하나인 '건답직파'였다. 건답직파는 마른논에 볍씨를 직접 파종해 물이 없어도 재배가 가능한 농법이다. 여름 내내 따가운 햇볕 아래 고군분투한 결과 드디어 수확을 앞두게 되었다는 반가운 소식에 무안을 찾게 된 것이다.

## 생산비와 노동시간을 절약하는 직파재배법

수확 현장에 도착해 낟알을 살피며 농민들과 수확의 기쁨을 나눴다. 농협 임직원, 영농회장과 함께 직파재배의 방향에 대해 얘기를 나누고 있는데, 누군가 뒤에서 나의 손을 잡아끌었다. 뒤돌아보니 머리가 희끗희끗한 어르신이었다. 어르신은 나를 끌고 가더니 콤바인에 오를 것을 권했다.

"이번에 추수한다고 콤바인이 진흙과 흙먼지로 지저분했는데, 오늘 아침에 회장님 오신다 해서 부랴부랴 세차까지 했어요. 회장님을 꼭 한번 태우고 싶었습니다."

콤바인에 올라서자 넉넉한 가을 햇살이 황금 들녘의 벼처럼 반짝반짝 빛났다. 봄부터 비가 많이 내리지 않아 모내기도 못 하고 포기하고 있었는데 농협에서 적극적으로 직파재배를 권해서 가을에 이렇게 수확까지 하게 되었다며 농민들은 거듭 고마움을 표했다.

벼 직파재배는 못자리를 설치하지 않고 싹 틔운 볍씨를 직접 논에 뿌린다. 그래서 생산비 절감과 시간 절약이라는 두 마리 토끼를 한꺼번에 잡을 수 있는 농법으로 주목받고 있다. 지난 몇 년간 시범 재배해 본 결과 수확량과 품질에서 차이는 없었지만, 노동시간과 생산비용이 크게 절감되는 것으로 나타났다. 이에 농협에서도 벼 직파재배를 전국적으로 확산시키고자 적극 노력하고 있다. 무이자 자금 지원도 확대하고, 종자를 발아시켜 농가에 보급하는 경우엔 비용을 보조하고 필요한 기자재도 지원하고 있다.

최근 들어 고령화와 노동력 부족 문제를 해소하기 위해 직파재배의 필요성을 말하는 사람들이 점점 더 늘어나고 있다. 2014년부터 시작된 직파재배는 참여 농협 및 면적을 지속적으로 확대한 결과 2018년 말 기준 전국 131개 농협에서 8,902ha를 추진해 약 67억 원(ha당 753천 원)의 농가소득 증대에 기여한 것으로 추정되고 있다. 농가소득 증대를 이루는 새로운 둠병이 되고 있는 것이다.

한편 직파재배 참여농가 확대를 위해 농촌진흥청 관계자와 현장에서 대화의 시간을 가졌다. 농촌진흥청 직원들은 벼 직파재배의 확대를 위해서는 전용 제초제와 비료의 개발 문제가 아직 남아 있다는 애로사항을 말했다. 그러나 직파재배 면적이 크게 확대되지 않는 것은 이러한 물리적 어려움보다는 새로운 농법에 대한 농민들의 불신이 더 큰 원인이라고 했다.

"분명히 직파재배를 도입하기로 하고 현장 컨설팅과 교육까지 받은 농가인데, 어느 날 가보면 논을 갈아엎고 이미 이앙을 해놨더라고요."

연세가 많은 조합원들은 기존의 관행을 버리는 걸 싫어할 뿐 아니라, 설득도 무척 힘들다. 왜냐하면 그런 분들이 새로운 농법을 받아들이기 위해서는 새로운 농법에 대한 인정과 수십 년 동안 축척한 자신만의 노하우를 버리는 일이 동시에 이루어져야 하기 때문이다. 평생을 농촌에서 지낸 나도 쉽지 않은 선택일 것이다. 그런 농민들을 설득하기 위해 불철주야 뛰어다녔을 직원의 노고에 말없이 손을 꼬옥 잡아 주는 것으로 감사를 대신했다.

돌아오는 길, 가을단풍은 아침보다 더 붉게 타오르고 있었다. 도종환 시인의 〈단풍 드는 날〉이라는 시가 맴돌았다. 버려야 할 것이 무엇인지를 아는 순간부터 나무는 가장 아름답게 불탄다는. '나도, 농민도, 농협도 버려야 할 것이 여전히 남아 있어서 가장 아름다운 순간을 아직 맞이하지 못하고 있나 보다' 하는 생각이 들었다.

# 하려면
# 두려워하지 말라

　　　　　　글로벌 거대기업들의 몰락, 끝을 알 수 없는 산업 재편, 새로운 기술로 인한 파괴적 혁신이 일상적인 흐름이 되고 있다. 롤러코스터에 올라탄 것처럼 끝없이 이어지는 변혁의 연속이다. 어느 것이 일시적인 것이고, 어느 것이 큰 변화를 만드는 신호인지 분간조차 되지 않는다. 경영자는 단기간에 그칠 현상을 미래 트렌드로 잘못 해석하거나, 큰 변화를 야기할 작은 신호들을 무시하고 있지는 않은지 끊임없이 살펴야 한다.

　　몽골 속담에 '두려우면 하지 말고, 하려면 두려워 말라'라는 말이 있다. 농협은 미래의 먹거리를 위한 둠벙을 끊임없이 파고, 미래를 위한 투자를 두려움 없이 추진해 나가야 한다. 과거 한국 농협의 역사를 보면 5년 후, 10년 후의 미래를 준비하고 이끌어 나갈 거시적

안목을 가진 적이 있었는지 돌아보게 된다.

우선 미래를 대비하고 준비할 부서가 없었다. 그래서 농협미래경영연구소를 확대 개편하였고, 우리의 미래 먹거리와 농가소득 5천만 원 시대를 열어 갈 수 있는 수단 등을 체계적으로 연구하도록 했다. 이러한 대책들은 불확실한 미래에 대응할 수 있는 수단이 될 것이므로 단기적 성과에 얽매이기보다는 끊임없는 열정과 도전으로 속도와 깊이를 더해 가는 것이 중요하다고 할 수 있다.

최근 세계 농식품시장 규모는 6조 3천억 달러로 IT와 자동차 시장을 합한 것보다 크다. 이 점에서 향후 식품산업의 가능성은 무궁무진하다고 평가된다. 그래서 우리도 2017년 7월 '농협식품(주)'을 설립했다. 식품회사가 탄생하는 데 10년이 걸렸다. 세계 식품산업이 비약적으로 발전하고 있는데 농협에 식품회사 하나 없다는 안타까움이 컸는데, 이제라도 발족하게 되어 정말 다행이라고 생각한다. 농업의 부가가치를 높이고, 농가소득을 늘리기 위해서는 식품산업의 집중적인 육성이 필요하기 때문이다.

혁신은 멀리 있지 않다. 지금 하고 있는 업무와 신기술을 융합하는 것이며, 시장 트렌드를 빠르게 반영하는 것에서 시작한다. 우리 농협은 경제사업과 금융사업뿐만 아니라 농촌 지도사업, IT, 홍보 등 다양한 사업영역의 융·복합과 혁신이 가능한 조직이며 이를 통해 변화가 일상인 시대에서도 새로운 시장과 서비스를 선도해 나갈 수 있을 것이다. 그러기 위해서는 무엇보다 중앙회를 중심으로 경제지주와 금융지주 간의 긴밀한 협력을 바탕으로 핵심 역량을 서로

"몽골 속담에 '두려우면 하지 말고, 하려면 두려워 말라'
라는 말이 있다. 농협은 미래의 먹거리를 위한 둠벙을
끊임없이 파고, 미래를 위한 투자를 두려움 없이
추진해 나가야 한다."

공유함으로써 우리 농협의 미래 먹거리를 끊임없이 적극적으로 찾아가는 활동을 지속적으로 해 나가는 것이 중요하다.

## 시야를 넓히면 새로운 기회가 찾아온다

지난 2018년 대통령 경제사절단 일원으로 인도와 베트남에 출장을 다녀올 기회가 있었다. 동남아시아 국가 중에서도 두 나라는 특히 성장 잠재력이 크다. 그중 인도는 인구 13억 명에 국민 평균 연령이 30세가 채 되지 않는다. 인력 면에서 양과 질이 풍부한 나라임에 틀림없다. 게다가 우리나라 면적의 약 33배에 해당하는 넓은 땅에서 쌀, 밀, 면화 등 전 세계 농식품의 상당량이 생산되고 있다. 쌀 수출은 이미 태국을 넘어 세계 1위이다.

넓은 논과 한적한 마을 등 농촌의 풍경은 우리와 별 차이가 없었다. 하지만 소가 쟁기질하는 모습을 보니 30여 년 전 우리 시골의 모습을 연상케 했다. 인도는 전체 인구 중 70%가 농촌에 살고 있고, 노동 인구의 40%가 농업에 종사하는 농업국가다. 하지만 농업생산성은 다른 아시아 국가들에 비해 크게 낮은 편이라고 한다. 쟁기질하는 소를 우리의 농기계로 대체하고 필요한 자금을 지원할 금융기관이 이 나라에 진출한다면 분명 새로운 기회가 될 것이라는 생각이 들었다.

생각에 머물지 않고 실마리를 찾다 보니 곧 길이 생겨났다. 인도의 모리 총리와 재무부 장관 등 정관계 인사들과 회담을 하면서 대한민국의 농산물로 만든 쌀국수, 쌀과자 등 쌀 가공식품을 인도에 수출하기로 하고, 농협은행 지점 개설에 대해서도 긍정적으로 검토하겠다는 답변을 얻어 낸 것이다. 특히 두 번째로 인도를 방문했을 때는 국산 농기계를 수출할 수 있는 길이 열렸다. 인도비료협동조합(IFFCO)과 3자간 농기계 협력사업 추진을 위한 업무협약을 체결한 것이다. 국내 제조기업이 농기계를 인도로 수출하면 인도비료협동조합이 현지에서 판매를 담당하고, 농협캐피탈이 자금을 빌려 주는 사업 모델이다.

인도뿐 아니라, 베트남에서도 가능성과 희망을 보았다. 베트남은 1억 명의 인구를 바탕으로 연평균 7%의 고속 성장을 하고 있는 나라다. 박항서 감독이 지휘하는 축구대표팀으로 인해 한류 바람이 거세게 불고 있었다. 베트남 부총리와 농업농촌개발부 차관과 회담을 하며 농협이 베트남에 진출할 방법을 타진했다. 베트남 역시 쌀 생산량이 우리나라의 8배에 달하지만 생산기술 수준은 그리 높지 않았다. 따라서 농기계에 대한 수요가 존재했다. 베트남협동조합연맹(VCA)에 벼 직파기 지원을 협약해, 국산 농기계를 베트남에 수출할 수 있는 길을 마련했다.

수차례의 해외출장을 통해 느낀 것은 지금이 인도를 비롯한 베트남, 인도네시아 등 동남아시아 시장 진출에 있어 최적기라는 사실이었다. 이미 포화 상태인 국내 시장을 넘어 해외 시장으로 진출해야 농협에도 새로운 미래가 열릴 수 있을 것이라는 확신이 들었다. 우리의 눈과 뇌는 늘 하던 방식대로 움직이려고 한다. 그게 에너지 소비를 최소화하기 때문이다. 하지만 반복적인 과정 속에서는 창의적이고 혁신적인 아이디어가 나올 수 없다. 새로운 기회는 기존의 시야와 사고가 닿지 않은 곳에 있을 확률이 높다.

좋은 기회는 만나지 못하는 게 아니라 잡지 못하는 것이다. 그래서 시야와 사고의 폭을 넓혀야 한다. 국내, 해외로 한계를 구분 짓지 말아야 한다. 분명한 것은 우리 농산물이 충분히 경쟁력이 있고, 그것을 받아들이고 싶어 하는 나라는 이 지구상에 너무도 많다는 사실이다. 둠벙을 국내에 한정하지 않고 해외로 눈을 돌려야 하는 이유다.

6

남의 등을
타라

# 국수나무의
# 역설

　가끔 산에 오른다. 땀 흘리며 정상에 올라 가쁜 숨을 보상이라도 하는 듯 탁 트인 전망에 눈을 씻고 나면 정신이 맑아져 온다. 그 느낌이 더없이 좋다. 좁은 길을 따라 오르면 얽힌 생각이 정리되고, 내려올 때는 그 생각을 행동에 옮길 의욕도 생겨난다. 자주 기회를 만들고 싶지만 짬을 내기가 만만치 않은 것이 아쉽다. 그래서 산에 가는 날이면 서두르기보다는 음미하듯 천천히 걸으며 나무 하나, 돌 하나가 주는 자연의 선물을 만끽한다.

　언젠가 산을 오르다 굴참나무 아래에서 번져 나가는 국수나무를 본 기억이 있다. 작은 키에 가지도 가는 나무지만 기세가 짱짱했다. 이 작은놈이 저렇게 키도 크고 잎도 무성한 굴참나무 아래에서 잘 자라고 있다니 대견하다는 생각도 들었다. 문득 주위의 키 큰 나무와 햇빛 경쟁을 하기에 불리한 조건을 갖고 있는 국수나무가 어떻게 살아남을 수 있는지 궁금해졌다.

국수나무의 생존전략은 바로 움직임이었다. 보통 식물은 움직일 수 없다고 알고 있지만, 국수나무는 어느 정도 키가 자라면 가지를 땅으로 내리뻗어 그곳에 새로운 뿌리를 심고 또 다른 줄기를 올린다. 마치 계단에서 스프링 끝을 잡아 내리면 탄성에 의해 계속 움직이는 것처럼 말이다. 햇빛을 따라 자리를 이동하면서 성장에 필요한 에너지를 얻고 자신의 영역을 점점 확장해 나가는 전략인 것이다.

## 농협의 핵심 역량은 무엇인가

기업의 경영은 나무의 성장과 유사한 점이 많다. 울창한 숲에서 자라는 나무는 열린 하늘 공간을 먼저 확보하기 위해 저마다 경쟁한다. 그래야만 주변 나무들보다 조금이라도 햇빛을 더 많이 차지할 수 있기 때문이다. 기업도 소비자를 만족시키는 신제품으로 시장을 선점하려 한다. 소비자에게 깊이 인식되면 자연스레 시장을 점유하게 되고 수익 측면에서도 상당한 힘을 발휘하기 때문이다.

나무는 좋은 자양분을 안정적으로 공급하는 튼튼한 뿌리를 가져야 지속적으로 꽃을 피우고 열매를 맺을 수 있다. 기업의 제품과 서비스가 나무의 열매에 해당한다면, 뿌리는 핵심 역량이라고 할 수 있을 것이다. 뿌리 깊은 나무가 바람에 흔들리지 않는 것처럼 조직의 경쟁력을 지속적으로 유지할 수 있는 차별화된 능력이 바로 핵심 역량이다.

핵심 역량은 다른 기업에 경쟁우위를 갖는 그 기업만의 고유한 능력이다. 다양한 시장을 대상으로 확장이 가능하고, 고객의 편익을 증대시켜야 하며, 경쟁사가 쉽게 모방할 수 없어야 한다. 서울대학교 조동성 교수는 《전략경영》을 통해 "고객에게 차별적 가치를 제공토록 하는 핵심 역량의 육성에 모든 경영자원을 집중해야 한다. 그리고 전략적 중요성이나 차별적 우위를 지니지 못하는 다른 활동들은 외부에서 조달하라"고 강조했다.

급변하는 경제환경에서 한 기업이 제품 개발에서 판매, 홍보에 이르기까지 프로세스의 전 단계를 수행하는 것은 효율성이 떨어질 수 밖에 없다. 아니, 불필요할 뿐 아니라 불가능에 가깝다. 가장 부가가치가 높은 영역에 집중 투자하여 핵심 역량을 극대화하는 것이 경쟁우위를 지속적으로 확보하고 투자 효율성도 높이는 길이다. 가장 잘하고, 잘해야 하는 분야에 집중하는 것이다. 그 외 분야는 아웃소싱이나 외부와의 협업을 통해 기업의 사업유연성을 높이면 규모의 경제도 실현할 수 있다.

돌이켜보면 농협은 지난 60여 년의 역사 속에서 일반기업들이 쉽게 모방할 수 없는 차별화된 핵심 역량을 갖추어 왔다. 협동조합 이념인 상부상조의 협동정신을 근간으로 서로 상생하는 고유한 조직문화를 가지고 있으며, 원가경영과 공동행동이라는 차별화된 경영전략으로 시장에 대응해 왔다. 그리고 지역을 기반으로 네트워크 조직을 형성하여 농촌과 지역사회 발전에 기여해 왔다.

그런데 이러한 농협 특유의 핵심 역량에 대해 무관심한 임직원들이 여전히 있다는 사실이 많이 안타깝다. 협동조합적 사업방식을 버리고 일반기업의 효율적인 경쟁 전략을 서둘러 이식해야 한다고 말하는 사람도 있다. 그러나 이는 옆에 서 있는 나무의 열매가 더 좋아 보인다고, 내 뿌리를 잘라내라는 것이나 다름없다. 국수나무가 하늘을 향해 치솟는 굴참나무를 따라갔다면 아마 더 이상 존재하지 않는 나무가 되었을 것이다.

# 협동조합
# 금융의 힘

2008년 9월, 158년의 역사를 자랑하던 세계 4위 투자은행 리먼 브라더스가 연방 법원에 파산보호 신청을 했다. 서브프라임 모기지 부실과 파생상품 손실 등으로 인한 부채를 감당할 수 없었기 때문이었다. 부채액은 무려 한화로 약 660조 원에 달했다. 그해 우리나라 정부 예산이 257조 원 정도였으니 그 규모를 가히 짐작할 수 있을 것이다. 미국발 금융위기는 유럽은 물론 아시아까지 확대되었고, 세계 경제불황의 신호탄이 되었다. 금융기관의 도덕적 해이와 지나친 수익성 추구가 전 세계를 쓰나미처럼 집어삼키고 말았다.

하지만 이 위기가 유럽의 협동조합 은행에게는 오히려 기회가 되었다. 그들은 당시의 재정 위기와 경기 침체를 비교적 안정적으로 극복하고, 더 큰 성장의 발판으로 만들었다. 협동조합 은행은 단기 이익 추구를 주된 목적으로 하는 일반 상업은행과 달리 협동조합의 가치를 바탕으로 조합원의 편익과 고객과의 협력을 더 중시한다. 위험성이 큰 모기지 대출과 불확실한 대규모 금융사업에 제한적으로 투자해 상대적으로 손실이 적었던 협동조합 은행들은 자산 건전성을 바탕으로 빠르게 회복하면서 오히려 고객이 증가하고 예금이 대폭 늘어났다. 이는 협동조합의 가치와 잠재력을 보여 주는 기회가 되었고, UN은 2012년을 '세계 협동조합의 해'로 지정했다.

그 대표적인 은행이 바로 네덜란드 라보뱅크(Rabo Bank)이다. 라보뱅크는 1898년 설립된 라이파이젠 은행(Raiffeisen bank)과 농민협동조합은행(Boerenleen bank)이 1972년 합병하면서 만들어진 은행으로 우리 농협과 조직체계가 매우 비슷하다. 2013년 기준 자산 규모가 한화로 약 937조 원에 이르는 세계 30대 은행 중 하나이며, 신용평가기관으로부터 최고 등급을 받는, 세계에서 가장 신뢰받는 종합금융그룹이다.

시중 은행들이 수익 증대를 위해 사업 다각화를 추진할 때 라보뱅크는 오히려 농업금융의 시장지배력을 높이는 데 집중했고, 네덜란드 농업금융 시장의 85%를 점유하게 되었다. 그 배경에는 치열한 경쟁 속에서도 조합원 중심의 경영, 지역경제 활성화 도모, 사회적 책임의 실천이라는 핵심 가치를 잃지 않고, 협동조합의 정체성을 지켜 왔던 구성원들의 노력이 있었다.

"단기적 이익보다 조합원의 편익과 고객과의 협력을
추구하는 협동조합 은행들은 미국발 금융위기에도
오히려 성장했고, 이는 협동조합의 가치와 잠재력을
보여 주는 기회가 되었다."

## 목적은 하나, 수단이 다를 뿐이다

우리 농협도 금융위기의 여파를 비껴가지 못했다. 지속되는 경기 침체에 따른 가계, 기업의 어려움으로 자산 건전성과 수익성이 크게 위협받았다. 더욱이 정부 주도의 사업구조 개편이 본격적으로 추진되면서 협동조합의 자율성과 독립성이 지켜지지 않았고, 농민 실익보다 자본주의 시장 논리를 쫓느라 바빴다.

2016년 과거 수익을 쫓아 무리하게 투자했던 조선·해운업 대출, 부동산 PF 등에서 대규모 부실이 발생했고, 대출을 받은 일부 조선·해운업체들이 부도를 내고 법정관리를 신청했다. 이로 인해 농협은행의 부실채권 손실 규모가 1조 2천억 원을 넘어섰고, 사업구조 개편 이후 최대 위기를 맞게 되었다.

IMF 외환위기를 통해 쌓아 온 리스크 관리의 중요성을 망각한 결과치고는 참혹한 대가였다. 그 후로도 계속해서 충당금을 쌓아야 했고, 수조 원대의 부실을 한꺼번에 털어 내는 빅배스(big bath)를 추진하면서 그 피해는 농협은행과 금융지주를 넘어 농협 전체로 확산되었다. 농민의 교육과 복지에 사용하여야 할 재원이 줄어들면서 결국 피해 부담이 농민 조합원에게까지 전가되었다.

손을 놓고 가만히 앉아 있을 수만은 없었다. 경영 위기를 극복하고 농민과 고통을 함께 나누는 차원에서 경영진 모두가 자진 임금반납을 결정했다. 비록 큰 금액은 아닐 수 있지만 조금이나마 농민들의 마음을 헤아리고 싶었다. 그리고 금융부문이 지닌 협동조합 수익센터로서 역할과 기능을 재정립해야겠다는 다짐을 했다.

은행, 보험, 증권 등 금융지주는 조합원뿐만 아니라 불특정 일반 고객 다수가 이용하는 대상으로 협동조합의 원가경영 원리가 적용되기 어려운 조직이다. 하지만 금융지주는 금융시장에서 경영 및 사업의 전문성, 생산성 제고를 통해 경쟁력을 확보하고 충분한 수익을 창출해야 할 책임이 있다. 협동조합의 큰 테두리 안에서 금융지주가 벌어들이는 수익은 외부로 유출되는 것이 아니라, 조합원 배당이나 농업지원사업비 등 농민의 편익을 높이는 다양한 사업에 쓰이기 때문이다.

그러므로 경영의 결과를 반드시 농민들의 소득을 올릴 수 있는 목적과 연계시키는 것이 중요하다. 궁극적으로 농협중앙회, 경제·금융지주의 목적은 농민의 실익 증진에 있다. 다만 그 목적을 이루는 경영 수단이 다를 뿐이다. 그것이 바로 농협이 가진 핵심 역량이라는 사실을 하루빨리 깨달아야 한다.

# 오해의 프레임부터 바꿔라

"더 이상 코끼리를 생각하지 마!"라고 하면 머릿속에 자연스럽게 코끼리가 떠오른다. 코끼리를 생각하지 말라는 표현이지만, 오히려 더욱 코끼리에 대해 생각하게 만든다. 조지 레이코프(George Lakoff)는 이것이 '프레임(frame)' 때문이라고 했다. 프레임은 '기본, 틀, 뼈대'라는 뜻으로 세상을 바라보는 마음의 창을 의미하기도 한다.

'돈장사', '공룡조직' 등은 농협을 떠올리면 자연스럽게 연상되는 과거의 부정적인 이미지다. 이러한 고정관념들이 그간의 우리 노력들을 헛되게 하는 것 같아 마음 아플 때가 많았다. 하지만 이러한 비판을 설립목적에 맞게 제 역할을 하지 못한 농협에 대한 회초리로 삼고자 했다. 그러나 오해에서 비롯된 부분은 최대한 빨리 프레임으로부터 벗어나야 한다고 생각했다. 대다수의 임직원들은 각자의 위치에서 묵묵히 제 역할을 해왔기에, 이들의 사기 진작을 위해서도 농협을 바라보는 프레임의 전환은 꼭 필요했다.

## 10만 임직원 모두가 농촌 홍보대사

소비자들은 광고보다 친구나 지인들의 말을 더 신뢰한다. 광고는 기업의 입장에서 하는 것이지만, 입소문은 고객이 고객의 입장에서 하는 것이기에 더욱 믿을 수 있다고 여긴다. 그래서 최근에는 유명 연예인의 광고보다 주변인들의 SNS 후기나 입소문이 더 큰 영향력을 발휘하고 있다. 소비자로 하여금 자발적으로 자기 기업의 상품에 대한 긍정적인 메시지를 전달하게 하면 홍보비용을 최소화하고 효과 또한 높일 수 있기에 여러 기업들은 전파력이 높은 인플루엔서를 찾는 데 많은 노력을 기울이고 있다.

농협이 기존에 보유하고 있는 고정관념을 바꾸기 위해서는 우리의 일방적인 주장이 아닌 고객들의 목소리가 필요했다. 그래서 농업·농촌의 가치와 농협의 역할을 소비자들에게 제대로 전파하고자 농촌사랑지도자연수원을 '도농협동연수원'으로 개편하였다. 이 사회를 이끌고 있는 사회적 리더(opinion leader)들과 수많은 소비자에게 농업·농촌의 가치를 이해시키고 농협이 꼭 필요한 조직이라는 사실을 전파하는 동시에 그들로부터 농협이 나아갈 방향에 대한 솔직한 충고도 듣고자 했다.

또한 도농상생 포럼을 통해 도농 간 이해의 폭을 좁히고, 소비자들의 다양한 농촌현장 체험을 통해서 소중한 농업, 농촌에 대한 관심을 모으고자 노력해 왔다. 만나서 대화하고 마음을 나누다 보니 오해가 풀렸고 서로를 이해하게 되었다. 과거 농협을 향해 날선 비판을 서슴지 않았던 사회지도층 인사들과 도시 소비자들이 어느새 농협의 입장을 이해하는 대변인이자 소중한 조언자로 자리매김했다.

하루는 늦은 오후에 전화가 걸려 왔다. 소비자단체 회장님이었다. 충남 시골이 고향으로 학업을 위해 상경한 후 계속 서울에서 생활하신 분인데, 도농협동연수원 농촌체험 프로그램에 참여하고 돌아가는 길이라고 했다. 경기도 연천의 한 농촌마을에서 농사체험을 하고 농민들과 대화를 하며 잊고 있었던 고향의 추억과 농업의 소중함에 대해 다시금 깨달았다며, 이런 기회를 준 농협이 너무 고맙다고 했다. 그리고 농협이 이렇게 좋은 일을 하고 있는지 몰랐다며 농협의 팬이 되겠다고 했다.

우리 세대는 대부분 고향이 농촌이었고, 부모님은 농민이었다. 그래서 고향이라는 단어를 떠올리면 푸르른 산과 맑은 시내, 넓은 들판이 스쳐 가고, 마음이 푸근해지곤 한다. 당연하다고 잊고 있던 농업·농촌의 소중함이 어서 빨리 국민의 마음속에 녹아들었으면 하는 마음이 간절했다.

KBS 〈아침마당〉에 출연해 '사랑하는 내 딸이 농부와 결혼한다면'이란 주제로 우리 농업, 농촌의 중요성을 알리고 관심을 호소하기도 했다. 인터넷에 달린 댓글을 보니 '방송을 보면서 농업, 농촌이 희망이란 걸 다시 한번 깨달았다', '이번 휴가는 농촌으로 꼭 가겠다'

"농협에 몸담고 있는 10만 임직원 모두가 농업·농촌과
농협의 홍보대사다. 농협이 하는 일을 제대로 알리면
농협은 물론이고 농업·농촌의 가치도 국민의 공감을
얻을 수 있을 것이다."

등 긍정적인 반응이 많았다. 없는 시간을 쪼개어 방송 준비하느라 힘들었지만 그것마저도 회장으로서 반드시 해야 할 일이라 여겼다.

겸양도 필요하지만 자신의 정당한 가치를 타인에게 알리는 당당함도 필요하다. 농협이 하는 일을 제대로 알리지 못하면 농협은 물론이고 농업·농촌의 가치도 국민의 공감을 얻기 어려울 거라는 생각이 들었다. 그래서 더 늦기 전에 농협이 어떤 일을 하는지 알리고자 '농협 더 알리기 운동'을 시작했다.

범농협을 홍보하는 조직이 있었지만 이들만으로 농협을 제대로 알리기에는 분명히 한계가 존재했다. 그래서 농협에 몸담고 있는 10만 임직원 모두가 농업·농촌과 농협의 홍보대사가 되기를 바랐다. 이념교육을 마치고 농민들과 만나 현장 체험을 하는 임직원들은 간접적으로 농협을 홍보하고 변화하는 모습을 보여 주는 홍보대사들이다. 또 각종 자연재해가 발생했을 때 가장 먼저 현장에 달려가 농민들의 손을 잡아 주는 임직원들, 지자체와의 협력사업을 추진하면서 그들의 숙원사항을 해결해 주기 위해 노력하는 임직원들 또한 그렇다.

홍보에 있어서 도시에서 나고 자라 농업·농촌에 익숙하지 않은 젊은 세대들의 마음을 여는 일도 소홀히 해서는 안 된다. '밀레니얼 세대'라 불리는 이들은 디지털 기기에 익숙하고, SNS로 주로 소통한다. 자신이 추구하는 가치를 소중히 여기고 불확실한 미래보다는 현재의 삶에 충실한 세대이다. 미래의 경제주체이기에 농업의 가치에 대한 공감대를 확산시키고 이들을 농협 고객으로 이끄는 것은 미래를 위한 투자이다.

그들에게는 그들의 성향과 트렌드에 맞게 우리 농산물을 소비하고 요리하는 경험, 소박하지만 정감 가는 농촌마을의 체험 등 소소한 일상을 SNS를 통해 공유하며 소통해 주길 강조하였다. 이러한 노력들이 모여 울림이 되고, 국민의 목소리가 되어 농업·농촌을 향한 메아리로 퍼져 나가길 기대하는 것이다.

# 오직 농민을 위해
# 손잡다

한번은 조합장 컨퍼런스 때 야쿠르트 제품을 방문 판매하시는 분을 모셨다. 강연 시각이 새벽 3시라 미안한 마음이 컸는데, 흔쾌히 시간을 내주셨다. 야쿠르트 하면 전동카트를 몰며 골목을 누비는 '야쿠르트 아줌마'가 떠오른다. 고객과 직접 소통하며 신뢰를 쌓아 가는 이 기업은 최근 많은 식품회사들로부터 파트너 러브콜을 받고 있다고 한다. 프랑스 치즈회사 벨(Bel)은 키리(kiri)치즈 제품을 대형마트 대신 야쿠르트 판매원을 통해 팔고 있는데, 쉽게 구할 수 없다는 입소문을 타고 품절될 정도로 인기가 많다고 한다. 벨사는 야쿠르트 아줌마라는 유통채널을 적극 활용해 국내 시장에 손쉽게 진출한 것이다.

치열한 경쟁 속에서 이제 대부분의 기업은 모든 것을 혼자 해내려고 하지 않는다. 일부 업무를 외부에서 조달하는 아웃소싱은 일 반화된 지 오래고, 그 대상도 점점 넓어지고 있다. 더 나아가 기업의 핵심 사업이나 특정 사업을 위해 협업의 형태로 서로의 필요 역량 까지도 나눈다. 개미와 진딧물, 악어와 악어새처럼 서로 도움을 주 고받는 공생의 관계로 발전하고 있는 것이다. 심지어 필요에 따라서 는 경쟁업체와 과감하게 손잡기도 한다. 농가소득을 올릴 수 있는 길이 있다면 남의 등이라도 올라타야 하고, 길이 안 보이면 길을 찾 아가야 하는 것이 우리의 사명이다.

## 협동조합과 민간기업의 합작품

해마다 쌀 공급물량 과잉 때문에 떨어지는 쌀값이 가장 큰 고민 이었다. 쌀은 누가 뭐라고 해도 우리 농가의 주된 소득원이기 때문 이다. 소득수준 향상으로 식생활이 풍요로워지고 식습관이 서구화 되면서 쌀은 식탁의 중심에서 점점 밀려나고 있다. 우리나라 쌀 소 비량은 연간 1인당 60㎏ 이하로 떨어졌다. 1986년 127㎏과 비교하 면 절반 수준도 안 된다. 소비자의 욕구가 변화하는 현실에서 '한국 인은 쌀밥을 먹어야 한다'는 정서적인 호소만으로 쌀 소비를 늘리 는 데는 한계가 있다. 새로운 돌파구를 찾으려는 발상의 전환이 필 요했다.

국내 농산물 수출 확대를 위해 중국을 방문했을 때 한 대형마트 에서 오리온 초코파이가 불티나게 팔리는 것을 보고 깜짝 놀랐다. 이미 오리온은 국내 시장을 넘어 중국, 러시아 등지에서 글로벌 제

과기업의 위치를 확고히 구축하고 있었다. 경쟁력만 있다면 국내 농산물의 해외 진출도 전혀 불가능한 일이 아니라는 생각이 들었다. 오리온과 협력하면 쌀 문제의 돌파구를 찾을 수 있지 않을까 하는 실낱같은 희망을 붙들고 몇 날 며칠 고민했다. 오리온의 브랜드 인지도와 제조 기술, 세계시장 진출 노하우는 새로운 기회가 될 수 있었다. 우리에게는 쌀과 농산물이라는 고품질의 원료와 유통망이 있지만, 가공기술과 R&D 능력은 부족하기 때문이었다.

식품시장도 트렌드와 환경이 시시각각 바뀌고 경쟁은 더욱 치열해지고 있다. 고품질의 쌀 가공식품을 만든다면 우리는 쌀 소비를 촉진하고 소비자는 건강한 식품을 섭취할 수 있으니, 농협과 오리온 모두에게 새로운 시장을 선점할 수 있는 기회가 될 수 있다. 충분한 가치와 가능성이 있다고 판단해 합작을 제안했고, 오리온에서도 즉각 수용했다. 이에 2017년 1월 농협과 오리온이 합작 투자하여 오리온농협㈜를 설립했다. 그리고 1인 가구의 증가에 따른 간편식 시장 확대 추세와 영양과 건강을 생각하는 소비 트렌드를 반영해 밀가루를 대체할 쌀 가공식품 개발을 위해 협력했다.

협력의 결과는 놀라웠다. 그래놀라와 그래놀라바, 쌀파스타 등 간편 대용식과 쌀가루 등을 생산하기 시작했다. 국내 최초로 협동조합과 민간기업의 합작으로 농업과 식품사업의 새로운 시너지 모델이 출발하는 순간이었다. 그래놀라를 우유와 팥빙수에 넣어 먹어 보니 기존 시리얼보다 식감과 맛이 훨씬 좋았다. 그 이후 쌀가루로 만든 제품을 차에 싣고 다니며, 사람들을 만날 때마다 나눠 주고 홍보하는 것이 일상이 되었다.

소비자들의 반응 또한 기대 이상으로 뜨거웠다. '오! 그래놀라'와 '오! 그래놀라바'가 출시 9개월 만에 합산 누적판매량 1천만 개를 돌파하였다. 맛있고, 간편하고, 건강에 좋은 제품으로 주부, 젊은 층을 중심으로 입소문이 나면서 소비자의 큰 호응을 얻고 있다는 분석이 나왔다. 머지않아 우리 쌀로 만든 과자가 세계시장을 점령할 수 있는 날이 오리라 확신한다.

## 숙원사업 택배, 협력으로 길을 찾다

취임 첫해 가을, 풍성한 수확의 기쁨을 기대하며 농촌 일손 돕기 현장을 방문하였다. 과수 농가에서 100여 명의 농협 임직원들이 가을 햇살을 받아 빨갛게 익은 사과를 수확하고 있었다. 농장주에게 "곱게 키운 자식이 좋은 배필 만났으면 좋겠습니다"라고 덕담을 건넸더니 "좋은 배필은 있는데, 혼수비용이 너무 많이 듭니다" 하는 대답이 돌아왔다. 인터넷을 통해 애지중지 기른 과일들을 판매하고 있지만, 택배비용이 부담스럽다는 하소연이었다.

"사과 한 상자 팔아 봐야 이것저것 빼고 나면 남는 게 없는데 거기에 그 비싼 택배비까지 주고나면 정말 남는 게 없어요. 왜 농협에서는 농민들을 위해 택배사업을 하지 않나요?"

사실 택배사업은 농협의 오랜 숙원이었다. 농산물 택배비가 비싸다는 지적이 계속되었지만 신선도와 파손, 잘못 배송되었을 때 민원 발생 등의 문제가 있어, 이를 검토하지 않고서는 쉽게 선택할 수 있는 사업이 아니었다. 이미 기존 업체가 50% 이상 시장 점유율을 갖고 있는 상황에서 농협이 직접 택배사업에 진출할 경우 많은 어려움이 예상되었다. 기존 업체의 반발 또한 적지 않아 매번 검토만 하다 포기했던 것이다.

하지만 이 문제도 어떻게든 해결하고 싶었다. 그래서 택배회사를 인수하거나 새로 설립하는 방법이 아닌 기존 택배회사와 협력하는 방식으로 사고를 전환해 길을 찾고자 했다. 그리고 TF를 구성해서 제안서를 받는 등 여러 과정을 거쳐 최종적으로 한진택배와의 협력을 선택했다. 한진택배와 손을 잡은 이유는 대규모 투자를 하지 않고도 택배비를 5,000원에서 3,800원으로 낮출 수 있고, 일정 부분 농·축협에 중개수수료까지 제공할 수 있는 유리한 조건이었기 때문이다.

다만 직원들의 업무가 더 늘어난다는 것이 문제였다. 직원들에게는 미안했지만 농민들에게 실익이 돌아갈 수 있다면 농협인의 헌신은 피할 수 없는 것이라 생각한다. 그것이 곧 농협인을 위한 길이기도 하기 때문이다. 또한 농민들의 수요가 집중되면 택배 가격은 더 내려갈 것이고 농·축협의 부담 또한 줄어들 것이라 예상했다. 택배사업 추진과정에서 반신반의했던 조합장과 직원들을 진심으로 설득했다. 그렇게 한진택배와의 사업이 시작되었다.

농협이 택배사업을 시작하니 또 다른 효과가 나타났다. 다른 택배회사들이 농협의 택배 가격에 맞춰 택배비를 내리기 시작했다. 수요 집중을 통해 시장 가격을 견제하는 협동조합의 경영원리가 여기서도 효과를 발휘한 것이다. 무엇보다 농협을 바라보는 농민의 시선이 많이 달라졌다. 농민의 실익 증진이라는 목표에 다가서려는 농협의 변화를 느낄 수 있었다며 자신들의 고충을 해결해 줘서 고맙다는 농민들의 반응에 그간 무거웠던 마음이 조금은 덜어지는 듯했다.

한진과 손잡고 시작한 농협의 택배사업은 1년 만에 775만 건에 달하는 취급량을 달성하며 농민들을 위한 사업으로 자리 잡았다.

# 농업도 이제
# 정보로 관측하는 시대

하루를 여는 아침 일과 중 하나가 농산물 가격 동향을 살피는 일이었다. 가격 등락 폭이 클 때는 내 마음도 함께 출렁이는 듯했다. 농산물 가격의 등락은 농민과 국민 모두에게 부담이 되기 때문이다. 농민들은 풍작을 이루면 밭을 갈아엎거나 저장할 곳이 없어 도로에 산처럼 쌓아 놓는 일이 비일비재하다. 반대로 가뭄, 태풍 등 재해가 발생해서 농작물 가격이 올라도 손에 쥘 게 없는 것이 우리 농민들이다. 또 소비자들은 빠듯한 형편에 먹거리 가격이 오르는 것이 반가울 리 없다.

농산물 가격과 관련해서 정부와 농협은 늘 긴밀하게 협력해 왔다. 정부에서는 품목별 생산조정제나 자동시장격리제도 등의 수급조절 안전장치를 마련하고 상시적으로 농산물시장을 살피고 있다.

농산물이 과잉 생산되면 발 빠르게 시장에서 격리조치하고, 농가의 출하 희망물량을 매입해서 가격이 하락하는 것을 예방하고 있다. 하지만 사후 대응만으로는 늘 한계가 있다. 일단 수확한 후에는 가격 조절이 쉽지 않기 때문이다.

최초의 위대한 경제통계학자로 불리는 그레고리 킹이 '킹의 법칙'에서 갈파한 바와 같이 농산물의 경우 적정 수요량에 비해 공급이 부족하면 가격이 폭등하고, 공급이 수요를 초과하면 가격이 폭락할 수밖에 없다. 특히 농산물은 10% 과잉 생산되면 값이 10%만 떨어지는 것이 아니라 40~50% 폭락한다. 그렇기 때문에 보다 적극적이고 선제적인 개입과 수급 조절이 필요한 것이다.

## 불확실성에 선제적으로 대응하는 힘이 필요하다

매일매일 홍수처럼 쏟아지는 수많은 정보에 대한 빅데이터 분석이 보다 정확한 미래 예측을 가능하게 하고 있다. 이미 아마존, 구글과 같은 세계적 기업들은 빅데이터를 활용하여 고객 맞춤형 사업들을 전개하고 있다. 농산물 수급 조절에 있어서도 '정보'의 정확성과 적시성은 매우 중요하다. 파종 단계부터 공급량과 수요량을 예측하여 적정 재배면적과 생산량을 산출하고, 생산에서 유통, 최종 소비 단계까지 축적된 통계를 활용해서 각 주체들에게 제공해야 한다.

대한민국의 많은 농업 관련 기관들이 보유하고 있는 다양한 정보들을 하나로 엮고 이를 통해서 예측 가능한 농산물 수급조절 시스템을 만들어 낼 수만 있다면 농업부문에 있어 엄청난 성과가 되리라는 생각이 들었다. 그래서 농업 관련 정보를 생산, 연구하는 기관들을 찾아다녔다. 정부, 통계청, 농촌진흥청, KREI 등에 정보 공유의 필요성을 제안하고 업무협약을 체결하기도 하였다. 아직은 여러모로 부족하지만 이후 정보가 통합되고 활용 가능성이 높아지면 가치 있는 정보가 생성될 것이다. 다양한 기관들이 농업 관련 정보와 기술, 통계들을 농민들을 위해 생산하자고 마음을 모은 것 자체가 의미 있는 첫 걸음이었다.

한편 농민들에게 농업 관련 정보와 기술을 전달할 수 있는 매체도 만들었다. 2018년 8월 한국농업방송(NBS)을 개국한 것이다. 국내 최초의 농업 전문 방송으로 기존 방송에서는 볼 수 없던 다양한 농업, 농촌의 정보를 전달한다. 한국농업방송은 일기예보부터 다른 방송과는 차별화된다. 날씨 정보와 농축산물을 연계해 폭염과 가뭄 같은 자연재해에 대응하는 작물관리법 등을 제공하는 것이다. 또한 실시간으로 농산물 도매시장의 경락가격을 알려 줌으로써 농민들 스스로 농산물 출하시기를 조정해 제값을 받게 하는 데 도움을 준다. 뿐만 아니라 기술과 자본이 결합한 국내외 최신 농업기술도 발빠르게 전달할 예정이다.

이제는 농업에도 빅데이터 바람이 불고 있다. 빅데이터가 작물의 생장 상황과 영양 및 질병 상태, 수확량 예측 등의 구체적인 정보를 실시간 제공하는 농업 경쟁력의 핵심 요소로 부각할 것이라는 것이 전문가들의 전망이다. 하지만 아직 우리나라는 정보의 분석, 활용보다는 정보 수집을 위한 시설 보급에 급급한 실정이다. 하지만 농업 정보를 모으고 분석하는 기술이 축적되면, 불확실한 환경에 선제적으로 대응하는 힘이 될 뿐 아니라 미래 농업을 여는 열쇠가 될 것이다.

# 농업을 끌어올릴
# 지렛대, 농협

'농가소득 5천만 원 시대'는 농민 모두의 오랜 숙원이었고, 내게도 너무나 간절한 꿈이었다. '농가소득 5천만 원'이라는 무거운 목적함수를 들어올리기 위해서는 튼튼한 지렛대를 찾는 게 급선무였다. 어떤 지렛대를 찾아서 어떻게 활용할 것인지 고민이 깊어졌다.

농협에 필요한 지렛대는 두 개였는데, 하나는 '선택과 집중'이었다. 이탈리아의 경제학자 빌프레도 파레토(Vilfredo Pareto)는 이탈리아 국민의 약 20%가 부의 80%를 소유하고 있다는 사실을 발견했다. 이후 20%가 80%를 이끄는 파레토 법칙은 경영이나 마케팅 등에 광범위하게 활용되면서 더 적은 것에 집중함으로써 더 많은 효과를 내는 전략으로 자리매김했다. 나는 그 20%가 지렛대의 힘이라고 생각한다. 우리 농협의 모든 역량을 농가소득 5천만 원 달성이라는 과녁에 집중시킬 수 있다면 이것이 큰 지렛대가 되어 농민의 삶에 큰 변화를 가져올 거라 믿고 있다.

또 하나의 지렛대는 '성장 가속도'다. 연못에 떠 있는 아름다운 연꽃은 개화하는 시기에 전날 연못을 덮었던 면적의 두 배를 덮게 된다고 한다. 처음 며칠 동안은 아주 작은 면적에 불과하지만 날이 갈수록 연꽃이 차지하는 면적은 기하급수적으로 늘어난다. 성장 가속도의 지렛대 효과다. 처음 시작할 때는 끝이 안 보일지 몰라도 노력의 성과가 가시화되는 순간, 농가소득의 증가 속도는 분명 가속도를 낼 거라 생각한다. 농업, 농촌을 위한 고민으로 밤을 새워 가며 진행했던 밤샘 토론은 농협인들의 대화 속에서 우리만의 지렛대를 찾겠다는 의지와 공감을 높여 가는 과정이었다.

### 농협의 힘점과 받침점

지렛대 효과를 크게 하려면 우선 힘을 가하는 힘점의 크기를 키워야 한다. 누르는 힘이 적으면 물체는 결코 움직이지 않는다. 세계적 기업인 아마존의 신입사원은 입사하면 헌 문짝을 톱질해 자르고 망치질해 자신이 쓸 책상을 직접 만든다. 아마존의 창업자 제프 베조스(Jeffrey Preston Bezos)가 차고에서 그렇게 사업을 시작했다고 한다. 책상 만들기는 아마존의 모든 직원이 CEO의 이러한 초심을 공감하길 바라는 신입사원의 통과의례다.

이러한 초심이 아마존의 힘점이라면 농협의 힘점은 바로 농협이 넘이다. 10만 농협 임직원이 협동조합 정체성으로 하나가 된다면 지렛대를 누를 수 있는 큰 힘점이 될 수 있으리라 확신했다. 그래서 취임 직후부터 이념교육에 집중하고 이를 확산시키려 노력했던 것이다. 그리고 3년이 지난 2019년 3월, 일산 킨텍스에서는 이념교육 수료생 1천명이 함께하는 이념실천 페스티벌이 개최되었다. 이념교육 수료생이 3년 만에 1만 명을 돌파하면서 농협에는 새로운 많은 변화들이 찾아왔다. 이들이 전국 곳곳에서 스스로 농민을 위한 지렛대 역할을 자처함으로써 소기의 성과들이 나타나고 있는 것이다.

지렛대가 제대로 역할을 하려면 힘점만으로는 부족하다. 막대를 지지하는 받침점이 물체와 가까이 있어야 한다. 아무리 큰 힘을 주어도 받침점이 멀리 있으면 그 힘이 온전히 물체에 전달되지 않기 때문이다. 그래서 끊임없이 조직 내 소통을 강조했다.

20세기 후반 가장 창조적인 지휘자라고 평가받는 레너드 번스타인(Leonard Bernstein)은 "지휘자는 오케스트라가 연주를 하고 싶게 만들어야 한다. 그들을 자극하고 고무해야 한다. 자기가 품은 감정을 발산함으로써 제2바이올린 맨 뒤에 앉은 연주자까지 그것을 느끼게 해야 한다"라고 했다. 그가 가느다란 지휘봉 하나로 100여 명의 연주자를 이끌며 아름다운 공연을 할 수 있었던 배경에는 단원들과의 적극적인 소통이 있다.

그동안 지역별 업무보고회는 매년 초가 되면 지역본부장이 농협 중앙회장과 관내 조합장에게 하는 의례적인 보고회에 불과했다. 하지만 형식적인 보고회를 넘어 농민들에게 중앙회가 운영하고 있는 일에 대해 공개하는 자리가 꼭 필요하다는 생각을 했다. 지난해 실시한 사업 보고를 통해 농민들에게 평가받고, 올해는 이런저런 사업을 할 테니 조합원인 농민들이 협동조합 활동에 적극 동참해 달라고 하는 의미 있는 자리로 만들고 싶었다. 농민들과 직접적으로 소통하는 수단으로 만들고 싶었던 것이다. 아울러 농민이 주인인 농협이 농민들을 위해 이렇게 최선을 다하고 있다는 사실을 눈으로 확인시켜 주고 싶었다. 그것이 오랜 오해를 풀 수 있는 방법이라고 확신했다.

그래서 2018년부터 중앙회가 농협의 주인인 농민에게 직접 보고하는 형식으로 신년 업무보고회를 바꾸었다. 각 사업을 대표하는 대표이사들이 사업 분야별 업무보고를 하고, 농협중앙회장은 농민들의 편에 서서 농민들의 요구와 건의를 중앙회에 전달하는 역할을 하고자 했다.

"중간 유통단계를 없애는 직거래를 강화해야 한다", "로컬푸드 직매장을 더 확대해 달라", "친환경농업용 자재비가 너무 비싸다", "인건비가 너무 비싸 농사짓기 힘들다" 등등 농촌현장에서 농민들이 직면하고 있는 고민이 무엇인지 업무보고회를 통해 즉각적으로 알 수 있었다. 또한 지역별로 어떤 사안이 이슈인지도 구분할 수 있었다. 보고회가 끝나면 농민들은 내 손을 꼭 잡으며 "우리 농민들의 소리를 들어줘서 고맙다"고 했다. 그동안 농협은 왜 진작 이렇게 농민들과 직접 소통하려 하지 않았던 것일까, 안타까움과 죄송함이 동시에 밀려왔다.

## 더 큰 지렛대를 활용하라

새로운 제도를 만들고, 조직문화를 바꾸고, 낡은 관습을 타파하면서 정말 4년을 8년처럼 비장한 각오로 열심히 달려왔다. 농협 임직원들에게 2017년은 돌아갈 배를 침몰시키겠다는 각오로 미래를 대비하자며 '파부침주(破釜沈舟)'의 절박함을 강조했고, 2018년에는 대내외 여건이 어렵다 해도 낡은 것을 바꾸어 새것으로 만들자는 '환부작신(換腐作新)'의 자세를 요구했다. 그리고 2019년에는 농민을 위해 같은 목표를 향해 한 방향 정렬을 하자는 '동심동덕(同心同德)'의 의지를 천명한 바 있다.

농가소득 5천만 원이라는 목적을 분명히 하고 농민에게 꼭 필요한 제도를 만들고 형식적이었던 관행을 제거하는 지렛대들을 놓자, 그처럼 꿈쩍하지 않을 것만 같았던 농가소득이 들어 올려지기 시작했다.

그러나 2020년 농가소득 5천만 원 시대를 열어 가기 위해서는 농협에 더 큰 지렛대가 필요하다. 국민들의 공감과 절대적인 지지가 없이는 농업의 더 큰 도약, 농가소득 증대를 기대하기 어렵다. 200조 원이 넘는 농업·농촌의 공익적 기능과 생명산업으로서의 가치가 국민들의 마음속에 확고히 자리 잡을 수 있도록 해야 한다. 5천만 국민의 지지와 성원이 더 큰 지렛대가 되어 준다면 농민의 삶의 질을 끌어올릴 수 있을 것이다.

4년 내내 농가소득 5천만 원을 향해 절박한 심정으로 쉼 없이 달리면서도 단 한 순간도 마음을 놓을 수 없었던 것은 시간에 쫓긴다는 이유로 핵심 역량이 훼손되어서는 안 된다는 생각 때문이었다. 수단과 목적을 착각해서는 안 된다. 수단은 필요에 따라 바뀔 수 있지만 목적은 변하지 않는 것이다. 협동의 원리, 네트워크 조직, 원가 경영과 공동행동 등 우리의 핵심 역량을 수시로 점검해야 한다. 300만 농민을 향해 핵심 역량이 제대로 발휘되고 있는지, 오늘의 핵심 역량이 내일의 핵심 역량이 될 수 있는지 끊임없이 살펴야 한다. 국민의 사랑과 지지를 받는 농협이라면 국민과 함께 농업을 끌어올리는 튼튼한 지렛대 역할을 충분히 할 수 있을 것이라고 확신한다.

# 협동조합의
# 국제적 경쟁력을 활용하자

**한국** 농협은 매출 기준으로 2018년 세계 협동조합 순위에서 4위를 차지하고 있고, 농식품 관련 협동조합으로는 세계 1위이다. 1960년대 초 출범한 농협은 그 밑바탕에 아무것도 없었던 대한민국에서 농민들의 힘으로 모두가 잘사는 나라를 만들고자 했던 수많은 선각자적 노력들이 있었다. 그리고 설립된 지 60년도 채 되지 않아 협동조합 선진국인 유럽이나 미국의 협동조합들과 어깨를 나란히 하는 세계 4대 협동조합으로 성장했다. 과거 반세기 동안 한국 농협이 주도한 농업 발전이 한국 경제의 눈부신 성장의 밑거름이 되었다는 사실을 세계 협동조합인들이 주목하고 있는 것이다.

"이제는 협동조합의 국제적 경쟁력을 활용해

한국 농업을 끌어올려야 할 때다.

세계 4대 협동조합으로 성장한 한국 농협의 위상은

지속가능한 농업을 열어 가는 구심점이 될 것이다."

## 세계 속의 한국 농협

2016년 11월 16일, ICAO(국제협동조합농업기구) 회장에 선출되었다. 전 세계 5억 명에 달하는 농민 조합원의 지위 향상과 소득 증대를 위한 막중한 책임을 맡게 된 것이다. 이를 위해서 2017년 ICAO 총회에서는 협동조합 간의 협동, 영세농 경쟁력 강화를 위한 교육훈련, 개도국 농민에 대한 재정지원 확대를 담은 'ICAO 7대 실천과제 브라질 선언' 채택을 이끌어 냈다.

2018년에는 ICAO 국제포럼에서 '지속가능한 농업을 위한 종자법 제정'을 각국 정부에 촉구하는 결의문을 채택했다. 그 자리에 참석한 각 나라의 대표들은 식량주권과 생물다양성 확보, 안정적인 먹거리 생산 등을 위해 정부 차원의 종자산업 육성과 지도가 필요하다는 데 의견을 같이 했다.

또한 2019년에는 농작물 재해보험의 도입과 확대 필요성 홍보, 각국 정부에 농업분야 세금 감면 확대 요청, ICT를 접목한 스마트 파밍 활성 지원 등의 내용을 담은 '오슬로 선언'을 채택했다. 지속가능한 농업 발전을 일구려면 전 세계 농식품 생산의 70% 이상을 책임지는 중소농이 안심하고 농사지을 수 있는 영농환경이 필요하다. 따라서 각국은 자연재해에 취약하고 거대 자본과의 경쟁에서 불리한 중소농과 청년농을 적극 지원·육성해야 한다는 것이 선언의 주된 내용이었다.

2019년 서울에서 개최된 ICAO 총회는 한국 농협의 위상을 재확인할 수 있는 계기가 되었다. 2019년 총회에서 한국 농협은 자연과 인간의 조화, 농민과 국민의 행복, 꿈과 미래의 연결이라는 3대 핵심 가치를 제시하면서 협동조합의 원칙들을 국제적으로 실현해 내자는 데 큰 공감대를 형성하고 합의를 이끌어 냈다.

모든 일에 우연이란 존재하지 않는다. 세계 4대 협동조합으로 성장한 한국 농협의 위상은 과거 아무것도 없었던 어려운 시절에 지금의 협동조합을 일으켰던 농협 선배들의 피와 땀, 그리고 헌신 덕분이라고 생각한다. 부족한 자원을 탓하지 않고 미래를 내다보고 우직하고 성실하게 협동조합운동을 해왔기 때문에 오늘날 한국 농협이 세계적인 협동조합 그룹으로 자리매김할 수 있었던 것이다.

이제는 이러한 협동조합의 국제적 경쟁력을 활용해 한국 농업을 끌어올려야 할 때다. 2017년 말레이시아에서 열린 ICA총회에서 한국 농협이 실시한 '농업가치 헌법 반영 천만인 서명운동'에 대해 소개한 바 있다. 연설 후 모니크 르룩(Monque Leroux) ICA 전 회장은 서명운동에 깊은 공감의 뜻을 보내며 적극적인 지지를 약속해 주었고, 다른 ICA 회원들도 서명에 참여해 우리의 노력에 힘을 보태 주었다. 이렇듯 한국 농협의 세계적 위상은 지속가능한 농업을 열어가는 구심점이 될 것이다.

# 협동조합
# 노벨상을 받다

        전 세계 협동조합들과 교류하며 그들에게 배울 수 있었던 것은 협동조합이 지니고 있는 초심이었다. 산업혁명 과정에서 자본의 억압과 횡포로 삶이 황폐화되었던 영국 로치데일의 직공들. 아무것도 가진 없는 이들이 지독한 삶의 문제를 해결하기 위해 선택했던 것이 바로 협동조합이었다. 그리고 그들은 꿈꾸는 것에 머무르지 않고 원칙들을 세우고 이를 실천해 나가며 협동조합을 지켜 냈다. 이러한 선구자적 노력들이 자본주의적 시장 체계를 인간적으로 변화시키는 데 결정적인 역할을 해왔다고 생각한다.

    하지만 인류는 여전히 기아와 질병, 재해와 분쟁으로 인해 고통받고 있으며, 대한민국의 농민들 또한 내 힘으로 결정할 수 있는 것이 아무것도 없는 사회적 약자로 살아가고 있다. 이들을 대변할 수 있는 구심점이 필요하다. 그래서 전 세계의 협동조합들은 여전히 이러한 협동조합의 초심을 강조하고 있으며, 협동조합 간 협동을 통해 인간의 가치를 회복할 수 있다고 강하게 믿고 있다. 그것이 앞으로도 농협의 협동조합운동이 계속되어야만 하는 이유다.

## 협동조합을 향한 열정에 대한 보답

2019년 10월, 아프리카 르완다로 향하는 비행기에 올랐다. 르완다 키갈리에서 열리는 ICA글로벌총회에 참석하기 위해서였다. 여러 차례 ICA총회에 참석했지만 이번에는 느낌이 남달랐다. '협동조합의 노벨상'이라고 불리는 로치데일 공정개척자 대상을 수상하는 영예로운 자리였기 때문이다.

국제협동조합연맹(ICA)이 수여하는 이 상은 세계 최초의 협동조합 '로치데일 공정개척자 조합'의 이름을 따 제정됐다. 국경, 인종을 넘어 협동조합 조합원을 위해 혁신적이고 지속가능한 기여를 해온 사람에게 수여되는 상이다. 지금까지 16명의 수상자를 배출했으며, 한국인으로는 최초의 수상이었다. 로치데일 공정개척자상 수상은 나 개인뿐 아니라 한국 농협에 있어서도 크나큰 영광이 아닐 수 없다.

시상식에서 아리엘 구아코(Ariel Guarco) ICA 회장은 한국 농협의 김병원을 소개하며, 평생 대한민국의 농업협동조합 발전에 기여해 왔을 뿐 아니라 ICA 글로벌 이사, ICAO 회장으로서 세계농업 발전을 위해 7대 실천과제를 선언하고, 종자주권 결의안 채택, 지속가능

"여러 차례 ICA총회에 참석했지만 이번에는 느낌이 남달랐다.
'협동조합의 노벨상'인 로치데일 공정개척자 대상을
수상하는 영예로운 자리였기 때문이다."

한 농업을 위한 오슬로선언 등을 통해 세계협동조합운동에 기여한 공이 지대하다며 그 점이 이번 수상에서 높이 평가되었다고 말했다.

그 이야기를 듣는 동안 만감이 교차했다. 이 상이 농업과 농협에 몸담았던 동안 한 치도 변함없었던 나의 열정에 보내준 선물이라는 생각이 들어 감사했다. 그리고 협동조합운동과 농업 발전을 위해 쉼 없이 달려온 나의 삶이 헛되지 않았음을 깨닫게 해주었다. 이번 수상은 새로운 열정에 불을 당겨 주는 계기가 될 것이었다.

부엔 까미노(Buen Camino). '좋은 길이 되라'는 뜻의 스페인어다. 산티아고 순례 길에서 다른 여행자들과 만나고 헤어질 때 하는 인사말이다. 드넓은 벌판과 푸른 하늘이 끝없이 이어지는 산티아고 길은 자신의 인생을 돌아보거나 마음의 평화를 찾고자 하는 사람들이 많이 찾는 곳이다. 수십 일간 걷고 또 걸으며 순례자들은 저마다의 깨달음을 얻는다고 한다.

내 삶에 있어 산티아고 순례 길은 농촌 현장이었다. 거기서 수많은 농민들과의 만남을 통해 답을 구하고 깨달음을 얻어 왔기 때문이다. 내 삶은 늘 농민과 함께였다고 해도 과언이 아니다. 가난한 농민의 아들로 태어나, 농업계 고등학교를 졸업하고, 오로지 농업만을 바라보며 농협인으로 외길을 걸어왔다. 앞으로도 역사 속에서 발견한 협동조합이라는 보물을 지켜 내고, 지금까지 그래 왔듯 변함없이 농민들을 위한 길을 가게 될 것이다. 그리고 그 길 위에서 만나는 수많은 동지들에게 반갑게 인사할 것이다. 부엔 까미노!

# 7

오늘은 내일의
역사이다

# 반성부터
# 하겠습니다

"조합장님, 논에서 일을 하다 장화에 진흙이 묻으면 무거워서 앞으로 걸어갈 수 없지요? 그럴 때 어떻게 하십니까? 진흙을 털어 내야 우리는 가볍게, 멀리 걸어갈 수 있습니다."

살다 보면 오해를 하기도 하고, 또 오해를 받기도 한다. 보통 오해를 풀기로 마음먹은 사람은 해명부터 하려고 한다. 해명은 대부분 변명으로 받아들여진다. 지금까지 중앙회가 농·축협에게, 농·축협이 농민들에게 해왔던 해명들이 그러했다.

인간은 이성적 동물이기 이전에 감정에 좌우되는 존재이다. 오해를 한다는 것은 그만큼 서로 간에 신뢰가 부족함을 의미한다. 주주로부터 외면받는 기업이 존재할 수 없는 것처럼 조합의 주인인 조합원들로부터 외면받는 협동조합은 더 이상 존속할 필요가 없다. 농협의 최우선 과제는 잃어버린 농민들의 신뢰를 회복하는 것이다. 하지만 그 불신의 역사가 너무도 길고 깊었다. 그래서 농협이 바로 서기 위해서는 60년 동안 이어진 이 불신부터 털어 내야 한다고 처절한 심정으로 부르짖었던 것이다.

## 새벽녘 연애편지와 같이 진심을 담다

젊은 시절, 누군가를 그리워하는 마음이 간절할수록 연애편지는 몇 번씩 지워지고 구겨지곤 했다. 그러다 모두가 잠든 깊은 밤이 되어서야 진심을 담은 한 장의 편지가 겨우 완성되었다. 세상이 고요해지고 마음이 자연스럽게 드러나는 그 시간이 되면 비로소 누군가에게 보여 주기 위한 것이 아닌, 나 스스로에게 솔직하고 절박한 고백을 써 내려갈 수 있었다. 나는 농협을 향해서 이렇게 용기 내어 용서를 구했다.

"300만 농민, 10만 임직원 동지 여러분, 저부터 반성하겠습니다. 농민에 의해 만들어져야 할 협동조합이 정부에 의해 만들어짐으로써 첫 단추가 잘못 꿰어진 것부터 사과드립니다. 그동안 농민 위에 군림하고 자기들 잇속만 차려 온 농협으로 비춰진 것도 사과드립니다. 중앙회가 관료적이고 권위적인 모습으로 농·축협에 준 마음의 상처가 아직도 남아 있다면, 그것도 사과드립니다. 변명하지 않겠습니다. 반성부터 하겠습니다."

"2018년부터 신년 업무보고회는 전국의 농민들을
만나 뵙고 이야기를 나누는 '행복농담 컨퍼런스'로
실시했다. 그동안 농민들의 질책을 피하느라 여념이
없었는데, 이제는 우리가 먼저 다가가 진실을
얘기하기 위해 손을 뻗었다."

진심 어린 반성과 사과는 우리를 과거의 굴레에서 벗어날 수 있게 해준다. 그리고 우리의 담론을 미래로 옮겨 갈 수 있게 해준다. 그래서 나는 반성부터 한 것이다. 밤샘 컨퍼런스를 통해 수많은 농민과 임직원들에게 한 고백은 새벽녘 연애편지와 같은 진심이었다. 진심이 담기자 경청하기 시작했고, 중앙회와 농·축협이 서로의 이야기를 듣고 품고자 가슴을 넓혔다.

반성과 용서, 그것은 선택의 문제가 아니다. 왔던 걸음을 그대로 내딛으면 천 길 낭떠러지뿐인 것은 자명했다. 일대 전환을 통해 농민 중심으로 일의 방식을 획기적으로 전환해야 한다는 절박함이 있었다. 우리의 시선을 농민에 두고 농협이념을 좌표로 삼으면 농민도 우리를 다시 볼 것이라고 확신했다.

## 진실은 힘이 강하다

2018년부터 신년 업무보고회는 충청권, 경북권, 경남권, 호남권, 중부권 다섯 권역으로 나누어 전국의 농민들을 만나 뵙고 이야기를 나누는 '행복농담 컨퍼런스'로 실시했다. 그동안 농민들이 질책을 하면 피하느라 여념이 없었는데 이제는 우리가 먼저 다가가 진실을 얘기하기 위해 손을 뻗었다.

"농협은 태생부터 농민을 위한 조직이 될 수 없었습니다."

전국의 농민들과 함께한 자리에서 나는 모든 것을 내려놓고 진정으로 소통하고 싶었다. 더 이상 변명하고 싶지 않았다. 농민이 주인이 되어 농협이 만들어지고 운영되어야 했지만 그렇지 못했던 과거를 솔직하게 고백하고 용서를 빌고 싶었다. 그리고 함께 더 나은 미래를 찾아보자고 얘기하고 싶었다.

1961년 농협은 농민이 아닌, 정부에 의해 태어났다. 더구나 초대 회장이 육군준장이었다. 평생 총, 칼로 군인을 지휘하다가 갑자기 삽과 호미로 농사를 짓는 농민의 수장이 된 것이다. 2대 회장도 군인이었고, 13대까지 무려 26년간 정부에서 농협중앙회 회장을 임명했다. 협동조합의 원칙 중 하나인 '자율과 독립'이 대한민국에서는 애초부터 지켜질 수 없는 구조였다고 농민들에게 설명했다. 그렇게 첫 단추를 잘못 끼운 채 60년 역사가 흘렀지만, 지금부터라도 바로 잡고 농민을 위한 조직, 농민을 섬기는 조직으로 만들어 나가고 싶어 이 자리에 섰노라며, 진심을 담아 함께하자고 부탁했다.

새벽녘 연애편지와 같은 나의 이러한 솔직한 심정이 농민들의 마음에 전달된 것일까? 묵묵부답이던 농민들이 나의 물음에 답을 하기 시작했다. 차츰 마음이 열리니 농협이 해야 할 일들도 하나둘 일러 주었다. 그것은 더 이상 불만이 아니었다. 농협이 잘해 주길 바라는 진심이 담긴 조언이었다.

농민들이 자신이 느끼는 농협의 문제에 대해 구체적으로 설명하고 개선을 요청하면 그 자리에서 해당 업무를 담당하는 농협 직원이 솔직하게 사과하고, 오해가 있었던 부분은 설명을 통해 이해시켜 드렸다. 업무보고회를 마치고 돌아가는 어느 부부의 대화가 내 귀에 꽂혔다.

"그래도 농협만큼 우리를 생각해 주는 조직이 어디 있겠나."

이 한마디로 처음 실시했던 농민 업무보고회의 긴장감이 눈 녹 듯 사라졌다.

'간절히 빌면 무쇠도 녹는다'는 속담이 있다. 인간사가 그렇다. 잘못을 솔직히 시인하면 용서가 되지만, 진실을 덮거나 변명으로 일관하면 용서되지 않는다. 진실을 투명하게 밝히고 인정했으면 쉬웠을 일을 우리는 그동안 너무 험난한 길로 돌아온 건 아닌지 돌아보게 되었다. "진실도 때로는 우리를 다치게 할 때가 있다. 하지만 그것은 머지않아 치료를 받을 수 있는 상처이다." 앙드레 지드의 말을 오랫동안 곱씹었다.

# 농협의
# 3원색

2019년 동시조합장 선거가 마무리
되었다. 모든 선거에는 희비가 있게 마련이다. 하지만 협동조합이기
에 새롭게 선출된 분들도 농민들을 향한 마음만큼은 누구에게도 지
지 않을 것이라 생각한다. 나는 항상 조합장들을 열렬히 응원한다.
어딜 가더라도 조합원들에게 조합장에게 힘을 보태 달라고 부탁한
다. 농민 스스로 권위를 찾기 위해서는 조합장들에게 힘을 보태야
한다. 외롭고 지치지 않도록 따뜻한 마음으로 응원해야 그들이 더
열심히 일할 수 있을 것 아닌가.

각 농·축협에서 재신임을 받은 조합장들과 이번 선거로 새롭게
당선된 조합장들을 모시고 2019년 4월, 고양 킨텍스에서 '농·축협
조합장 포럼'을 열었다. 이 포럼은 당선 축하의 의미도 있지만, 조합

장들에게 그동안 농협이 해온 수많은 일들과 그를 통해서 변화하고 있는 상황을 설명하고 앞으로도 함께하자고 촉구하는 의미가 있었다. 그리고 협동조합 운동가로서 협동조합의 원칙에 입각해서 농협을 이끌어 가자는 농협 경영자 마인드를 공유하기 위해서였다.

오후 4시부터 시작해서 다음 날 아침 6시까지 무박 2일로 꼬박 14시간 동안 포럼이 진행되었다. 전국의 조합장이 모인 자리라 바쁜 일정이지만 이낙연 국무총리와 이개호 농림축산식품부 장관도 참석해서 의미를 더해 주었다.

국무총리는 "농협은 각 시대가 우리에게 요구했던 문제를 가장 앞장서서 해결한 자랑스러운 역사를 갖고 있습니다. 농협은 대한민국 농정의 동반자 정도가 아니라 주체이고, 정부는 후원자에 불과하다는 생각을 갖고 있다"라고 말씀하셨다. 평소 농협과 농민에 대한 이해가 높은 분이라는 것은 알았지만 농협이 자랑스럽다는 말씀에 나는 갑자기 눈시울이 뜨거워졌다.

과거 우리는 농업의 어려운 현실에 대한 모진 질책과 비난을 온몸으로 받아 내며 얼마나 마음 아파 했던가. 문득, '농협 직원은 왜 배지를 떼는가'를 얘기했던 3년 전 이념교육 첫 강의가 떠올랐다. 어둑어둑한 포럼장 내에서 조합장들의 왼쪽 가슴에 달린 농협 배지는 유독 환하게 빛을 내고 있었다. 그 빛이 그렇게 황홀할 수가 없었다. 그리고 그날 밤을 꼬박 함께 지새운 조합장님들의 눈빛도 그렇게 빛나고 있었다.

## 신뢰, 투명성 그리고 희생

빨강, 파랑, 노랑 이 세 가지 색을 색의 3원색이라고 한다. 이 세 가지 색을 여러 가지 비율로 섞으면 모든 색상을 만들 수 있다. 그리고 이 3원색은 대체 불가능한 꼭 필요한 색이다. 농협에도 이처럼 꼭 필요한 것이 있다. 그것은 바로 신뢰, 투명성 그리고 희생이다.

'농민이 행복한 국민의 농협'을 이루기 위해서는 먼저 농민들로부터 무한한 신뢰를 얻어야 한다. 농협은 농민의 신뢰가 있을 때 비로소 힘이 생긴다. 그 신뢰가 외부로부터 농협을 지켜 주는 방패인 것이다. 따라서 신뢰를 회복하는 것이 곧 농협이 살 길이다.

신뢰를 얻기 위해서는 농협 임직원 모두가 농협을 투명한 조직으로 만들어야 한다. 투명성은 신뢰를 얻을 수 있는 기반이 되기 때문이다. 무언가 감추고 숨기는 듯하고, 그때그때 서로 이해하지 못하면 신뢰를 얻어 내기 어렵다. 그래서 농민들에게 협동조합 운영을 공개하고, 경영에 참여토록 이끄는 것이다. 그렇지 않으면 오해가 쌓여 함께 가는 길을 방해하게 될 것이다.

또한 이러한 투명성을 확보하기 위해서는 농협 임직원들의 희생이 반드시 따라야 한다. 인간은 누구에게나 소망이 있다. 하지만 소망과 현실 사이에는 여러 가지 이유로 간극이 존재한다. 그 차이로 인해 발생한 갈등을 해소하고 소망을 이루기 위해 꼭 필요한 것이 희생정신이다.

수많은 직업 중에서 농협인의 길을 택했다면 농민들의 삶의 질 향상을 위해 자신의 안위를 희생할 수 있어야 한다. 동일한 목적함

"색의 3원색인 빨강, 파랑, 노랑처럼 농협에도

대체 불가능하고 꼭 필요한 3원색이 있다.

그것은 바로 신뢰, 투명성 그리고 희생이다."

수가 농협인 모두에게 심어질 때 농협도, 임직원도 제대로 된 길을 걸어갈 수 있다. 그리고 이 농가소득 5천만 원은 농협 임직원들의 희생을 이끌어 낼 소중한 목적함수이다.

높은 산을 정복할 때는 혼자서 갈 수 없다. 등반대원들끼리 단단히 로프를 매고 서로를 완전히 믿고 의지하며 함께 올라야 한다. 그리고 맨 앞에서 길을 찾아가는 사람의 희생이 필요하다. 나는 농협 중앙회장으로서 투명하게 공개하고, 신뢰받을 수 있게 행동하며, 농민을 위해 희생하겠다는 결심을 이미 마음에 품었고 '농가소득 5천만 원'이라는 산을 10만 임직원과 함께 오르자고 다짐했다. 맨 앞에 서 있는 나의 희생 역시 숙명인 것이다.

### 진실해야 신뢰한다

비판을 받을 때마다 사실을 있는 그대로 드러내어 해결책을 찾기보다는 일단 덮고 변명하기에 급급한 것이 일반적인 반응이다. 그러나 오히려 있는 그대로를 보여 주고 부족했던 점을 인정할 줄 알아야 빠르게 해결책을 찾을 수 있다.

각종 컨퍼런스와 밤샘 토론을 통해 그동안의 잘못을 뉘우치고 우리의 치부를 스스로 드러낸다면 빠른 해결책을 찾을 수 있는 길이 열리리라 믿었다. 그래서 주변의 수많은 만류에도 불구하고 감추고자 했던 과거와 현재를 토론에 참가했던 농민과 임직원 모두에게 드러내려고 했다. 처음에는 그런 이야기들을 불편하게 느끼던 직원들도 회를 거듭할수록 취지를 공감하며 함께 해결책을 찾고자 노력했다. 심지어 내가 미처 생각하지 못했던 아이디어들도 쏟아져 나왔다.

이렇게 한번 터진 물꼬는 다양한 갈래로 뻗어 나갔다. "우리는 왜 경쟁력이 없다고 여길까?"라는 질문을 스스로 던지기도 했고, 그 이유에 대한 자성과 더불어 솔직담백한 해법들을 찾아내기 시작했다. 꼬박 밤을 새워도 임직원들의 눈빛은 한 점 흐트러지지 않았다. 이는 우리 임직원들이 진실되기 때문이었고, 나는 그 진실됨이 변화를 이끄는 힘이 될 것이라 믿었다.

조합장 시절부터 진심을 다해 일을 진행하는데도 오해와 질타를 받는 경우가 간혹 있었다. 그때마다 상대에게 맞추고 듣기 좋은 변명을 늘어놓는 것이 편할 것 같다는 생각에 흔들릴 때도 있었지만 언젠가는 진심을 알아줄 것이라 믿고 진실됨을 추구해 왔다. 진실하고 투명하게 사는 것이 당장은 불이익이라고 여겨질지는 몰라도, 그것이 지속되면 언젠가 신뢰라는 더 큰 힘이 생겨날 것이다.

### 숨길수록 이해와 공감은 떨어진다

2017년 여름, 포항을 중심으로 경주 지역까지 극심한 가뭄이 들어 여러 농가가 어려움을 겪고 있던 때였다. 현장에 들러 매장을 둘러보던 중 다른 복숭아에 비해 가격이 반값밖에 되지 않는 몇몇 복숭아 상자가 눈길을 끌었다. 자세히 살펴보니 '상처 있음. B급'이라고 표기되어 있었다.

맛이 궁금해서 먹어 보니 표면에 약간의 상처만 있을 뿐 달고 향도 좋았다. 맛은 '특A급'이었다. 상자에 표기가 없었다면 일반인은 B급이라고 생각하지 못했을 것이다. 수확할 때 복숭아에 작은 흠이 생긴 걸 농가 스스로 B급이라고 분류해서 싼값에 팔고 있었던 것이다. 솔직함을 내세우자 오히려 소비자들은 재해로 어려운 농가에 조금이나마 보탬이 되고자 B급 상품을 선택했다.

흔히 로컬푸드 직매장을 '얼굴 있는 매장'이라고 한다. 소비자가 농산물을 구매할 때 누가 언제 어디서 생산했는지 알 수 있기 때문이다. 심지어 계산할 때 카드매출표에도 생산한 농민의 이름이 표기된다. 로컬푸드 직매장을 이용하는 소비자들은 농산물과 더불어 농민의 신뢰를 구매하게 되는 것이다.

패션업계에서 혁신적 브랜드로 손꼽히는 에버레인(Everlane)의 성장 비결은 '투명한 원가 공개'이다. 제품의 원단 가격, 공임비, 운송비, 마진까지 모두 공개하고, 원가가 하락하면 이를 가격에 즉각 반영한다. 그러자 수많은 소비자가 이 회사의 제품을 믿고 최우선으로 선택했다. 이렇듯 투명하게 공개하면 신뢰하게 된다. 협동조합이면서도 그동안 우리를 투명하게 드러내지 못했던 농협의 역사에 대해 반성해야 하는 이유이기도 하다. 숨기면 숨길수록 이해와 공감은 떨어지게 마련이다. 당장은 불리할지 몰라도 결국은 진실한 모습에 믿음이 가게 된다.

## 내 사명의 크기는 얼마나 될까

2017년 5월 산불로 큰 피해를 입은 강릉과 삼척의 농가들을 방문했을 때의 일이다. 마을 주민들이 대피해 있는 작은 마을회관에 갔더니 심선희 이장이 집을 잃은 수십 명의 농민들을 세심히 챙기고 있었다. 마을 어르신들의 이야기에 따르면, 심 이장은 자신의 집에 불이 옮겨붙었는데도 집집마다 찾아다니며 주민들을 대피시켰고, 그사이 정작 본인의 집은 전소되었다고 한다.

화재현장을 둘러보며 앞으로 어떻게 지원할까를 논의하고 있는데 심 이장이 갑자기 다 타버린 누군가의 집 앞에서 잠시 머뭇거렸다. 자신의 집 앞이었던 것이다. 심 이장의 남편은 소를 돌보기 위해 외양간 옆에 자그마한 천막을 치고 그곳에서 임시로 지내고 있었다. 심 이장의 손을 꼬옥 잡으며 위로의 말을 건넸더니 그녀는 "해야 할 일을 했을 뿐인데요" 하며 오히려 손사래를 쳤다.

그녀가 이장으로 일하며 매월 받는 돈은 20만 원이 전부라고 한다. 그 돈 받자고 이 고생을 하느냐며 누군가는 고사했을지도 모르는 돈이다. 하지만 그녀가 품고 있는 사명감의 무게는 그에 비할 바가 아니다. 그래서 그 급박한 순간에도 자신의 희생을 감수하며 마을 어르신들의 안위를 먼저 챙길 수 있었을 것이다. 순간 '지금 내 사명감의 크기는 얼마나 될까?'라는 생각이 들었다. 그러자 그녀의 헌신 앞에 절로 고개가 숙여졌다.

산소에 접촉한 철은 녹이 슬게 마련인데, 철보다 더 쉽게 부식이 되는 아연을 도색하면 아연에 먼저 녹이 슬어 철의 부식을 막을 수 있다고 한다. 이렇게 어떤 물질을 희생시켜서 다른 물질을 지켜 내는 것을 희생양극법이라고 한다. 국민소득 3만 불 시대를 맞이하기까지 산업화의 과정에서 한국 농업은 아연과 같은 역할을 해왔다. 그런데 희생을 감내해 온 우리 농업이 점점 더 어려운 상황으로 내몰리고 있다. 더 이상 부식되었다간 철을 지켜 내기가 어려울지 모른다.

이제는 농업을 감싸고 지켜 줄 보호막이 필요한 시점이다. 그래서 농협의 10만 임직원이 가장 먼저 300만 농민을 지켜 내는, 아연을 위한 또 다른 아연이 되어 주어야 한다. 농협인이라면 농민을 위한 헌신의 길을 마다하지 말아야 한다.

# 방 안의
# 코끼리

"**자네한테** 마음속에 간직할 지휘봉을 하나 줄 테니, 그 지휘봉을 사람들 부리는 데 사용하지 말고 농민들의 지팡이로 활용해 주시게."

젊은 시절 상무로 승진한 날이었다. 기쁨에 들떠 있던 나에게 당시 조합장께서 해주신 말씀이다. 그리고 여전히 내 머릿속에서 떠나지 않는 소중한 말씀이기도 하다. 상무가 되면 하고 싶은 일이 너무도 많았다. 권위적이고 관료주의적인 사무실 분위기 때문에 시도조차 하지 못했던 일들이 많아서다. 전에 모시던 상사 중에는 내가 하려는 일을 만류하는 분도 있었다. 일을 벌이면 책임만 돌아올 뿐이라며 아는 게 병이고, 모르는 게 약이라는 태도로 뻔히 눈에 보이는 문제도 못 본 척 지나쳤다.

이는 분명 '방 안의 코끼리(elephant in the room)'이다. 누구나 다 알고 있지만 누구도 해결하려 나서지 않는 문제 말이다.

## 농가소득 문제, 농협 안의 코끼리

농협에도 아주 오래전부터 커다란 코끼리들이 눌러앉아 있었다. WTO, FTA 등 빠르게 변하고 있는 바깥세상과는 담을 쌓은 채 방 안에만 들어앉아 있었다. 임직원 모두 이 코끼리에 대해 어느 정도 인식하고는 있었지만 아무도 선뜻 해결책을 꺼내지 못했다. 농민들은 농협이 이 코끼리를 꺼내 주길 바랐지만, 농협은 결코 꺼낼 수 없을 거라며 시도조차 하지 않았다. 심지어 이건 우리가 관여할 문제가 아니라고 선을 긋기도 했다. 농가소득도 무기력과 무관심 속에 오랜 기간 손대지 않았던 방 안의 코끼리 중 하나였다.

회장으로 당선되면서 나는 상무 임용장을 받던 날 품었던 마음 속 지팡이를 조심스레 꺼내 보았다. 이 지팡이는 누군가의 위에 군림하는 것이 아니라, 농협이 농민을 위해 가야 할 길을 가리킬 지팡이일 것이라고 믿었다. 그리고 이 지팡이가 농업과 농민을 위해 올바르게 쓰이길 간절히 기도해 왔다. 어쩌면 힘없는 나에게 제대로 일해 보라며 쥐여 준 소중한 힘일지도 모른다고 여겼다.

무엇보다 나 스스로 농민을 위한 수단이 되기를 바랐다. 그래서 더 이상 방 안의 코끼리를 그대로 두어선 안 된다고 생각했다. 누군가는 해야 할 이 일을 지팡이를 들고 있는 내가 해내야만 한다고 스스로를 다잡았다.

"농협에도 아주 오래전부터 커다란 코끼리가

눌러앉아 있었다. 빠르게 변화하는 바깥세상과는

담을 쌓은 채 방 안에 눌러앉아 있던 이 코끼리는

바로 '농가소득'이었다."

## 코끼리 끄집어내기

　오랫동안 방 안에만 있던 코끼리를 끄집어내기란 결코 쉽지 않았다. 괜한 분란만 일으킨 채 해결하지 못하면 그 비난은 모두 내 몫이 될 것이라며 걱정해 주는 사람도 많았다. 무엇보다 그 커다란 코끼리를 나 혼자 옮길 수는 없는 일이었다. 그래서 오래된 코끼리를 바깥세상으로 끄집어내자고 임직원들에게 진심 어린 목소리로 간절히 도움을 구했다.

　동지를 만드는 것이 얼마나 힘들고 어려운 일인가? 그 뜻에 공감하지 않으면 도저히 불가능한 일이다. 하지만 우리 농협 임직원들은 농민을 위한 조직에 근무하는 천상 농협인임에 틀림없다. 처음에는 소수만 반응을 보이더니 이내 들불처럼 공감이 전파되기 시작했다. 더 나아가서 내가 짐작도 하지 못했던 다양한 방식으로 목적을 향해 달리기 시작했다. 농업경영비를 낮추고 농민이 피땀 흘려 생산한 농산물이 제값을 받을 수 있게 하기 위해 모든 역량이 총동원되었다. 농가소득 5천만 원이 어느새 그들에게 사명으로 자리 잡게 된 것이다.

　꿈쩍도 하지 않던 농가소득이 움직이기 시작하더니 마침내 2018년에 4,200만 원을 돌파했다. 그것은 마치 방 안에 있던 코끼리가 이제 움직여서 문 앞으로 나오고 있는 듯한 느낌이었다.

　항상 농민의 뭇매를 맞던 농협이 이제야 제 역할을 하고 있다는 격려와 감사의 목소리가 들려왔다. 2020년까지 목표했던 농가소득이 5천만 원에 이르지 못할 수도 있다. 그러나 그보다 중요한 것은 이제 농민들이 농협의 진정성을 신뢰하고 있다는 점이다. 그리고 우리가 무엇을 해야 하는지 농협의 모든 구성원이 분명하게 인식하고 있다는 점이다. 그렇다면 이제 목표를 향해 쉼 없이 정진하는 것만 남았다.

조직이 사라질 때는 외부의 힘에 의해서 망하는 것이 아니라 내부에 의해 서서히 허물어진다. 그동안 위기임을 알고 있었지만 모른 척했던 많은 것들을 찾기 위해 우리는 항상 주위를 둘러보아야 한다. 그리고 그 안에 눌러앉아 있는 코끼리를 찾았다면 보는 즉시 세상 밖으로 끄집어내기 위해 노력해야 할 것이다. 다시는 모른 척 고개를 돌리지 말아야 한다.

# 농협만의
# 조직문화를 만들자

잦은 농업현장 방문일정 때문에 직원들과 소통하는 자리를 만드는 것이 쉽지 않았다. 그래서 기회가 될 때마다 짬을 내어 직원들과 함께하는 시간을 가지려고 노력했다. 고민 끝에 출근 전, 이른 아침 시간에 회사가 아닌 편안한 공간에서 직원들과 만나 소통하는 '새벽정담' 자리를 마련했다.

아무래도 처음 시작은 서먹했다. 친구처럼 대화해 보자고 제안했지만 서로 눈치만 볼 뿐 아무도 쉽게 대화의 물꼬를 트지 못했다. 그러다 단골 미용실 원장의 설득에 넘어가 내가 파마를 하게 된 이야기를 꺼냈더니 굳어 있던 분위기가 살짝 풀렸다. 그러자 직원들도 조금씩 속에 있는 이야기를 꺼내 놓기 시작했다. 직장생활 하며 느끼는 사적인 고민들부터 회사의 현안, 인사에 대한 불만까지 다양한 이야기들이 나왔고, 나는 한 사람 한 사람 눈을 맞추며 그들의 이야기를 경청했다.

이제는 사내에서 만나도 회장을 향해 밝게 인사하고 편안하게 안부를 묻는 직원들이 많이 늘었다. 우리 농협 임직원들은 늘 얼굴에 활기와 생동감이 넘치는 듯하다. 구내식당에서 마주칠 때면 늘 맡은 일에 최선을 다하고 있는 우리 직원들이 자랑스럽고 소중하게 느껴진다.

하루는 식사를 마친 후 직원들과 덕수궁 돌담길을 함께 산책했다. 근무하고 있는 현장에서 겪은 일들로 이야기꽃을 피웠는데, 직원 한 명이 이런 고민을 털어놓았다.

"최근 회장님께서 수평적 조직문화를 강조하고 계셔서 팀원들에게 업무 지시를 내리기가 여간 어려운 게 아닙니다. 해야 할 업무 지시가 있어도 분위기를 살펴야 하고 팀원들의 눈치도 보곤 합니다."

### 자율과 책임 사이

수평적 조직문화는 자유로운 의사소통을 통해 누구나 의견을 개진할 수 있는 문화를 만듦으로써 원활한 소통이 가능해지게 하는 장점이 있다. 위에서 아래로(Top-Down), 아래에서 위로 (Bottom-Up) 자유롭게 소통할 수 있어야 정보가 투명하게 공유되고 다양한 의견들이 나올 수 있다. 그런데 그 과정에서 생기는 오해 중 하나가 수평적 조직문화에서 리더의 역할에 관한 것이다.

자율적이고 수평적인 조직문화일수록 리더십은 더욱 중요한 요소가 된다는 사실을 간과해서는 안 된다. 직원들이 낸 다양한 의견을 조율하기 위해서는 탁월하고 현명한 리더십이 필요하기 때문이다. 리더십이 없다면 다양한 관점에서 쏟아지는 의견들을 적절하게 조율할 수 없어 업무적 갈등이 늘어날 수 있다.

수평적 조직문화 하에서는 자율적인 업무 활동과 함께 책임과 성과가 더욱 중시된다. 실리콘 밸리 기업들은 전 세계적으로 수평적인 조직문화로 잘 알려져 있다. 그런데 실제로는 엄격한 성과 관리를 하는 것으로 유명하다. 페이스북은 반기별로 7단계에 걸친 평가를 진행하고, 구글은 소수점 단위로 목표에 대한 평가를 실시한다. 수평적 조직문화란 방종을 허락하는 것이 아니라 통제와 불필요한 간섭을 최소화하고 자율성을 강화하여 성과에 따른 책임을 지는 것을 의미한다. 그러기 위해서는 자신의 본분이 무엇인지에 대한 자각이 선행되어야 한다.

2016년에 선수촌을 방문해서 리우올림픽에 출전하는 국가대표 선수들을 만나 격려해 준 적이 있다. 국위 선양을 위해 인간의 한계를 뛰어넘고자 훈련에 매진하고 있는 선수들의 모습을 보니 나이는 어리지만 진심으로 존경하는 마음마저 생겨났다. '위국헌신 군인본분(爲國獻身軍人本分)'이라는 안중근 의사의 말씀처럼 군인들의 본분이 국가를 위해 자기 한 몸을 아까워하지 않고 던지는 것이라면, 올림픽 국가대표들의 본분은 열심히 뛰고 달려 국가의 명예를 드높이는 일일 것이다.

그렇다면 우리 농협 임직원들의 본분은 무엇일까? 농민을 행복하게 하고, 우리나라의 농업, 농촌이 지속될 수 있도록 최선을 다하는 것이다. 그런 면에서 농협 임직원들이 다루고 있는 일은 다른 어떤 직업과 비교할 수 없는 가치를 지니고 있다.

## 열정과 창의가 발휘되는 조직문화

최근 은행 브랜드 선호도 조사결과, 농협은행이 여러 은행을 제치고 당당히 1위를 차지했다. 특히 20대 젊은 층에서 가장 높은 지지를 얻었다고 한다. 농협의 입사 경쟁률은 수십에서 수백 대 일에 이를 정도로 치열하다. 그만큼 우수한 인재들이 힘든 과정을 거쳐 매년 농협 가족이 된다. 그런데 '농협에선 아무리 뛰어난 인재도 입사 후 몇 년 지나면 평범해진다'라는 우스갯소리가 있다고 한다.

우수한 직원들이 입사하면서 하향 평준화된다는 의미이다. 다양한 이유가 있을 수 있겠지만 이는 결과적으로 조직과 개인에게 모두 큰 손실이 아닐 수 없다. 직원 개개인의 잠재력을 최대한 끌어내 신명나게 일할 수 있게 해야 한다. 우수한 인재가 적재적소에 배치되고, 동료들 사이에서 높이 평가되는 직원들이 우대받는 '누가 봐도 될 사람이 되는' 인사문화가 정착되어야 한다.

신입사원 또는 5년 미만 직원들이 퇴사하는 가장 큰 이유 중의 하나가 '조직문화'라고 한다. 밀레니얼 세대라 불리는 요즘 젊은 직원들은 기성세대와 가치관이 많이 다르다. 기성세대는 '우리 땐 이러지 않았는데'라고 생각하는 반면 젊은 직원들은 '내가 이러려고 회사에 들어온 건 아닌데'라고 생각한다고 한다. 그들은 기성 사회의 보편적 기준이 아닌 스스로 만족할 수 있는 기준에 따라 행동하려 하고, 직장 내에서도 자신의 존재감과 가치를 느끼고 싶어 한다.

그들의 열정과 창의력이 발휘될 수 있는 조직문화가 필요하다. 산업화 시대에는 근면 성실하면 일 잘한다는 얘기를 들었다. 하지만 많은 전문가들이 단순 반복적인 업무는 앞으로 인공지능과 로봇으로 대체될 것이 확실시된다고 한다. 그리고 인공지능이 가장 먼저 대체할 직종 중 하나가 방대한 데이터를 분석하여 결과를 추출하는 사무직이라고 한다. 지식의 유통기한도 짧아져 어제의 지식이 오늘은 쓸모없어지고 있다. 그래서 이제는 동료와 협력하며 다양한 문제들을 지혜롭게 접근하고 해결해 나가는 창의적인 인재를 키워야 한다. 그것은 농협이 협동조합이기에 꼭 필요한 역량이기도 하다.

코끼리를 방 안에서 꺼내는 일은 기성세대들만의 해법으로는 풀어내기 힘들 수 있다. 하지만 기성세대가 보유한 풍부하고 다양한 경험에 새로운 세대들의 창의력과 실행력이 합쳐진다면 농협이 보유하고 있는 커다란 코끼리들을 아주 손쉽게 방 밖으로 꺼낼 수 있을지도 모른다. 그러기 위해서는 리더십이 온전한, 수평적인 농협만의 조직문화를 만들어 가야 할 것이다.

농협만의 조직문화는 모두가 농민을 위해 일하고 있다는 사명감과 보람이 하나로 묶일 때 가능하다. 그렇게 되면 코끼리를 방에서 꺼내는 것은 너와 내가 따로 없는 우리 모두의 일이 된다. 자율과 책임의 문화, 서로를 존중하고 배려하는 문화를 키워 간다면 불가능은 없다.

# 기하급수 시대에
# 필요한 인재

                           4차 산업혁명을 맞이한 이 시대의 특징은 무엇일까? 한마디로 '기하급수의 시대'이다. 1943년 IBM의 왓슨 회장은 "컴퓨터는 앞으로 전 세계에 5대 정도만 존재할 것이다"라고 말했다. 또 1959년에는 "복사기의 전 세계적 수요는 최대 5천 대 수준"이라고 예측했다. 이들 전문가 내지 전문가 집단이 잘못된 판단을 내린 것은 기술진보의 속도를 제대로 이해하지 못했기 때문이다. 그들은 기술이 '산술급수적'인 발전을 한다고 생각했다. 하지만 그들의 생각과 달리 기술은 '제곱의 법칙', '지수함수의 법칙'이 적용되어 기하급수적으로 발전하고 있는 것이다.

ICT·IOT·인공지능 기반을 통해 막대한 양의 데이터가 생성되고 또 이것이 기하급수로 축적되어 빅데이터로 진화하는 것이 4차

산업혁명 시대의 흐름이다. '초연결 · 초지능 · 융복합의 시대'가 이미 우리 앞에 와 있는 것이다.

### 나비 같은 인재가 넘쳐나야 한다

애벌레에게 뙤약볕 아래 100$m$를 기어가라고 하면 하지 못할 것이다. 강한 햇빛에 온몸이 만신창이가 되어 목숨마저 위험할 수 있다. 그러나 애벌레가 부화해 날개가 달린 나비가 되면 문제는 달라진다. 1$km$도 무난히 날아갈 수 있을 것이다. 세상이 바뀌면 관점도 달라져야 한다. 인재를 보는 관점도 애벌레가 아닌 나비로 보는 관점으로 바뀌어야 한다. 더욱이 4차 산업혁명의 시대에는 '창의성'이라는 날개를 단 '나비 같은 인재'가 필요하다.

하버드대 에머빌(Teresa M. Amabile) 교수는 창의성의 요소로 전문성(Expertise), 내재적 동기(Intrinsic Motivation), 창의적 사고 (Creative Thinking Skill) 세 가지를 꼽았다.

'전문성'은 특정 분야의 문제를 해결하는 데 있어 보통 사람이 흔히 할 수 있는 수준 이상의 전문적 능력을 의미한다. 농협 직원의 경우 개인이 맡은 업무 분야에서 문제를 해결할 수 있는 탁월하고 지속적인 전문지식을 갖는 것을 뜻한다. 예를 들어 농촌 태양광발전 사업을 추진할 경우, 담당자는 사업절차 · 인허가 · 사업가능 여부 등에 대한 전문상담과 해당 농가에 대한 맞춤형 상담을 진행할 수 있는 능력을 갖추고 관련 정보를 농가에 제공할 수 있어야 한다.

내재적 동기는 업무를 수행하면서 느끼는 즐거움이나 성취감처럼 업무 자체가 제공하는 본질적인 보상으로 인해 생기는 동기를 말한다. 일반적으로 내재적 동기는 외적인 보상으로 발생하는 동기보다 강도가 세며 능동적이고 긍정적이라는 특징을 가지고 있다. 농협 직원에게는 농협의 존재목적이 농민과 농민의 삶의 질 향상에 있다는 사명감과 정체성이 내재적 동기로 작동되어야 한다.

창의적 사고는 유연하게, 상상력을 가지고 문제에 접근하는 것을 말한다. 전혀 새로운 시각으로 현상을 바라보는 것이다. 예를 들면 현장에서 농민을 보면서 '농민이 낫을 들고 있다'가 아니라 '낫 대신 뭘로 하면 더 쉽고 빠르게 농사지을 수 있을까?'를 생각하는 것이다.

그런데 이러한 창의성은 양(量)의 변화에서 나온다고 생각한다. 양이 먼저 가득 차야 질이 변한다. 물 한두 방울은 두려울 것이 없으나, 폭우는 건물과 산을 무너뜨릴 수 있다. 실 한 오라기는 쉽게 끊어지지만, 여러 가닥을 꼬면 배를 끌어올린다. 이처럼 양이 많아지면 어느 순간 새로운 질의 특성을 가지게 된다. 창의성 또한 창의적인 생각을 계속 하고 그것을 업무에 다각도로 적용하다 보면, 어느새 혁신적인 아이디어가 나오게 되는 것이다.

농협에 필요한 인재는 과거의 업적이나 성공, 습관에서 벗어나 더 농협스러운 생각으로 채워 갈 수 있는 사람이다. 창의적인 생각은 운명도 바꿀 수 있다. 창의적인 생각이 쌓이고 쌓여 창의적인 행동이 나오고, 그것이 쌓여 창의적인 습관이 형성되며, 습관이 쌓여 개인의 운명도, 조직의 운명도 바꿀 수 있는 것이다.

애벌레는 오늘도 환골탈태를 위해 끊임없이 움직인다. 고통스럽지만 부단한 몸부림이 존재해야만 비로소 나비로 탈바꿈할 수 있기 때문이다. 자신의 지식, 태도, 기술을 하나둘씩 채워 나가다 보면, 준비된 역량이 그 임계치를 넘어서는 순간 폭발적으로 성장해 나갈 수 있을 것이다.

조직의 미래를 대비하는 길은 그런 인재들을 찾아서 양성하고, 교육하며, 제대로 배치하는 것이다. 인재가 없는 조직은 미래를 꿈꿀 수 없다. 앞으로는 우수한 인재를 얼마나 보유했느냐가 그 기업의 경쟁력이 되는 시대가 올 것이다. 따라서 과거의 방식대로 인재 관리를 해서는 안 된다. 차별이라는 이름으로 우수 인재들을 하향 평준화하고, 학연, 지연, 혈연 등으로 끊임없이 편 가르기를 하는 조직에서는 가지고 있는 역량도 감추고 살게 될 것이다.

그래서 농협에는 농업, 농촌, 농민을 위해 헌신할 수 있는 가치 있는 인재를 키워 낼 농협 특유의 중장기 인재양성 프로젝트가 꼭 필요하다. 그것은 농협을 위한 일이기도 하지만 농업, 농촌, 나아가 농민을 위한 일이기도 하다. 아직은 비록 수많은 애벌레 중 한 마리로 존재하지만, 다양한 교육과 수많은 도전 기회를 통해 비상할 수 있는 인재들을 찾는 일을 게을리해서는 안 된다. 그리고 그들이 날개를 다는 순간 농업, 농촌, 농협도 아름답고 화려한 꽃으로 수놓을 수 있게 된다.

# 젊은 농촌을 꿈꾸며
# 미래를 그리다

**해가** 갈수록 세상은 더욱 빠른 속도로 변한다. 스마트폰이 도입된 지 그리 오래지 않은 것 같은데, 주위에서 스마트폰이 없는 사람을 찾아보기 힘들 정도다. 스마트폰이 왜 필요하냐고 하셨던 연세가 지긋한 농민들도 어느 날 SNS로 대화를 걸어 오는 걸 보면 격세지감을 느끼게 된다.

이러한 급속한 변화는 농업에도 찾아오고 있다. 인류의 가장 오래된 산업인 농업도 최근 4차 산업혁명 기술과 더불어 굉장히 빠른 속도로 진화하고 있다. 농사일은 손이 많이 간다는 것도 이젠 옛말이 되어 가고 있다. ICT기술과 농업이 만나 스마트팜으로 똑똑하게 농사짓는 농민이 늘어나고 있기 때문이다. 식량 수요는 증가하지만, 농업 노동력이 감소하고 있는 현실에서 그 해결책으로 스마트팜이 부각되는 것은 시대 흐름상 당연하다는 생각이 든다.

식량 생산이 늘었다고 하지만 여전히 지구촌에서는 8억 명이 굶주림에 시달리고 있다. 유엔 식량농업기구(FAO)는 현재 76억 명인 세계 인구가 2050년에 100억 명으로 늘어난다면, 식량 수요가 무려 70% 증가할 것이라고 예측했다. 특히 개발도상국의 경우 경제 발전과 더불어 육류 소비량이 크게 늘어날 것이라는 전망도 있다. 따라서 사료용 곡물 수요의 증가는 더 많은 농업 생산을 요구하게 될 것이다. 세상이 어떻게 바뀌더라도 농업의 중요성은 날로 더 커질 것이라는 의미이다.

그런데 현재 농촌에선 젊은 농민을 찾아 보기가 어렵다. 5년, 10년 후에는 우리 농민 수가 얼마나 줄어들지 가늠하기조차 어렵다. 농업의 대가 끊길 것 같아 매우 우려스러운 실정이다. 농민 조합원이 없는 농협은 상상조차 끔찍하다. 농민은 곧 농협이자, 대한민국 농업, 농촌을 지탱하고 있는 뿌리이다. 이 뿌리가 튼튼해야 농업, 농촌, 농협의 미래에 알찬 열매도 기대할 수 있다.

### 청년농부사관학교의 탄생

2018년 세계적 투자 전문가 짐 로저스(Jim Rogers)가 농협을 방문했다. 농민신문사가 주최하는 미농포럼에 연사로 참석하기 위해서였다. 그와의 특별대담은 전 세계 유수한 기업들이 농업에서 기회를 찾기 위해 발 빠르게 움직이고 있다는 사실을 다시 한번 확인하는 계기가 되었다. 그는 가장 유망한 산업으로 농업이 급부상할 것

"세계적인 투자 전문가 짐 로저스는 가장 유망한 사업으로
농업이 급부상할 것이라고 말한 바 있다.
나는 이 시대 젊은이들이 농촌에서
새로운 기회와 희망을 찾기를 바란다."

이라며, 대학생들에게 농민이 될 것을 강하게 권한 바 있다. 그가 한국에서 유망한 투자처로 꼽고 있는 업종도 바로 농업이었다. 자신의 취미와 여가를 즐기며 농사를 업으로 하는 청년농부들을 볼 때마다 공무원을 꿈꾸며 고시원에서 암울한 하루하루를 보내고 있는 도시의 젊은이들에게 그들의 존재를 알리고 싶다.

평소 매년 소수라도 이 나라 농업, 농촌을 튼튼하게 만들 청년농부들을 양성해야 한다고 생각해 왔다. 그래서 어떻게 하면 젊은이들을 농촌으로 데려올 수 있을까 하는 고민이 날이 갈수록 깊어졌다. 더 시간이 지나면 늦을 것이라는 불안한 마음도 커져만 갔다.

통계청 자료에 따르면 청년 실업률은 매년 증가하고 있다. 이처럼 높은 실업률에도 왜 젊은이들은 농촌을 바라보지 않는 것일까? 가장 큰 걸림돌이 되는 것은 농업을 대하는 그들의 인식이다. 지난 세대의 농업과 농촌을 직간접적으로 체험한 젊은이들에게 인식된 농촌은 노력 대비 수익이 기대에 못 미치는 곳이기 때문이다. 그래서 자신의 꿈과 희망을 걸기에 농촌은 불확실한 미래이다.

나는 이 시대 젊은이들이 농촌에서 새로운 기회와 희망을 찾기를 바란다. 이를 위해서는 농업이 비록 오래된 산업이기는 하나 대체될 수 없는 유일무이한 산업이며, 변화하는 시대에 크게 주목받을 미래 산업이라는 인식의 변화가 이루어져야 할 것이다. 나는 그 출발점을 청년농부사관학교로 정했다. 농업에 뜻이 있는 청년이면 누구나 지원할 수 있도록 문을 활짝 열었다.

청년농부사관학교의 교육 기간은 6개월이다. 첫 두 달은 기초적인 이론 수업을 하고, 2개월은 자신이 하고 싶은 분야의 농장을 실습한다. 마지막 2개월간은 사업계획서를 직접 작성해 보고, 각종 농업에 필요한 자격증을 취득하게 된다. 농업 이론과 실무로 무장한 그들은 졸업 후 곧바로 영농 현장에 투입되더라도 부족함이 없는 전문 농민으로 거듭나게 된다.

2018년 9월부터 6개월간 교육을 마친 1기 교육생들의 졸업식을 찾았을 때 그들은 이미 농업, 농촌에 대한 새 희망을 품고 있는 청년 농부로 변화되어 있었다.

"각종 농기계 교육을 체험하고 드론 국가자격증 취득까지, 정말 최고의 농민 양성과정이라고 생각합니다."

"선진지 견학을 통해 제가 살고 있는 지리산 지역에서 생산한 농산물에 대한 가능성을 보았습니다."

이러한 청년농부 육성은 교육생 개인을 위한 사업에 그치지 않는다. 지금 여러 문제로 몸살을 앓고 있는 농촌의 현실에서 청년농부들은 농업의 4차 산업혁명을 이끌어 젊은 기운으로 농촌을 재탄생시킬 것이다. 또한 농업, 농촌에서 희망을 발견한 청년들로 인해 새로운 일자리 창출에 직접적인 기여도 가능할 것으로 기대한다. 따라서 이 문제는 일부 농업교육기관의 몫으로 미루어 둘 것이 아니라, 정부와 농협, 농업계 모두가 함께 관심을 가지고 지속적으로 지원하고 관리해 나가야 할 과제인 것이다.

이를 위해 농협은 의미 있는 씨앗을 뿌렸다. 지금 안성에서는 농협이 600억 원을 투자해, 청년농부를 양성하기 위한 청년농부사관학교 건립을 진행하고 있다. 이 학교가 2021년 완공되면 매년 500명의 새로운 청년농부가 배출되는 것이다. 이들은 분명 농촌에서 새로운 기회와 희망을 만들어 낼 것이다. 농촌에 젊은 꿈을 펼칠 순간이 다가오고 있다고 생각하니 젊은이처럼 가슴이 뛴다.

### 파란농부들이 파란을 일으킬 그날을 위해

우리 사회에는 여전히 농촌에 대한 인식의 장벽이 존재한다. 농부라고 하면 햇볕에 그을려 시커멓고, 후줄근하고, 가난한 모습이 먼저 떠오른다. 하지만 최근 자기 삶을 스스로 설계할 수 있을 만큼 성장한 자식에게 농사를 가업으로 물려주겠다는 농민들이 늘어나고 있고, 여기에 도시의 편리함을 떨치고 농촌에서 희망을 찾고자 하는 젊은이들도 생겨나고 있다. 새로운 농법으로 고소득을 올리는 젊은이들이 늘어나고 있는 농촌의 또 다른 모습을 보면 많은 사람이 놀랄 것이다. 이들이 일구어 낼 성공이 많은 젊은이들의 인식을 변화시켜 줄 것이라 믿는다.

그런 의미에서 농협에서는 농촌의 젊은이들에게 힘이 되어 주기 위해 파란농부 프로젝트를 시작했다. 여기에는 다른 배경도 있다. 회장이 되어 몇 권의 책을 펴냈다. 처음에는 내부 교육용으로 발간했지만, 외부로 판매해서 나오는 인세를 젊은 농부를 양성하는 교육 재원으로 활용하자는 제안을 듣고 외부 판매로 방향을 정하게 되었다. 비록 큰 금액은 아니겠지만 나름 의미가 있고 보람도 있는 일이라 생각되었다.

그렇게 만들어진 것이 바로 파란농부 프로젝트이다. 청년농부들이 세상에 파란을 일으켜 농촌에 큰 변화를 불러올 것이라는 기대를 품고 있는 프로젝트다. 농업과 관련된 다양한 교육 프로그램뿐 아니라, 젊은 후계농들이 일본, 유럽 등 선진 농업을 둘러보고 꿈을 가질 수 있도록 하는 연수 프로그램도 담았다. 청년농부사관학교가 도시에 있는 젊은이들을 교육시키기 위한 것이라면, 파란농부는 후계 농민을 위한 교육프로그램이다. 하지만 두 프로그램 모두가 젊은이들이 농업, 농촌에서 꿈을 찾도록 돕는다는 공통점이 있다.

이곳에서 배출된 수많은 인재들이 성장한다면 분명 농업, 농촌은 젊은 인재들로 가득한 숲이 될 것이다. 그것이 농업의 미래를 준비하는 길이라 믿는다. 내가 회장직에서 물러나더라도 농협을 비롯한 각계각층에서 이 청년농부사관학교와 파란농부 프로그램을 계속 지원할 방안을 모색해 주었으면 하는 간절한 바람이 있다.

# 발은 땅을 딛되, 눈은 미래로 향해야 한다

　　　　　　　조합장 시절부터 나는 매일 새벽 5시 산책으로 하루를 시작한다. 바쁜 일정 때문에 하루를 남들보다 조금 일찍 시작하는 편이다. 날씨만 허락하면 거르지 않고 매일 산책한다. 그렇게 걷다 보면 자신감과 평정심을 되찾게 된다. 하지만 머릿속에서 쉽게 떠나지 않는 고민이 하나 있다. 그것은 바로 '농협과 농업의 미래'이다.

　　맥킨지 보고서에 의하면 기업의 평균 수명은 1935년 90년, 1975년 30년, 2015년에는 15년 수준으로 계속 짧아져 왔다고 한다. 우리나라도 예외는 아니다. 대한상공회의소 자료에 따르면 대기업의 평균 수명은 29년에 불과하다. 지금 최고의 위치에 있는 기업도 30년 뒤에는 존재 여부를 장담할 수 없는 것이다. 하지만 농협은 농민과 임직원들을 위해 끊임없이 성장해야 하는 조직이다. 그러기에 임기 동안 눈에 보이는 단기적 성과에만 집중할 수는 없었다. 발은 땅을 딛고 서 있지만, 눈은 미래를 향해 있어야 했다. 눈앞에 있는 현실 문제들을 극복하는 동시에 미래를 위한 대비도 함께 해야 했다. 그것이 나의 소임이라고 생각했다.

## NH디지털혁신캠퍼스와 미래경영연구소

2019년 4월, 서울 양재동에 농협은행 'NH디지털혁신캠퍼스'가 문을 열었다. 외부 핀테크 업체들과 함께 다양한 금융 서비스를 개발할 수 있는 오픈 디지털 생태계를 구축한 것이다. 금융권 최초이며, 최소한 경쟁사보다 2~3년은 앞서 가고 있다는 보고에 마음이 든든했다.

무엇보다 "복잡한 주문을 처리하느라 밤늦게까지 일하는 농민들에게 하루 2~3시간 휴식 시간을 더 주는 것이 개발 목표"라는 젊은 업체 대표의 말이 무척 인상적이었다. 디지털이라는 최신 트렌드가 농민을 향하고 있다는 사실이 놀라웠다. 프로그램을 개발해서 '돈을 벌겠다'가 아니라, '농민들에게 휴식을 주고 싶다'는 것은 농협의 목표를 이해하고 있음을 보여 준다. 저토록 순수하고 확실한 방향성이 있다면 이 프로젝트는 분명 성공하고도 남을 것이라 확신한다.

크로우즈 네스트(crow's nest)는 까마귀 둥지라는 뜻이지만, '배의 돛대 위에 높이 달려 있는 망대'를 의미하기도 한다. 해상관측 기술이 없던 시절에는 선원 한 명이 배에서 가장 높은 망대 위로 올라가 먼바다를 내다보며 필요한 정보를 선장에게 알려 주었다. 그 정보가 항로에 중요한 영향을 미쳤음은 두말할 필요가 없다. 배에 망대가 있고 없고에 따라 앞으로 배가 처할 운명이 달랐던 것이다.

우리도 마찬가지다. 농업과 농협을 둘러싼 환경 변화의 속도와 방향을 나름 예측할 수 있어야 한다. 그리고 단순히 미래를 예측하는 데서 그치지 않고 그 예측을 통해 우리에게 우호적인 미래를 만들어 가야만 한다. 그런 의미로 농협의 새로운 100년을 준비하기 위해 2017년 '미래경영연구소'가 출범했다. 어려운 여건 속에서도 농가소득 5천만 원을 향해 달려왔지만, 그것이 최종 목적지가 될 수는 없다. 여기서 멈추지 않고 농민을 위해 더 높은 목적과 지향점을 찾아내야 한다.

그래서 취임 초부터 계열사별로 분산되어 있는 R&D 역량을 집중해 시너지를 발휘해 줄 것을 수차례 강조했다. 내부의 변화 속도보다 외부의 변화 속도가 더 빠르다면 그 조직은 낙오될 수밖에 없다. 다가올 융복합과 네트워크 시대에는 개별적인 정보들을 연결하고 다른 분야와 융합해 새로운 가치를 창출하는 능력이 더욱 중요해진다. 그 능력은 개인이나 개별 집단의 역량이 아닌 조직의 연결과 결합을 통해 발휘될 수 있다.

농협은 이미 광범위한 영역의 네트워크를 보유하고 있는 조직이다. 그 어떤 기관보다 강력한 경쟁력을 내재하고 있는 것이다. 그렇다면 그 정보들을 분류하고 유의미한 조합들로 융합해 새로운 솔루션을 만들어 냄으로써 한 발 앞서 미래를 선점할 수 있어야 한다. 다른 기관이 흉내 낼 수 없는 농협 특유의 정보가 존재해야 차별성이 확보되는 것이다. 그러기 위해서는 무엇보다 R&D 기능의 통합이 절실했다.

이미 다수의 유능한 연구원들이 농협 내에서 활동하고 있지만, 이들의 활동 영역이 제한된다면 조직적으로 큰 손실일 수밖에 없다. 이들이 농협 전체를 연구 영역으로 삼아 활동하는 동시에 자신이 보유한 사업이 그 안에서 어떻게 구현될지를 고민한다면 훨씬 더 높은 시너지와 효과가 나타날 것임은 명약관화하다. 산책을 하면서도 나의 눈과 마음이 저 먼 미래로 가게 되는 이유이다.

# 좋은 기업을 넘어
# 위대한 기업으로

2019년 1월 15일 청와대에서 개최된 '2019년 기업인과의 대화'에 초청되었다. 대통령이 주최하는 유례없는 자유토론 방식의 행사였다. 경제 활력의 물꼬를 트기 위해 마련된 이 자리에는 삼성, 현대, SK, LG 등 10대 그룹의 대표를 포함해 130여 명이 초청되었다. 당시 사회적 논란이 있던 기업들은 초청 대상에서 제외되었는데, 그 과정에서 제외된 기업들의 불만이 상당했다고 한다.

농업계를 대표한다는 마음으로 조금은 들떠 행사장에 도착했다. 이미 수많은 취재진들로 북새통을 이루고 있었고, 그곳엔 대한민국을 이끌고 있는 대기업 대표들이 모두 집결해 있었다. 청와대 영빈관으로 향하는 버스 안에서 삼성전자 이재용 부회장과 나란히 앉았는데, 기자들의 카메라 플래시가 일제히 터졌다. 그 사진은 다음 날 언론에 보도되었는데, 농협회장이 청와대에 초청된 것도, 이재용 부회장과 나란히 앉은 것도 대중들에게는 생소한 장면이었던 듯하다.

행사 내내 농협을 바라보는 기업인과 정부 관계자들의 시선이 예전과는 많이 달라졌음을 느꼈다. 재계 9위라는 농협의 위상이 이미 언론을 통해 알려져서인지 기업인들은 내게 스스럼없이 다가와 궁금한 것들을 물었다. 아마 농협에 대해 정확히 잘 모르는 CEO도 많았을 것이다.

포토타임이 끝날 즈음 이재용 부회장은 "농협은 언제 상장된 거죠?" 하고 농담을 건넸다. 함께 자리했던 한 청와대 관계자가 "농협은 비록 비상장기업이지만 자산 규모로 따져 국내 9위 기업인 데다 국가경제에 미치는 영향과 파급력이 커서 오늘 이렇게 모시게 됐다"며 친절하게 설명해 주었다. 지구가 돌고 있는 것을 우리가 느끼지 못하듯 매일 접하는 사람은 그 변화를 느끼기 어려울 수 있지만, 외부에서 보는 농협의 위상은 이미 달라져 있었다.

농협중앙회장으로서의 책임감과 사명감이 그 어느 때보다 묵직하게 내 어깨에 내려앉았다. 대한민국 농업을 책임지고 있는 국내 유일한 기업이라는 책임감과 농협 뒤에 있는 300만 농민을 위해야 한다는 사명감이었다. 그날 기업인과의 대화 행사는 오늘도, 내일도 농업을 위해서, 농민을 위해서 내가 할 수 있는 최선을 다해야겠다는 각오를 되새기는 자리가 되었다.

## 국민 10명 중 7명 "농협, 잘하고 있다"

지난 4년여 간 모든 계열사와 농·축협들이 한 방향 정렬로 농민을 위하는 길을 고민하고 실천한 결과, 우리는 농가소득 상승이라는 결과를 직접 체험하게 되었다. 그리고 무엇보다 기뻤던 것은 농민과 국민으로부터 잃어버린 신뢰를 되찾아 가고 있다는 점이었다. 2018년 갤럽에서 실시한 '농협에 대한 국민의식 조사'에서 응답자의 약 70%가 "농협이 잘하고 있다"고 답했다. 불과 5년 전, '잘하고 있다'는 응답이 7% 수준에 불과했던 것을 생각하면 상전벽해가 따로 없다.

농협에 대한 국민의 신뢰는 농협의 브랜드 가치 증대와 직결된다. 경쟁이 치열해질수록 기업의 브랜드 가치가 지니는 의미는 매우 크다. 소비자는 제품을 구매하면서 기업의 이미지를 떠올리고, 그 이미지가 제품 구매를 결정하게 하는 결정적인 요인이 되기 때문이다. 그래서 소비자가 평가하는 브랜드 가치는 곧 기업 경쟁력 자체이며, 고부가가치를 창출하게 하는 원동력이다.

영국의 고급 패션 브랜드 버버리는 2017년 시장에서 팔리지 않은 자신들의 의류와 액세서리, 향수 등을 회수하여 소각했다. 그렇게 5년간 버버리가 소각한 제품의 가격만도 모두 1,300억 원이 넘는다고 한다. 1,300억 원을 아끼는 것보다 그동안 자신들이 쌓아 온 희소성, 브랜드 가치가 더 중요하다고 판단했기에 그와 같은 선택을 한 것이다. 소비자의 선택 기준이 상품 자체보다 브랜드 가치에 있음을 그들은 잘 알고 있기 때문이다.

“농협에 대한 신뢰는 평판에도 그대로 반영되었다.

2019년 8월, 기업 브랜드 평판지수에서

유수의 기업을 제치고 농협이 역사상 처음으로

5위에 이름을 올렸다.”

브랜드는 곧 평판이다. 특히 요즘처럼 정보의 공유 속도가 빠른 시대에 소비자의 선택은 평판에 의존할 가능성이 높다. 요즘은 식당 한 곳에 가더라도 누가 어떤 경험을 했고, 어떻게 평가하는가를 검색하고서 찾아간다. 과거에는 기업이 제공하는 광고를 소비자들이 수동적으로 수용해 왔다면 이제는 소비자끼리 정보와 감정의 공유를 통해 기업을 직접 광고하는 셈이다.

농협에 대한 신뢰는 평판에도 그대로 나타났다. 한국기업평판연구소는 미디어, 소통, 커뮤니티, 사회공헌, 소비자지수 등 빅데이터를 분석하여 브랜드 평판지수를 매월 발표해 왔다. 놀랍게도 2019년 8월, 기업 브랜드 평판지수에서 카카오, 현대자동차, CJ 등 유수의 기업을 제치고 농협이 역사상 처음으로 5위에 이름을 올렸다.

또한 CEO 브랜드 평판지수에서도 김병원이라는 이름이 당당히 5위에 올라 농협을 향한 국민들의 관심을 느끼게 하는 계기가 되었다. 이는 김병원이라는 개인을 인정해 준 것이라기보다 농협이라는 브랜드를 국민들이 선택해 주고 있다는 좋은 신호라 생각한다. 한편으로는 어깨가 무겁게 느껴졌다. 이제 개인이 아닌, 농업과 농협을 이끌어 가는 하나의 브랜드로서 인식되고 있다는 사실이 나로 하여금 다시 초심으로 돌아가게 했다.

### 어깨동무를 하고 위대한 기업을 향해 나아가자

성과를 거두는 데는 크든 작든 원인이 있게 마련이다. 하지만 우리가 거두고 있는 성과들은 우리가 새로운 경영 방법을 개발하고 실천해서가 아니다. 협동조합의 가장 근본이 되는 경영 원리를 경영에 반영하고, 협동조합 이념과 농협의 목적을 다시금 되살려 가고 있기 때문이라 생각한다.

그러나 작은 성과에 결코 자만해서는 안 된다. 어렵게 구축한 브랜드 가치가 무너지는 것은 그야말로 한순간이다. 대단한 사건에 의해서가 아니라 아주 사소한 것으로부터 촉발될 수 있다. 깨진 유리창을 방치해 두면 어느 순간 건물 전체가 무너지는 것과 같다.

만일 농협 브랜드라면 산간 오지에 있는 주유소 간판 하나도 모두가 함께 관리해 나가야 한다. 농협 마크가 붙어 있는 농산물이라면 농협이 무조건 책임져야 한다. 소비자는 그 작은 것에서부터 농협을 판단한다. 그리고 국민은 이 농협, 저 농협 구분할 수 없다. 그냥 모두 하나의 농협인 것이다. 그래서 협동조합에게 가장 경계해야 할 것이 '나 하나쯤이야' 하는 자세이다.

독일의 화학자 유스투스 폰 리비히는 식물의 성장 과정을 연구하던 중 흥미로운 현상을 발견했다. 식물 성장을 좌우하는 것은 필수 영양소의 합이 아니라 가장 부족한 미량 영양소라는 것이다. 이것이 바로 '리비히의 최소량의 법칙'이다. 이것은 우리 인간이나 조직에도 동일하게 적용된다고 생각한다.

조직 전체의 위기는 크고 거창한 문제가 아니라 무심코 자행된 작은 실수나 즉흥적 의사결정, 사소한 고객 불만, 관련 부서 간 불협화음 등에 의해 야기될 수 있다. 결국 조직의 성쇠를 결정하는 것은 가장 약한 연결고리라는 것이다. 그리고 이것은 중앙회와 계열사,

농·축협, 임직원 모두에게 적용될 수 있다. 협동조합으로 존재하는 한, 우리 모두가 하나의 네트워크로 묶여 있는 한 변하지 않을 숙명이다.

짐 콜린스는 《좋은 기업을 넘어 위대한 기업으로》라는 책을 통해 위대한 기업이 되기 위해서는 신념이 중요하다고 했다. 신념을 가진 조직은 의사결정이 빨라지고, 행동에 일관성과 자신감이 생겨 소비자를 감동시키며, 그 결과 브랜드 가치가 높아진다. 그리고 그는 조직에 소속된 인간의 역할을 강조했다. 조직 구성원 개개인이 어떤 신념을 가지고 있느냐에 따라서 기업이 사라지기도 하고, 좋은 기업이 되기도 하며 그것을 넘어 위대한 기업이 되기도 한다.

한때 농협은 저마다의 동굴에 갇혀 있었다. 동굴 속 촛불에 비친 자신의 그림자만이 최선이라고 여겼다. 동굴 밖에 있는 목적은 잃어버린 채 동굴에 갇혀 목표만 캐다가 스스로 말라 가고 있었다. 지난 4년, 숨 가쁘게 달려오면서도 협동조합의 이념이 농협 임직원의 가슴에 자리 잡게 하는 일을 한시도 게을리할 수 없었던 이유이다. 그래서 우리 모두는 함께 어깨동무를 하고 위대한 기업을 향해 가야 한다. 만일 짐 콜린스가 이 책의 후속편을 낸다면 나는 개인적으로 한국 농협을 사례로 삼을 것을 추천하고 싶다. 좋은 기업을 넘어 위대한 기업으로 우뚝 설 자랑스러운 협동조합이 되리라 믿기 때문이다.

# 8

동심동덕의
마음으로

# 때를 맞춰 내리는 비,
# 급시우

　　입춘은 봄의 시작이자 한 해 농사의 출발이다. 어렸을 적 농촌에서는 입춘이 되면 겨우내 넣어 두었던 농기구를 꺼내 손질하고, 종자를 보살피고, 거름을 준비하는 등 한 해 농사 준비를 위한 손놀림이 바빠졌다. 집집마다 대문이나 집안 기둥에 '봄이 시작되니 크게 길하고, 경사스러운 일이 많이 생기기를 바란다'는 마음으로 '입춘대길(立春大吉)', '건양다경(建陽多慶)'과 같은 글귀를 써 붙여 놓았다. 또 보리 뿌리를 뽑아 개수를 세면서 풍년을 기원했다.

　　농사가 생업이었던 옛날에는 날씨 변화와 더불어 계절의 변화를 아는 것이 중요했다. 언제 비가 오고 서리가 내리는지와 낮의 길이를 알아야 한 해 농사를 잘 지을 수 있었다. 중국과 우리나라에서

쓰던 음력은 계절과 잘 맞지 않아 농사짓기에는 불편하였다. 그래서 태양의 움직임을 바탕으로 '절기'를 만들었다. 태양의 위치에 따라 1년을 24분등한 것이 24절기이고, 그중 첫 번째 절기가 바로 입춘이다. 지금도 시골 어르신들은 24절기를 따지며 농사짓는 때를 놓치지 않으려고 애쓰신다.

이처럼 농사일은 파종하고, 김을 매고, 수확하는 적정한 때가 있다. 그때를 놓치게 되면 싹이 제대로 자라지 않거나 지나치게 익어버려 한 해 농사를 그르치게 된다. 그래서 농민들은 늘 하늘의 별을 바라보며 때를 알고자 했다. 농(農)이라는 글자는 '曲(노래 곡)'과 '辰(별 진)'이 합성된 글자이다. 별을 노래하는 사람이라는 의미이다. 이처럼 농부는 자연의 순리와 이치를 이해하고 심고 거두는 정확한 시기를 아는 지혜로운 사람들인 것이다.

그리고 농협은 이러한 농민들이 농사를 잘 짓도록 도와주는 협동조직이다. 따라서 농협 역시도 농민이 농사를 잘 짓도록 도울 수 있는 때를 정확히 알아야 한다. 병아리가 껍질을 깨고 알에서 나오려면 새끼와 어미 닭이 안팎에서 껍질을 쪼아야 하는 것처럼 농민이 필요로 할 때 농협은 적시에 도움을 줄 수 있어야 한다. 농협은 농민들에게 가뭄에 단비처럼 '때를 맞춰 내리는 비', 급시우(及時雨)와 같은 존재가 되어야 한다.

### 골든타임이 있다

2018년 7월 초, 긴 장마로 인해 폭우가 계속되고 있었다. 엎친

데 덮친 격으로 6년 만에 한반도를 관통하는 태풍 '쁘라쁘룬'이 북상하면서 전국에 많은 비 피해가 예상되었다. 부득이 예정되어 있던 농협 57주년 창립기념식을 취소시켰다. 무엇보다 농민들의 피해를 최소화하고 신속하게 복구하는 것이 중요하다고 여겼기 때문이다. 긴급히 농협재해대책위원회를 소집하여 긴급 상황에 대비해 나갔다. 지역별로 재해대책상황실을 가동하고, 경영진들은 태풍 취약지구 현장을 수시로 방문토록 독려하였다.

"아마도 오늘, 내일이 태풍 피해를 예방할 수 있는 골든타임이 될 듯합니다. 임직원들은 스스로 농민이라는 마음으로 대응해 주시길 간절히 부탁합니다. 피해가 발생한 현장으로 즉시 달려가 추가피해 예방 및 지원대책을 수립해 주시고, 모든 역량을 총동원해 신속한 피해 복구가 이루어질 수 있도록 최선을 다해 주시기 바랍니다."

세차게 내리는 빗속에서 고추 지지대를 세우고 도랑을 파는 등 피해 복구에 여념이 없는 경기도의 한 농가를 방문했다. "1년 농사 다 망치게 되었다"는 하소연을 들으니 하늘이 원망스러웠다. 농민과 같은 심정이 되어 지지대 하나라도 더 세우려고 손을 거들었다.

장마가 물러가자마자 이번에는 100년 만의 기록적인 폭염이 모두를 애타게 했다. 계속되는 불볕더위는 농작물, 가축에게는 치명적이었다. 고랭지 배추밭에는 무름병이 퍼지고 있었고, 과수원은 잎과 과실이 햇볕에 그을리고 말라 수확을 기대하기 힘들 정도였다. 축사를 방문해서 힘없이 쓰러져 가는 가축들을 보고 있으면 내 가슴도 타 들어가는 것 같았다.

"농민이 필요로 할 때 농협은 적시에 도움을

줄 수 있어야 한다. 농협은 농민들에게 가뭄에

단비처럼 '때를 맞춰 내리는 비',

급시우와 같은 존재가 되어야 한다."

며칠 후 전남 나주에 있는 폭염피해 현장에서 '범농협 폭염피해 농가 지원대책'을 발표했다. 지역농·축협에 피해 예방과 복구를 위한 무이자 자금을 긴급 지원하고, 임직원들은 자발적으로 성금을 모금해 피해 복구에 힘을 보탰다. 양수기 등 관수장비와 약제, 영양제도 지원하였고, 재해보험의 신속한 지급과 다양한 금융지원책을 마련하는 등 발 빠르게 범농협 차원의 종합대책을 수립, 시행했다. 농민의 피해 복구뿐만 아니라 피해 예방에도 집중한, 이전에는 찾아볼 수 없었던 선제적이고도 신속한 대응이었다.

모든 일에는 '골든타임(Golden Time)'이 있게 마련이다. 농업도 마찬가지이다. 태풍, 폭염, 냉해 등 예기치 않은 자연재해는 피해를 최소화할 수 있도록 철저히 대비해야 하고, 시장격리제도, 산지 폐기와 같은 정책 결정을 할 때도 골든타임을 놓쳐서는 안 된다. 아무리 훌륭한 대책이라도 때를 놓치면 효과는 줄어들 수밖에 없다. 그 후에 더 많은 자원을 투입하더라도 때맞춰 실시한 효과만큼 거두기는 어렵다. 호미로 막을 것을 가래로도 못 막게 되는 것이다.

# 우리는 충분히
# 고민하고 있는가

강원도의 양파 수확 현장을 찾았다. 넓은 들녘에 양파를 담은 붉은 망들이 쌓여 있고, 곳곳에서 양파를 캐고 줄기를 자르는 작업이 한창이었다. 굵고 단단한 양파를 고르고 담는 농민들의 손길이 분주했다. 한눈에 보기에도 알이 묵직해 보이는 양파가 온 밭을 채우고 있었다. 양파가 풍년이었다. 풍년이 들었으니 기쁨을 만끽하며 부르는 격양가(擊壤歌) 곡조가 들판 가득 퍼져야 할 텐데, 풍년의 노래는커녕 한숨 소리만 가득했다.

"마지기당 들어간 돈이 100만 원인데, 손에 들어온 돈이 70만 원입니다. 가격이 떨어진다 떨어진다 해도 내 평생 이런 경우는 처음이요."

옆에서 담배 연기를 내뿜던 농민은 마치 들으라는 듯 날선 불만을 쏟아냈다. 흙먼지가 바람을 타고 얼굴 위로 확 덮쳐 왔지만 피하고 싶지 않았다.

## 늘 고민하고 항상 대비하라

내가 진리라고 믿는 법칙이 하나 있다. 바로 '인과의 법칙'이다. 이 세상은 원인과 결과의 법칙에 의해 돌아간다. 과거의 원인이 오늘의 결과가 되고, 오늘의 원인이 미래의 결과가 된다. 열심히 공부한 학생이 좋은 대학에 입학할 기회를 얻고, 따가운 햇살 아래서 땀 흘린 농부가 그간 흘린 땀에 대한 보상을 얻는다. 하지만 그 법칙이 유독 농업과 농촌에는 100% 적용되지 않는다. 고생해서 풍년이 들었더니 가격 폭락으로 오히려 빚만 늘어 간다는 농민의 한숨이 마음을 더욱 무겁게 했다.

2019년 전국적으로 양파가 과잉 생산된 탓에 양파 값이 1년 새 절반 가까이 폭락했다. 더욱이 강원도 지역은 지역농산물이 학교급식에 납품되면서 양파 파종면적을 급격히 늘린 농가도 있어 그 피해가 더욱 클 수밖에 없었다.

양파를 본격적으로 먹기 시작한 것은 그리 오래된 일이 아니다. 1970년도에 1인당 $2kg$ 정도였던 양파 소비량이 지금은 $30kg$으로 15배 정도 늘었다. 이에 힘입어 양파를 재배하는 농가가 많아지고 생산량도 많아졌지만, 올해처럼 가격 폭락으로 힘들어하는 농가를 볼 때면 속이 상한다.

양파와 더불어 배추, 무, 마늘 등의 채소류는 매년 수급량과 가격

변동 폭이 매우 커서 농민들이 농사짓기 힘들어하는 작물이다. 과 잉 생산에 따른 가격 하락을 막기 위해 농림식품부와 지자체, 농협 이 적정 재배면적을 유지하려 노력하고 있음에도 생산량을 조절하 기가 쉽지 않다. 올해도 양파 재배면적을 줄였지만 생육이 원활하고 병해충 발생이 적어 수확량이 크게 늘었다. 항상 대비하고 대책을 고민하는 것 외에 방법이 없는 것이다.

농촌은 1년 내내 바람 잘 날이 없다. 여름이면 태풍이 찾아와 농 작물을 쓰러뜨리고, 가뭄이나 폭염으로 인해 많은 피해들이 발생한 다. 겨울이면 폭설에 비닐하우스나 축사가 무너진다. 그렇다고 언제 까지 하늘에만 맡길 수는 없다. 근본적인 해결책을 강구해야만 한 다. 그러기 위해서는 농민을 위한 생각의 끈을 놓아서는 안 된다. 끊 임없이 고민하고 또 고민해야 한다.

### 환경을 바꿀 수 없다면 태도를 바꾸자

경기도 어느 지자체 행사장을 방문했을 때 행사장에 마련된 간 이식당들을 돌아본 적이 있다. 그중 한 식당의 메뉴판에 적힌 '햇반 2,000원'이라는 문구에 시선이 고정되었다. 삼겹살을 파는 식당에 서 공깃밥 대신에 즉석밥을 팔고 있었던 것이다.

쌀 소비 감소를 시대의 흐름과 식습관 변화 탓으로만 돌려서는 안 된다는 게 내 생각이다. 쌀 소비는 매년 내리막을 걷고 있지만 즉 석밥 시장은 매년 30%씩 급성장하고 있다. 1인 가구가 늘고 집에서 직접 밥을 지어 먹는 가구가 줄었다고 두 손 놓고 한탄만 하고 있을 때, 즉석밥이 시장에 나왔다. 2002년 처음 즉석밥이 출시되었을 때만 해도 맨밥을 돈 주고 사 먹을 사람이 있겠느냐며 회의적인 시선으로 바라보았다. 하지만 현재 즉석밥 시장은 무려 5천억 규모로 성장해서 전체 즉석조리식품 시장의 50%를 차지하고 있다.

게다가 국내 가정간편식(HMR)시장에서 얻은 자신감을 바탕으로 즉석밥은 해외 시장까지 진출했다. 중국 농산물이 들어오는 걸 보고 겁먹고 있을 때, 누군가는 중국인들의 입맛을 사로잡을 밥을 연구하고 있었던 것이다. 쌀과 농협은 떼려야 뗄 수 없는 사이다. 햇반이 즉석밥 시장 70%를 점유하기까지 그 기업은 얼마나 많은 준비와 고민 과정을 거쳤을까. 우리에게 쌀에 대한 고민이 부족했던 건 아닌지 통렬하게 반성하게 된다.

언제든 위기는 닥칠 수 있다. 중요한 것은 위기를 대하는 태도다. 위기의 원인을 외부에서 찾는 사람은 '왜 이런 일이 나에게만 일어나느냐'며 신세 한탄만 할 것이다. 반면 위기의 원인을 내부에서 찾는 사람은 자신을 먼저 돌아보고 어떻게든 자력으로 그 위기를 극복하려고 노력할 것이다. 비관적인 사람은 기회 속에서 어려움을 보지만, 낙관주의자는 어떤 위험이 닥치든 기회를 본다는 윈스턴 처칠의 말은 태도의 중요성을 일깨운다.

# 농협의 특혜 아닌
# 국민의 혜택으로 인식되도록

"**대형마트**는 한 달에 두 번씩 의무적으로 쉬는데 왜 농협 하나로마트는 계속 영업을 하죠?"

2012년부터 골목상권 보호와 전통시장 활성화를 위해 유통산업발전법이 제정되어 시행되고 있다. 이 법에 따르면, 하나로마트처럼 농수축산물의 매출 비중이 55%를 초과하는 대형마트는 의무휴업 적용 대상에서 제외된다. 하지만 일반인들은 일반 대형마트와 하나로마트의 차이점을 모르는 분들이 많다. 그래서 다른 대형마트들은 의무적으로 쉬는데 왜 농협 하나로마트만 그렇게 하지 않는지 궁금해하는 것이다. 그런 질문을 받을 때마다 농협이 하고 있는 일들에 대해 국민들에게 여전히 홍보가 부족하다는 생각이 들어 고민이 깊어진다.

전국에 약 2,400여 개의 하나로마트가 운영되고 있다. 농민들이 생산한 고품질의 농축산물을 소비지에서 판매함으로써 농민들의 소득을 올리는 동시에 신선하고 질 좋은 우리 농산물을 싸게 공급함으로써 소비자들에게 기여하고자 하는 것이 하나로마트의 목적이다.

### 하나로마트는 왜 의무휴업을 하지 않나요?

핸드폰이나 자동차 등 공산품은 제조회사가 가격 결정권을 갖는다. 식당이나 헤어숍 등 서비스업도 서비스를 제공하는 측에서 가격을 결정한다. 하지만 농산물만큼은 생산자에게 가격 결정권이 없다. 1년 내내 피땀 흘려 농사짓고도 그 가격을 스스로 정할 수 없는 것이 농민들의 현실이다. 심지어 원가에도 못 미치는 가격에 팔아 빚만 늘어나는 경우도 많다. 게다가 농산물 유통구조가 복잡해지고 대형 유통업체의 시장 지배력이 점점 커지면서 농산물 가격 결정권이 그들에게 넘어가고 있다. 결코 농민들의 입장은 반영되지 않는다.

이런 이유로 하나로마트의 존재가 크게 부각된다. 왜냐하면 소비지에 있는 대형 할인점들에 대응하고, 산지에 있는 대형 도매상들의 영향력과 독과점을 견제하는 동시에 농민의 권익도 지켜 줄 수 있기 때문이다.

하지만 최근 유통시장의 변화가 하나로마트의 순기능을 위협하고 있다. 공급자 중심에서 수요자 중심으로 빠르게 전환되면서 유통시장도 크게 변화하고 있다. 소비자들은 광고나 홍보보다 SNS를 활용해서 제품에 대한 정보를 얻고, 모바일 쇼핑이 일상으로 자리 잡은 지 오래다. 이로 인해 오프라인 업체들은 제 살 깎아먹기 식의 출혈 경쟁도 마다 않는다. 게다가 1인 가구의 증가와 웰빙 트렌드의 확산으로 신선식품을 전문적으로 취급하는 매장이 늘어나면서 하나로마트의 차별성 또한 퇴색되고 있다

전국 농·축협들이 하나로마트 준공식을 할 때마다 나는 이러한 위기에 대처해 줄 것을 강하게 요구했다. 이제는 농산물에 그 농산물만이 가질 수 있는 특별한 의미를 담고, 그 속에 신뢰와 진심을 담아야만 고객의 마음을 얻을 수 있다. 그러지 않고서는 다른 대형마트에서 판매되는 저렴한 농산물과의 경쟁에서 밀릴 수밖에 없다.

다양한 고객 편의시설을 갖추는 것도 중요하지만 소비자들에게 농협만의 차별화된 농산품, 품질 좋은 상품을 인식시키는 것이 우선이라고 생각한다. 소비자들에게 인정받지 못한 채 시간이 흐르면 왜 농협에만 하나로마트를 휴무 없이 운영하는 특혜를 주느냐는 주장이 스멀스멀 생겨날 게 분명하다. 무엇보다 하나로마트가 고맙고 소중한 존재라고 고객들에게 인식되어야 한다.

아직 기회는 열려 있다. 한 조사기관에 의하면 국내 소비자들은 농산물을 구입할 때 가장 우선적으로 고려하는 항목으로 '안전성'을 꼽는다고 한다. 소득이 높아진 만큼 식품안전에 대한 국민의 눈높이가 높아지고 있다. 한 끼를 먹더라도 맛있고, 건강하게 먹으려는 식문화가 확산되고 있는 것이다.

그렇다면 우리의 역할은 더욱 분명해진다. 농민과 소비자들이 바

라는 바를 동시에 충족해야 한다. 농민들이 농산물 판매나 가격을 걱정하지 않고 품질 좋은 우리 농산물 생산에 전념할 수 있도록 적극 지원하고, 소비자들에게는 믿을 수 있는 질 좋은 우리 농산물을 신속하고 저렴하게 전달하는 역할을 해야 하는 것이다.

그와 동시에 어떻게 하면 유통체계와 절차들을 간소화해서 가격을 낮추고 유통 속도를 높이며, 보다 더 편리하게 변화되고 있는 소비자들의 생활 속으로 다가갈 수 있을지 그 방안을 더 고민해야 할 것이다. 유통이라는 영역이 점점 더 사라지고 있는 요즘이다. 대형 마트들이 각자도생하기 위해 몸부림치고 있다는 뉴스가 들린다. 농협의 가장 핵심적인 사업인 경제사업의 변화는 반드시 이뤄 내야 할 과제이다. 하지만 재래식 무기로 현대화된 무기를 이겨 내기란 여간 힘든 게 아니다.

# 세상은 변해도
# 진심은 통한다

2017년 IT 기업 아마존이 홀푸드마켓(Whole Foods Market)을 137억 달러(약 15조 5천억 원)에 인수한다는 뉴스를 보았다. 모두가 온라인에 관심을 가질 때 오히려 거액을 투자해 오프라인 식료품 업체를 인수한다는 것이 신선한 충격으로 다가왔다. 아마존이 오프라인 시장 진출의 관문으로 식료품 체인을 선택한 것은 무엇보다 농산물이라는 상품의 특수성 때문일 것이다.

온라인 쇼핑이 큰 폭으로 증가하고 있지만 여전히 소비자들은 과일, 채소, 고기 같은 농식품의 경우, 직접 눈으로 보고 구매하는 것을 선호한다. 품질, 신선도, 유통기한 등 꼼꼼히 따져 봐야 할 사항이 많고, 생명, 건강과 직결되어 있는 상품이기 때문이다. 게다가 점점 더 먹거리 자원은 고갈되고 있기에, 희소가치만큼 농업시장의

"농업을 지키려는 마음이 소비자와 이 사회를

이롭게 한다는 사실을 이해시킬 수 있다면

어떤 미래가 와도 변함없이 사랑받는

농협으로 남을 수 있을 것이다."

선점이 중요하다고 인식한 것이다.

## 존경받고 사랑받는 국민의 농협으로

아마존이 인수한 홀푸드마켓은 1980년 미국 텍사스의 아주 작은 식품점으로 출발했지만, 지금은 미국, 캐나다, 영국 등에서 약 460여 개의 매장을 운영하고 있는 세계 최대의 유기농 전문 슈퍼마켓 체인이다. 창업한 지 얼마 안 되어 큰 홍수가 나 매장의 설비와 재고가 모두 물에 떠내려가는 일이 발생했다고 한다. 큰 손실로 사업을 접으려는 순간 직원들뿐 아니라 고객과 업체 관계자들이 자발적으로 나서서 복구 작업에 동참했다는 유명한 일화가 있는 기업이다. 그들은 홀푸드마켓을 없어서는 안 되는 꼭 필요한 사업체로 인식했던 것이다. 아마도 그것은 홀푸드마켓이 추구하는 '완전한 식품(Whole Foods), 완전한 사람(Whole People), 완전한 지구(Whole Planet)'라는 가치가 지역사회와 고객의 공감을 얻었기 때문일 것이다.

좋은 기업에 대한 소비자 인식이 '돈 잘 버는 기업'에서 사회 구성원에게 '존경과 사랑을 받는 기업'으로 변화하고 있다. 매출이나 단기적 이익과 같은 숫자에만 집착하다간 어느 순간 시장에서 밀려날 수 있는 것이다. 이는 협동조합의 '지역사회의 기여' 원칙과도 일맥상통한다. 협동조합은 지역사회 경제주체로서의 역할뿐만 아니라 실업, 환경 등 지역사회가 당면한 문제에도 관심을 가지고 지속적으로 개선을 위해 노력해야 한다. 그것이 곧 조합원의 실익으로 다시 돌아오는 것이기 때문이다.

1970년 1월 경기도 이천 장호원농협에서 전국 최초로 농협연쇄점이 문을 열었다. 현대화된 시설의 대형 소매점이 농촌에 등장하자 많은 사람이 신기해했다. 심지어 한 농민이 연쇄점 문 앞에서 신을 벗어 들고 점포 안으로 들어갔던 웃지 못할 해프닝도 있었다고 한다. 당시 농협연쇄점은 농촌 곳곳에까지 닿지 못하던 생필품의 물류를 담당하는 중요한 역할을 했다.

물류는 단계가 많을수록, 또 과정이 힘들수록 가격이 높아질 수밖에 없다. 그렇지 않아도 힘겨운 농촌 생활인데 생필품마저 비싸 힘들었던 농민들에게 농협연쇄점은 가격과 품질 면에서 비정상적이던 상거래 질서를 바로잡는 수단이 되었다. 협동조합 기능이 작동하면서 경쟁척도 역할을 하였고, 일반업체들의 과도한 이익 추구를 견제할 수 있었던 것이다.

기업이 이윤 추구라는 이기심에 의해 작동될 것이라는 것은 앞으로도 변할 수 없는 사실이다. 자본주의는 돈을 중심으로 움직이는 체제이기 때문이다. 하지만 농업협동조합의 기능 또한 시대가 지나도 변하지 않는다. 이윤을 추구하려는 기업들이 존재하고, 지켜야 할 농민이 존재하기 때문이다. 연쇄점이 처음 생겼을 때 많은 농민들의 갈등을 해소해 주었던 것과 같이 농협은 변화된 시대 속에서도 끊임없이 이윤을 추구하고 있는 기업과 균형점을 찾는 노력을 기울여야 한다. 그리고 그 이유를 충분히 소비자들에게 알리고, 설득시켜야 한다.

협동조합 계통조직이 가진 네트워크의 강점을 살리고, 온·오프라인 매장을 결합해 소비자가 편리하게 구매하도록 하면서 우리 농업, 농촌을 지켜 낸다는 고차원적인 의미도 부여해야 한다. 그러기 위해서는 우리의 진심을 전해야 한다. 마케팅이나 홍보를 통해 일시적으로 고객을 유치한다고 해도 기본에 충실하지 않으면 사상누각에 불과하다.

농업을 지키려는 마음, 그 마음이 소비자와 이 사회를 모두 이롭게 하는 마음이라는 사실을 이해시킬 수만 있다면 어떤 미래가 다가와도 변함없이 사랑받는 농협으로 남을 수 있지 않을까 생각해 본다.

# 미치면(狂)
# 미(美)친다

"미치려면(及) 미쳐라(狂). 지켜보는 이에게 광기(狂氣)로 비칠 만큼 정신의 뼈대를 하얗게 세우고, 미친 듯이 몰두하지 않고는 결코 남들보다 우뚝한 보람을 나타낼 수가 없다."

정민 교수의 저서《미쳐야 미친다》의 첫 페이지에 나오는 문장이다. '불광불급(不狂不及)'은 미치지 않으면 목표에 도달할 수 없다는 뜻이다. 조선 시대 선비 김득신이《백이전》을 11만 번이나 읽을 만큼 몰입했다는 이야기에서 유래했다.

무엇인가에 미친 사람은 분명 남다르다. 생각하는 방법이 다르고, 실천하는 방식이 다르다. 나는 그런 삶을 지향해 왔다. 어린 시절부터 농업·농촌에 대한 간절한 소명을 가슴에 품고 살아왔고, 20

년째 제자리걸음을 하고 있던 농가소득을 5천만 원으로 끌어올리는 한편, 농협을 농민과 국민 곁으로 되돌려 드리고픈 간절함이 있었다. 그 목표를 이루기 위해 미쳤다고 해도 과언이 아닐 것이다. 거기에 미치지 않으면 결코 닿을 수 없다고 생각하기 때문이다. 이런 간절한 마음이 조금이나마 임직원들에게 전해질 수 있기를 원했다. 그리고 나와 비슷한 수많은 농협인들이 농심을 가득 품고 미칠 만큼의 열정을 갖고 함께 노력해 주길 바랐다.

### 당신이 하는 일은 당신에게 어떤 의미인가?

일에 미친다는 것은 '일의 진정한 의미를 아는 것'과 일맥상통한다. 감옥에 갇힌 죄수에게 가장 고통스러운 형벌은 단순 노동이다. 예를 들면 두 개의 동일한 구덩이를 매일 반복해서 파게 하는 것이다. 왼쪽 구덩이를 파면서 나온 흙을 오른쪽 구덩이에 넣게 하고, 오른쪽 구덩이를 파면서 나온 흙으로는 다시 왼쪽 구덩이를 메운다. 구덩이의 모양도, 크기도 동일하고, 작업 시간도 같다. 이를 매일 반복하게 하면, 거의 모든 죄수가 이 일을 죽기보다 싫어한다고 한다. 아무런 의미도 찾을 수 없고, 배우는 것도 없기 때문이다. 그리스 신화에 나오는 시시포스가 제우스에게서 받은 벌도 매일 무거운 돌을 산 정상으로 굴려 올리는 무의미한 일의 무한반복이었다.

돈을 버는 것은 우리가 일하는 가장 기초적인 동기이다. 하지만 일하는 이유가 단지 돈을 버는 것뿐이라면, 그 일은 죽지 못해 하는 고된 노동이 될 수밖에 없다. 자신이 하는 일에 어떤 의미를 부여하는가가 그 사람의 일하는 태도와 행동을 결정짓기 때문이다. 같은 일을 하더라도, 단순히 벽돌을 쌓는다고 생각하는 벽돌공과 아름다운 성당을 짓고 있다고 생각하는 벽돌공은 그 태도와 행동에 큰 차이가 있을 수밖에 없다.

대한민국 농업을 짊어지고 있는 농협인이라면 '왜 이 일을 해야 하는가'에 대한 의미를 스스로 부여할 수 있어야 한다. 그리고 그 일에 집중하고 각자의 역할에 최선을 다해야 한다. '농가소득 5천만 원 달성'은 쉽게 달성될 수 있는 목표가 아니다. 우리가 미칠수록(狂) 농가소득 5천만 원에 일찍 미치게(及) 될 것이고 그에 따라 농업·농촌은 미(美)치게 된다. 열정 넘치는 사람들로 가득한 농협이었으면 한다.

# 동심동덕의
# 마음으로

        **농협**은 그동안 제각기 다른 방향으로 가려고 했다. 사업구조 개편 이후 새롭게 만들어진 방향성이었다. 수익을 좀 더 올리기 위해, 사업을 좀 더 확장하기 위해 구성원들은 주어진 목표를 좇으며 경쟁과 경합도 마다하지 않았다. 특히 농민 지원을 위해 꼭 필요한 '교육지원사업비' 지급을 두고 갈등하는 모습을 보며 우리 스스로 존재가치와 정체성을 정면으로 부인하는 것 같아 무척 안타까웠다.

    그래서 지난 4년간 농협의 정체성 회복을 부르짖었고, 농민의 목소리를 듣기 위해 전국 곳곳을 참 부지런히도 다녔다. 36만 *km*, 지난 4년여 동안 전국의 농촌현장을 찾아다닌 거리이다. 그 과정에서 수많은 교육과 컨퍼런스를 통해 하나가 되어야 한다고 강조하였고, 농·축협 컨설팅, 현장 지원 등 각종 사업 추진을 통해 서로 상생·협력하는 기회를 만들고자 노력했다.

2019년 새해를 여는 '2019 동심동덕(同心同德) 범농협 한마음 전진 대회'가 열렸다. 중앙회와 계열사, 농·축협 임직원 5천 명의 뜨거운 함성과 열기가 충남 천안 유관순체육관을 가득 메웠다. "냇물이 모여 강물을 이루고 바다를 향해 가듯이 우리 농·축협, 중앙회, 계열사 10만 임직원들은 농가소득 5천만 원이라는 바다를 향해 한 방향이 되어 앞으로 나아가야 한다"는 메시지를 강조했다.

흐르는 물은 바위에 부딪치며 배우고, 장애물이 가로막으면 돌아갈지언정 결코 멈추지 않는다. 멈추면 고이고, 고이면 썩는 것을 알고 있다. 새로운 시내를 만나면 하나가 되어 더 큰 물줄기를 이루고 결코 먼저 가려고 다투지 않는다. 묵묵히 그러나 막힘없이 바다를 향해 흘러갈 뿐이다. 5천 명의 합창으로 울려 퍼지는 웅장하고도 경건한 농협의 노래는 난생 처음 경험한 뜨거움이었다. 표현할 수 없는 먹먹함과 감동이 몰려왔다. 협동의 깃발 아래 하나로 뭉쳐가고 있는 우리 임직원들의 자랑스러운 모습을 보며 그간의 노력이 헛되지 않았음을 느꼈다.

### 가창오리 떼의 군무가 아름다운 이유

겨울철 금강 하류에서 가면 정말 진귀한 장면을 볼 수 있다. 시베리아에서 찾아오는 수십만 마리의 가창오리가 바로 그 주인공이다. 국제보호종인 가창오리는 우리나라에서 겨울을 나는 대표적인

"농업을 향한 한 방향 정렬은 300만 농민과

5천만 국민이 농협에게 바라는 요구사항이다.

농·축협과 중앙회 모두가 동심동덕의 마음이

되어야 한다."

겨울 철새이다. 낮에는 물 위에서 쉬다가 해 질 무렵이 되면 먹이를 찾아 들판으로 이동하면서 그 유명한 군무 장면을 연출해 낸다. 붉은 노을을 배경으로 펼쳐지는 대자연의 공연을 보고 있노라면 감탄사가 절로 나올 지경이다.

가창오리떼의 군무가 기막힌 장관을 연출할 수 있는 것은 오리떼 모두가 같은 방향으로 한 몸처럼 움직이기 때문이다. 만일 일부가 무리를 이탈하거나 다른 방향으로 날아간다면, 그 경이로움은 반감될 것이다. 게다가 반대 방향으로 갔다간 자칫 충돌할 위험도 있다. 이들 가창오리가 수만 마리씩 무리지어 다니는 이유는 힘이 없고 몸집이 작기 때문이다. 가창오리는 몸길이가 40$cm$ 정도밖에 되지 않는다. 독수리, 매와 같은 맹금류의 공격에서 살아남고자 군집을 이루어 생활하는 것이다. 힘없는 약자들이 같은 목적을 이루기 위해 서로 힘을 합치고 협력하는 협동조합과도 매우 닮은 새다.

우리는 한 배를 타고 '농가소득 5천만 원 달성'이라는 목적지를 향해 나아가고 있다. 한 방향으로 노를 저어도 높은 파고를 넘기 쉽지 않은 환경이다. 노를 젓는 속도와 방향이 각기 다르면 배는 전진하지 못하고 표류할 수도 있다. 그래서 '동심동덕'의 교훈을 되새겨야 한다. 농업을 향한 한 방향 정렬은 300만 농민과 5천만 국민이 농협에게 바라는 요구사항이다. 농·축협과 중앙회 모두가 동심동덕의 마음이 되어야 한다. 한마음 한뜻으로 힘쓰고 노력해서 농민을 위한 우리의 목적을 반드시 이루어야 하기 때문이다. 서로 목적이 같다면 다른 곳을 쳐다볼 이유도, 여유도 있을 수 없다.

당신이 지샌 수많은 밤은
애잔한 농부의 삶을 달래는 희망이었고
농협의 새로운 역사가 되었습니다.

당신이 있어
농촌의 가을 들판은 눈부시도록 아름답고
그곳에 당신이 있어 한없이 자랑스럽습니다.

농민을 향한 끝없는 나의 욕심에
마음을 열어 준 동지여
한없이 고맙고 감사합니다.

— 졸시, 〈동지들 정말 고생 많았소!〉 중에서

# 그래도, 농업이 희망이다

농협의 가장 소중한 보물은 농민이다. 그래서 농민의 존재를 가벼이 여겨서는 안 된다. 농민은 돈 잘 버는 농협보다 농민의 아픔을 헤아릴 줄 아는 농협을 원한다. 농부의 마음을 얻으려면 진정으로 농협이 농업을, 농민을 사랑하고 있음을 보여 주어야 한다. 그러기 위해서는 농민들에게 실질적인 보탬이 되는 농협이 되어야 한다. 우리도 농민들과 함께 땀 흘리고 있음을 깨닫게 해야 한다.

농촌을 지키고 있는 나이 많은 어르신들을 만날 때마다 농협의 존재이유를 다시금 스스로에게 묻게 된다. 오랜 노동으로 몸이 성한 데가 없지만 그분들은 아직도 농사일을 손에서 놓고 싶어 하지

362

않는다. 그래서 조금씩이라도 농사를 지으려 한다. 그 마음이 너무도 절절히 이해되기에, 그래서 죽어도 농민이다. 농협이 왜 결성되었는지를 상기해야 한다. 농협을 위한 농협이 아니라 농민을 위한 농협이어야 한다. 힘든 농사일을 천직으로 알고 지속하는 농민들을 위해 노력하는 것, 그것이 농협의 존재이유다.

나를 어릴 때부터 농촌에서 꼴을 베고 농사일을 하며 힘겹게 살았다. 그래서 내 왼손은 그때 낫에 벤 상처로 가득하다. 하지만 나는 이 상처들을 한 번도 부끄러워한 적이 없다. 오히려 농촌의 어려운 현실을 잊지 말라고 하늘이 내게 준 훈장인 것 같아 자랑스러웠다.

책을 쓰기 위해 지난 시간들을 돌아보며 만감이 교차했다. 소중했던 시간들, 머물렀던 곳들, 같이 이야기를 나누며 고민했던 수많은 사람들이 떠올랐다. 그 모든 순간에 농업, 농촌을 향한 간절한 소망들이 함께했다. 고민과 소망을 함께해 주고 믿고 따라 준 임직원들과 조합장들에게 깊이 감사드린다.

후회는 없지만 아쉬움은 남는다. 농산물 유통과 관련해서 여전히 많은 숙제를 남겼다. 대형 할인마트들이 처해 있는 수많은 난관들, 그리고 마켓컬리 등 소비자들을 직접적으로 파고드는 새로운 유통시스템과 유통환경에 대응하기 위해 대해 보다 많은 고민이 필요할 것이다.

무엇보다 농부의 고된 삶과 그들의 희생, 농촌이 가득 품고 있는 희망과 가능성, 그리고 농협이 사랑하는 마음으로 국민 곁에 있음을 더 많은 이들에게 알리지 못했다는 아쉬움도 있다. 하지만 끝은 또 다른 시작과 맞닿아 있다. 그래서 그 아쉬움과 부족함이 또 다른 여정을 시작하게 하는 힘이 되어 줄 것이다. 그래서 난 살아서도 농민이고 죽어도 농민이다.

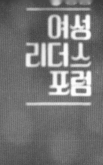
여성
리더스
포럼

# 미래의 **돌벽**을 파다

초판 1쇄 인쇄 2019년 11월 11일   초판 1쇄 발행 2019년 11월 20일

지은이 김병원
펴낸이 연준혁

출판 1본부 이사 배민수
출판 2분사 분사장 박경순
기획실 박경아
디자인 조은덕

펴낸곳 (주)위즈덤하우스 미디어그룹 출판등록 2000년 5월 23일 제13-1071호
주소 경기도 고양시 일산동구 정발산로 43-20 센트럴프라자 6층
전화 031)936-4000 팩스 031)903-3893 홈페이지 www.wisdomhouse.co.kr

값 17,000원 ISBN 979-11-90427-20-3 03320

이 도서의 국립중앙도서관 출판시도서목록(CIP)은 서지정보유통지원시스템 홈페이지(http://seoji.nl.go.kr)와 국가자료공동목록시스템(http://www.nl.go.kr/kolisnet)에서 이용하실 수 있습니다. (CIP 제어번호: CIP2019045287)